Gestão de Benefícios
A Experiência Brasileira

Ricardo Luz

Gestão de Benefícios
A Experiência Brasileira

Copyright© 2011 by Ricardo Luz

Todos os direitos desta edição reservados à Qualitymark Editora Ltda.
É proibida a duplicação ou reprodução deste volume, ou parte do mesmo, sob qualquer meio, sem autorização expressa da Editora.

Direção Editorial SAIDUL RAHMAN MAHOMED editor@qualitymark.com.br	Produção Editorial EQUIPE QUALITYMARK
Capa RENATO MARTINS Artes & Artistas	Editoração Eletrônica ARAUJO EDITORAÇÃO

CIP-Brasil. Catalogação-na-fonte
Sindicato Nacional dos Editores de Livros, RJ

L994g
    Luz, Ricardo Silveira

    Gestão de benefícios: a experiência brasileira. / Ricardo Luz – Rio de Janeiro : Qualitymark Editora, 2011.
    296p.

    Inclui bibliografia
    ISBN 978-85-7303-982-5

    1. Remunerações extrassalariais – Brasil – Administração. 2. Recursos Humanos. I. Título.

11-0542   CDU: 658.325
                                                                                                                       CDD: 005.954.6

2011
IMPRESSO NO BRASIL

Qualitymark Editora Ltda. Rua Teixeira Júnior, 441 São Cristóvão 20921-405 – Rio de Janeiro – RJ Tels.: (0XX21) 3860-8422/3295-9800	Fax: (0XX21) 3295-9824 www.qualitymark.com.br E-mail: quality@qualitymark.com.br QualityPhone: 0800-0263311

Dedicatória

Dedico este livro aos meus alunos do Curso Superior de Tecnologia em Gestão de Recursos Humanos, da Universidade Estácio de Sá.

Dedico-o também ao meu amigo Mauro Osório, com quem dividi em fevereiro de 1998 o privilégio de criar e introduzir na Universidade Estácio de Sá o Curso Superior de Tecnologia em Gestão de Recursos Humanos.

Agradeço à revista EXAME Você S/A – As Melhores Empresas para Você Trabalhar, pela brilhante fonte de consulta e estudo para estudantes, profissionais, consultores e professores interessados na gestão de pessoas, em especial na gestão do clima organizacional. Nesse estudo recorri, por inúmeras vezes, às reportagens a fim de exemplificar os diferentes benefícios a que me refiro neste livro, e, por isso, quero atribuir também os créditos às referências feitas.

Agradeço aos colegas professores do Curso Superior de Tecnologia em Gestão de Recursos Humanos, da Universidade Estácio de Sá, Dílson Palha Taveira e Leonardo Campinha, pela revisão desta obra.

Apresentação

Este livro aborda um tema de grande importância para a gestão de recursos humanos, que é a gestão de benefícios, que demonstra a valorização das empresas com a qualidade de vida de seus colaboradores.

Trata-se de um trabalho de grande relevância, considerando a escassez bibliográfica sobre a apresentação específica deste assunto e o alto impacto financeiro que ele representa na gestão de pessoas, já que o custo dos benefícios representa quase 4% do total das despesas das empresas e cerca de 36% da folha de pagamento.

Esta obra descreve e comenta, detalhadamente, cada um dos benefícios que as empresas oferecem aos seus empregados. Valendo-se da sua experiência de vinte e três anos de atuação como gerente e diretor de recursos humanos, o autor destaca os pontos-chave para o sucesso da administração desse importante investimento que as empresas fazem em seu capital humano. Aponta uma série de cuidados que o RH e a empresa devem tomar a fim de reduzir custos e aumentar a eficácia dos benefícios.

O livro destaca alguns aspectos legais sobre o tema. E para que o leitor possa ter uma ideia do que vem sendo feito em gestão de benefícios no Brasil, reproduz informações sobre as práticas das empresas, de diversos segmentos, portes e localização geográfica, notadamente da Região Sudeste, extraídas de revistas especializadas em gestão de recursos humanos e de edições especiais sobre as empresas mais admiradas e desejadas do Brasil.

A indicação da bibliografia de onde as experiências das empresas foram extraídas permite que o leitor possa identificar o momento em que elas foram realizadas. Já a localização das sedes dessas organizações talvez possa facilitar eventuais contatos de profissionais interessados em obter informações necessárias para implementar ou aperfeiçoar essas práticas de gestão de benefícios em suas empresas.

Algumas das empresas citadas neste livro talvez não existam mais, porque encerraram as suas atividades, porque faliram, porque foram adquiridas ou tenham se fundido com outras organizações, passando a ter outra denominação. Algumas práticas aqui relatadas certamente já foram modificadas. Não importa; o essencial é que a grande maioria continua operando e servindo de modelo de gestão. O importante é que o leitor possa conhecer e refletir sobre o que se praticou e se pratica nas organizações, de um extremo ao outro de nosso país, e que pode incentivar algumas outras tantas a aderirem a esse modelo que tira do discurso a ideia de valorização dos recursos humanos colocando-a em prática.

Este livro destina-se aos profissionais de recursos humanos, especialmente àqueles que têm o compromisso de gerenciar os benefícios oferecidos pelas empresas aos seus empregados. Destina-se aos consultores que orientam as empresas nesse campo de atividade. Serve de livro-texto para a disciplina que aborda o tema "gestão de benefícios" nos cursos de recursos humanos que necessitavam de uma literatura que tratasse o assunto de forma tão específica e detalhada.

RICARDO LUZ

Sumário

1. Introdução à Gestão de Benefícios 1
   1.1. Conceito de Benefícios Sociais 3
   1.2. Risco 6
   1.3. A Necessidade Humana 8
   1.4. Relevância dos Benefícios: O Impacto Financeiro 9
   1.5. Classificação dos Benefícios 9
   1.6. Vantagens para as Empresas Concederem Benefícios 10
   1.7. Vantagens para os Empregados 10
   1.8. Como o Setor de Benefícios Está Posicionado
        nas Organizações 10
   1.9. Fontes de Custeio 11
   1.10. Formas de Concessão dos Benefícios 11
   1.11. Modelos de Gestão – Como são Geridos os Benefícios? 12
   1.12. Fatores (Indicadores) de Avaliação de um Plano de
         Benefícios 13
   1.13. Axioma 13
   1.14. Flexibilização dos Benefícios 13
   1.15. Premissas Sobre Administração de Benefícios 14
   1.16. Tipos de Benefício 15

2. Assistência Financeira aos Trabalhadores 17
   2.1. Empréstimo 19
   2.2. Empréstimo Especial 21
   2.3. Vale 22

2.4. Doação 22
2.5. Complemento do Auxílio-doença 23
2.6. Adiantamento do Décimo-terceiro Salário 25
2.7. Adiantamento Quinzenal do Salário 25
2.8. Previdência Privada 26
2.9. Empréstimo sob Consignação 35
2.10. 14º Salário ou Gratificação 36
2.11. Remuneração Variável 37
2.12. Cooperativa de Crédito 47
2.13. Convênios com Bancos ou Instituições Financeiras ... 55
2.14. Posto Bancário 55
2.15. Caixa Eletrônico 56
2.16. Verba de Representação 56
2.17. Cartão de Crédito 56

3. **Assistência à Alimentação dos Trabalhadores** **57**
   3.1. O Benefício Alimentação 59
      3.1.1. Pressupostos 59
      3.1.2. Objetivo 59
      3.1.3. Tipos de Serviços de Alimentação Fornecidos pelas Empresas 60
      3.1.4. Fornecimento de Refeição no Local de Trabalho ... 60
      3.1.5. Alimentação Fora da Empresa (Vale-Refeição) ... 63
      3.1.6. Compra de Alimentos em Supermercados (Vale-Alimentação) 64
      3.1.7. Reembolso de Despesas com Alimentação 64
      3.1.8. Fornecimento de Cestas Básicas 64
      3.1.9. Cantinas 65
      3.1.10. Cooperativas de Consumo 65
   3.2. PAT — Programa de Alimentação do Trabalhador ... 66
   3.3. Alguns Fornecedores dos Diferentes Benefícios Voltados para a Alimentação do Trabalhador 72

4. **Assistência à Saúde dos Trabalhadores** **79**
   4.1. Ambulatório Médico 81
   4.2. Assistência Médico-Hospitalar 82

  4.2.1. Formas mais Utilizadas para a Concessão desse Benefício . 84
  4.2.2. Tipos de Assistência Concedida aos Empregados 85
  4.2.3. Padrão dos Planos 85
  4.2.4. Tipos de Cobertura 85
  4.2.5. Fatores que Afetam o Custo da Assistência Médica
     Hospitalar 86
  4.2.6. Fatores que Influenciam nos Reajustes dos Planos de
     Saúde Empresariais 87
  4.2.7. Medidas Preventivas que Podem ser Usadas pelas Empresas
     para a Redução ou Manutenção dos Custos de Assistência
     Médico-Hospitalar 88
  4.2.8. Situações Especiais Quando a Empresa Exige que o
     Funcionário Contribua para o Plano de Saúde 91
  4.2.9. Forma Gradual de Implantação da Assistência
     Médico-Hospitalar 92
 4.3. Assistência Odontológica 100
 4.4. Convênio com Óticas 101
 4.5. Auxílio-Farmácia 101
 4.6. *Check-up* 104
 4.7. Campanhas Educativas 105
 4.8. Serviço Social 107

5. Assistência ao Transporte dos Trabalhadores 109
 5.1. Vale-Transporte – VT 111
 5.2. Transporte Coletivo 121
 5.3. Reembolso de Quilometragem 122
 5.4. Vale ou Cota de Combustível 122
 5.5. Automóveis 124
 5.6. Motorista Particular 124
 5.7. Estacionamento 124

6. Assistência à Educação dos Trabalhadores 127
 6.1. Pagamento Integral ou Parcial (ou Reembolso) das
   Matrículas e Mensalidades de Ensinos Médio e Superior 129
 6.2. Pagamento Integral ou Parcial (ou Reembolso) das
   Matrículas e Mensalidades de Cursos de Pós-graduação 130
 6.3. Pagamento Integral ou Parcial (ou Reembolso) das
   Matrículas e Mensalidades de Cursos de Idioma 130

6.4. Alfabetização de Empregados 130
6.5. Oferta de Ensinos Fundamental e Médio 131
6.6. Assinatura de Revistas e Jornais 132
6.7. Salário-educação 133

7. Assistência a Diferentes Necessidades dos Trabalhadores 147
   7.1. Seguro de Vida em Grupo 149
   7.2. Horário Flexível 153
   7.3. Compensação de Dias que Antecedem e Sucedem os Feriados 155
   7.4. Teletrabalho – *Home-Office* 155
   7.5. Férias Prolongadas. Gratificação Extra nas Férias. Concessão de um Meio Dia de Trabalho por Mês. Folga no Dia do Aniversário 158
   7.6. Período Sabático 161
   7.7. Homenagem e Premiação por Tempo de Serviço na Empresa 161
   7.8. Carreira Internacional 164
   7.9. Venda de Produtos da Empresa 170
   7.10. Segurança Pessoal 171
         7.10.1. *Blindagem de Veículos* 171
   7.11. Auxílio-funeral 172
   7.12. Assistência Jurídica 172
   7.13. *Outplacement* 173
   7.14. Concessão Temporária de Benefícios a Alguns Demitidos 175
   7.15. Auxílio-creche 176
         7.15.1. *Aspecto Legal* 176
         7.15.2. *Alternativas Praticadas pelas Empresas* 179
   7.16. Preparação para a Aposentadoria 184

8. Assistência ao Lazer dos Trabalhadores 187
   8.1. Grêmio 189
   8.2. Academia de Ginástica, Aluguel de Sítios para Festas, Aluguel de Clubes ou Campos de Futebol, Título de Clubes, Colônia de Férias 190

9. Assistência à Habitação dos Trabalhadores 195
10. Benefícios Concedidos pelo SESI, SESC, SEST 201
   10.1. Instituições de Serviços e Benefícios para os Trabalhadores 203
   10.2. Alguns Benefícios Oferecidos pelo SESI 205
   10.3. Alguns Benefícios Oferecidos pelo SESC 210
   10.4. Alguns Benefícios Oferecidos pelo SEST 213
   10.5. Alguns Benefícios Oferecidos pelos Sindicatos 216

11. Benefícios Concedidos pelo Estado Através da Previdência Social 217
   11.1. Aposentadoria por Idade 219
   11.2. Aposentadoria por Invalidez 220
   11.3. Aposentadoria por Tempo de Contribuição 220
   11.4. Aposentadoria Especial 221
   11.5. Auxílio-doença 222
   11.6. Auxílio-acidente 224
   11.7. Pensão por Morte 224
   11.8. Salário-maternidade 226
   11.9. Salário-família 227

12. Pesquisa de Benefícios 229

13. Auditoria 249

   Questões para Revisão da Matéria 253

   Anexo: Legislação do Empréstimo Consignado (Lei nº 10.820) 261

   Referências Bibliográficas 271

Unidade 1 Introdução à Gestão de Benefícios

Toda empresa deveria ser economicamente viável, socialmente justificável e humanamente satisfatória.

O plano de benefícios representa uma boa parcela da infraestrutura social de uma empresa. Na opinião de Maria de Lourdes Ferraz Wey Märtz, a decisão da empresa de investir no social é um ato de confiança. De início, não há como medir retornos e o que assusta é que o custo dos investimentos corresponde ao custo do que se deixou de aplicar na produção. Portanto, investir em benefícios é uma questão de lucro cessante.

Os benefícios concedidos pelas empresas são decorrentes de sua responsabilidade social, do quanto elas valorizam sua equipe de trabalho, mas algumas vezes são oferecidos por imposições legais ou por exigência sindical.

1.1. Conceito de Benefícios Sociais

> São produtos, serviços e direitos oferecidos aos funcionários pelas empresas, pelos sindicatos, pelo Estado e por entidades sociais, visando melhorar a qualidade de vida dos trabalhadores e a produtividade das organizações.

No âmbito das organizações, os benefícios são meios indispensáveis de suprimento e apoio, que visam promover a atração, a retenção e a satisfação dos seus recursos humanos, assim como o aumento de produtividade das empresas.

Os benefícios tanto podem ser concedidos sob a forma de um produto, como, por exemplo, uma cesta básica de alimentos ou um carro, como podem ser oferecidos sob a forma de um serviço, por exemplo a assistência médica ou jurídica, ou um estacionamento que a empresa disponibiliza para seus empregados.

Podem decorrer de um direito ao qual o trabalhador faz jus, por força da legislação trabalhista e previdenciária, como por exemplo o recebimento do salário, do décimo-terceiro salário, do repouso semanal remunerado, do adicional de horas extras, do adicional noturno, do pagamento das férias, da aposentadoria, do auxílio-doença, entre tantos outros.

Podem resultar de uma negociação dos empresários com os sindicatos dos trabalhadores, como por exemplo a redução da jornada de trabalho de uma determinada categoria.

Podem decorrer da mera liberalidade de uma empresa, como por exemplo a concessão de folga no dia do aniversário do empregado.

Podem também ser oferecidos por alguma entidade social como o SESI, SESC ou SEST, que são mantidas pelas empresas com o objetivo de prestar serviços sociais para os trabalhadores.

Os benefícios além de serem concedidos pelas empresas, pelos sindicatos ou por entidades sociais, são também concedidos aos trabalhadores pelo Estado através da previdência social.

Os benefícios estão associados a dois processos da Administração de Recursos Humanos: Remuneração e Qualidade de Vida, conforme se percebe pela figura abaixo:

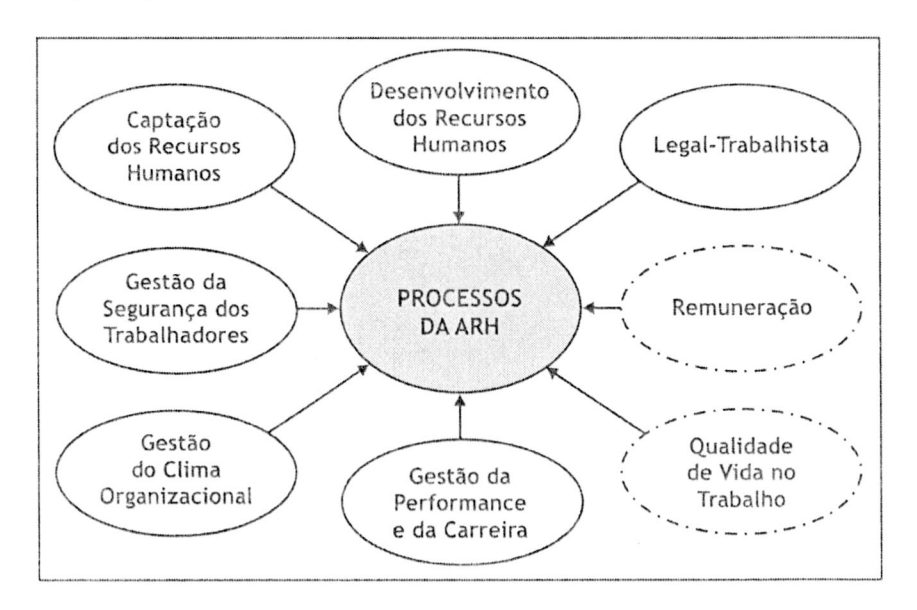

Eles estão vinculados à Remuneração, já que representam um "salário" indireto, ou uma parcela da remuneração de um empregado. Por isso, os profissionais de recursos humanos costumam dizer que: Remuneração = Salário + Benefícios.

Como exemplo, podemos citar os benefícios de natureza monetária, como a gratificação salarial, a previdência privada, o vale-refeição, o pagamento das mensalidades da graduação. São recursos que se somam ao salário recebido pelo trabalhador. Sem esses ganhos adicionais, o trabalhador teria, algumas vezes, que retirar parte do seu salário para pagar no caso citado o almoço diário ou a sua faculdade.

Os benefícios estão vinculados também à qualidade de vida dos trabalhadores, pois proporcionam segurança econômica e financeira, satisfazem às suas diferentes necessidades e os protegem contra determinados riscos aos quais estão sujeitos. Eles proporcionam aos trabalhadores uma melhoria do seu padrão social e econômico.

Algumas vezes, as empresas estão cumprindo a sua responsabilidade social ao concederem benefícios aos seus empregados; outras vezes estão em busca da redução dos encargos trabalhistas, valendo-se da elisão legal. Assim, as empresas, ao concederem benefícios, ora estão preocupadas com a questão social (segurança dos empregados, seu bem-estar), ora estão preocupadas com a questão econômica, quando substituem parte dos salários pelos benefícios.

Nesses casos, elas buscam isentar-se parcialmente dos encargos trabalhistas incidentes sobre os salários. Nesse sentido trocam aumentos salariais pela concessão de benefícios. Ao invés de pagarem R$ 800,00 a um funcionário e terem sobre esse salário todos os encargos incidentes, algumas empresas preferem pagar R$ 600,00 de salários e concedem um "pacote de benefícios" que lhes custa mais R$ 200,00; porém, algumas vezes isentos do pagamento de encargos sociais.

Os benefícios devem ser cuidadosamente administrados em função do impacto financeiro que representam para as organizações.

- O Custo dos Benefícios representa cerca de 2,2% sobre o Faturamento Líquido das empresas.
- O Custo dos Benefícios representa cerca de 3,9% do total das Despesas Operacionais das empresas.

- O Custo dos Benefícios representa cerca de 36% da Folha de Pagamento (soma dos salários nominais).
- O Custo dos Benefícios representa cerca de 15% a 30% do total da remuneração de um profissional.[17]

Não podemos estudar ou administrar os benefícios sociais sem levarmos em conta duas importantes variáveis: *Riscos* e *Necessidades Humanas*.

Os benefícios são concedidos pelas empresas com a finalidade de proteger os funcionários contra os riscos as quais eles estão sujeitos, como também para satisfazer as suas necessidades, proporcionando-lhes mais bem-estar.

1.2. RISCO

É um acontecimento futuro e incerto, cuja realização não depende exclusivamente da vontade das pessoas.

Riscos Sociais para o trabalhador:

- incapacidade de prover a sua subsistência ou a de sua família;
- impossibilidade de ganhar salário pela não-obtenção de emprego;
- perda dos meios de subsistência da família do trabalhador provocada pela sua morte;
- perda de bens;
- contingências sociais e biológicas que representam acréscimos bruscos e excessivos de encargos financeiros, como, por exemplo, o casamento ou o nascimento de um filho.

Para cobrir tais riscos é que existem alguns benefícios, como, por exemplo, o seguro-desemprego, o auxílio-funeral, o seguro de vida, os planos de saúde e odontológico, entre tantos outros.

O risco tanto pode ser um acontecimento infeliz (doença, acidente, desemprego), como pode ser feliz (nascimento de um filho). Feliz ou infeliz, o acontecimento pode ameaçar o bem-estar do indivíduo ou de sua família.

A proteção contra tais riscos é obtida através do Seguro Social ou Privado.

Seguridade Social:

São os meios usados pelo Estado visando garantir o bem-estar social dos cidadãos. Nessa perspectiva, a Previdência Social é um instrumento da Seguridade Social.

A Seguridade Social pode ser analisada nos planos internacional e nacional. No plano internacional, os trabalhadores contam com a OIT – Organização Internacional do Trabalho, organismo das Nações Unidas, criado pelos termos do Tratado de Versalhes, em 1919, e que tem como finalidade:

- elaborar normas e programas internacionais que têm como objetivo melhorar as condições de vida e de trabalho, e aumentar as possibilidades de emprego, assegurando o respeito dos direitos fundamentais do homem;
- estabelecer normas e programas internacionais de trabalho, destinados a orientar a ação nacional na realização desses objetivos;
- preparar e promover um vasto programa de cooperação técnica internacional, com a finalidade de ajudar os governos na aplicação prática dessas normas;
- realizar programas de formação, ensino, pesquisa e publicação que venham apoiar as outras ações.

Uma importante função da OIT é a elaboração de Convenções e Recomendações Internacionais, que determinam as normas mínimas de trabalho, dos Estados-Membros que as ratificam nas Conferências Internacionais de Trabalho, onde cada Estado-Membro é representado por delegados governamentais, empregadores e trabalhadores.

A Conferência Internacional do Trabalho acontece anualmente e constitui o fórum mundial onde são discutidos assuntos sociais e os problemas do trabalho.

No plano internacional, a Seguridade Social tem duas fases marcantes, em função do trabalho da OIT:

- *1ª Fase:* No período entre 1919 e 1936, várias convenções foram aprovadas protegendo determinadas categorias profissionais contra riscos.
- *2ª Fase:* A partir de 1944 a OIT estendeu a todos os trabalhadores os benefícios da Seguridade Social.

No plano nacional, a Seguridade Social tem três grandes momentos:

1º) Em 1923 a Lei Eloi Chaves cria as Caixas de Aposentadoria e Pensão dos Ferroviários.

2º) Em 1931 surge a Primeira Lei Orgânica da Previdência Social, que cria os Institutos:
- IAPM: Marítimos.
- IAPC: Comerciários.
- IAPB: Bancários.
- IAPI: Industriários.
- IAPETC: Transportes e Cargas.

3º) Em 1966, surge o INPS, que passou a reunir todos os institutos.

1.3. A Necessidade Humana

A necessidade humana é outra variável importante no estudo e na administração dos benefícios sociais.

Segundo Abraham H. Maslow, que em 1943 formulou uma teoria sobre a motivação humana baseada na Hierarquia das Necessidades Humanas, o comportamento das pessoas está associado a um processo de satisfação de suas necessidades. Segundo Maslow, a satisfação das necessidades humanas é temporal. À medida que a pessoa satisfaz suas necessidades básicas, outras necessidades consideradas mais elevadas (segundo a hierarquia apresentada por Maslow) vão surgindo e determinando o comportamento dessa pessoa.

São as seguintes as necessidades humanas, segundo Maslow:

- Necessidades Fisiológicas (alimentação, ar, abrigo, repouso etc.).

- Necessidade de Segurança (física: de não se acidentar, adoecer, morrer; e segurança emocional: proteção contra o perigo de perder o emprego etc.).

- Necessidades Sociais (necessidade de pertencer a um grupo, de ter amizade).

- Necessidade de Estima (necessidade de respeito e reconhecimento das pessoas, reputação).
- Necessidade de Autorrealização (realização plena das potencialidades das pessoas, realização pessoal e profissional).

Segundo Maslow, as pessoas embora se esforcem para atender às suas necessidades, estas, depois de satisfeitas, não mais geram motivação para novos esforços, ou seja, uma necessidade satisfeita deixa de ser motivadora.

Por isso, as empresas precisam descobrir as necessidades dos seus empregados que ainda não tenham sido satisfeitas, caso queiram garantir uma motivação, um movimento permanente deles em relação aos seus próprios objetivos. A partir dessa constatação, a empresa pode verificar se algum benefício pode ser concedido para garantir a satisfação dessas necessidades.

1.4. Relevância dos Benefícios: O Impacto Financeiro

Os benefícios oferecidos pelas empresas têm um forte impacto sobre as organizações, razão pela qual merecem ser muito bem administrados.

Apenas para que o leitor possa ter uma ideia mais clara sobre o impacto financeiro que os benefícios têm sobre as empresas, vamos apresentar alguns exemplos:

- Em 1997, o grupo Brasmotor investiu R$ 50,790 milhões em benefícios para os seus 16.285 colaboradores, o equivalente a 15,72% da sua folha de pagamento, segundo o balanço social da empresa.
- Em 2001, o Banco Itaú investiu R$ 460 milhões em benefícios proporcionados aos funcionários e dependentes, equivalentes a 15,52% da sua folha de pagamento bruta.[37]
- Em 2003, as despesas com pessoal no Bradesco totalizaram R$ 4,8 bilhões. Desse total, 20% foram gastos com benefícios.[38]

1.5. Classificação dos Benefícios

1. *Quanto à natureza:* Monetários (pecuniários) e não-monetários.
2. *Quanto aos objetivos:* Assistenciais, recreativos e supletivos (de apoio).

2.1. *Benefícios Assistenciais:* Têm por objetivo proporcionar ao funcionário e à sua família segurança em casos de imprevistos ou de emergências. Ex.: assistência médico-hospitalar; seguro de vida; remuneração por tempo não-trabalhado; auxílio-funeral.

2.2. *Benefícios Recreativos:* Têm por objetivo proporcionar lazer, diversão, passatempo, higiene mental. Exemplos: grêmio (associação de empregados), excursões, colônia de férias, convênio com videolocadoras, bibliotecas, campos ou quadras de esporte etc.

2.3. *Benefícios Supletivos ou de Apoio:* Visam oferecer comodidades, conveniências ou utilidades aos empregados. Ex.: transporte, restaurante no local de trabalho, estacionamento, cantina, posto bancário, caixa eletrônico na empresa, banca de jornais e revistas, quiosques com computador, especialmente para funcionários que não trabalham na administração, carta de fiador (muito importante para funcionários admitidos vindos de outros Estados ou para funcionários transferidos) etc.

1.6. Vantagens para as Empresas Concederem Benefícios

1ª) Maior atração e fixação e bem-estar dos funcionários.

2ª) Maior satisfação e bem-estar dos funcionários.

3ª) Melhoria da imagem externa da empresa.

4ª) Aumento de produtividade.

5ª) Uso de incentivos fiscais.

1.7. Vantagens para os Empregados

1ª) Atendimento de suas necessidades básicas e cobertura de riscos.

2ª) Complemento salarial.

3ª) Satisfação; segurança e bem-estar.

1.8. Como o Setor de Benefícios Está Posicionado nas Organizações

1º) *Como um setor independente* – Nas empresas de grande porte, ou naquelas que oferecem um grande elenco de benefícios, a área de benefícios costuma ser independente, autônoma na estrutura de RH. A operacionalização dos benefícios é muito trabalhosa, exigindo funcionários para a distribuição e para o controle dos benefícios. Geralmente ligados a essa área estão os assistentes sociais, como titulares da área ou como um dos seus diferentes especialistas. Além dos assistentes sociais, encontramos nesses setores os nutricionistas que se responsabilizam pelo serviço de alimentação da empresa e os médicos que respondem pelo serviço médico.

2º) *Vinculado à Área de Remuneração* – Em algumas empresas a área de benefícios está vinculada à área de Remuneração, juntamente com a área de Cargos e Salários, seguindo o conceito de Remuneração, que pressupõe o conjunto de salários e benefícios.

Embora, particularmente, já tenha trabalhado com esses dois modelos, em grandes empresas eu prefiro trabalhar com a área de benefícios independente. Isso porque embora benefício faça parte do conceito de remuneração, na prática é muito complicado compatibilizar essas duas atividades numa mesma área. Além disso, o benefício tem um componente social que está dissociado dos interesses da remuneração.

1.9. FONTES DE CUSTEIO

De onde vêm os recursos necessários para arcar com as despesas de benefícios?

- 1º) *Da empresa*: A maioria dos benefícios é custeada pelas empresas.
- 2º) *Do empregado:* Alguns benefícios são pagos parcialmente pelos funcionários, embora em algumas empresas o empregado pague integralmente determinados benefícios.
- 3º) *Do Estado:* Alguns benefícios são pagos pelo Estado, como, por exemplo, os benefícios concedidos pela Previdência Social. Outros são subsidiados pelo Estado, como, por exemplo, no caso da alimentação, onde o governo participa através do Programa de Alimentação dos Trabalhadores – PAT.

1.10. FORMAS DE CONCESSÃO DOS BENEFÍCIOS

De que forma os benefícios são concedidos aos funcionários?

- 1º) *Benefícios legais* – São aqueles benefícios cuja concessão está obrigada por lei. Exemplo: 13º salário, Vale-Transporte, Seguro-Desemprego etc.

- 2º) *Benefícios concedidos por mera liberalidade da empresa* – São aqueles benefícios concedidos espontaneamente pelas empresas. Exemplos: Seguro de Vida, Transporte, Assistência Médica.

- 3º) *Benefícios contratuais* – São aqueles benefícios concedidos aos funcionários por força de uma Convenção Coletiva, Acordo Coletivo ou Sentença Normativa. São benefícios negociados entre os Sindicatos Patronais e os Sindicatos dos Empregados, ou entre esses e determinadas empresas. Exemplo: quinquênio para os funcionários que completam cada 5 anos de serviço; concessão de sacolas de alimentos etc.

1.11. Modelos de Gestão – Como são Geridos os Benefícios?

Como os benefícios são administrados?

- 1º) *Autogestão* – Alguns benefícios são geridos pela própria empresa, como, por exemplo, nos casos do fornecimento de alimentação através de restaurante próprio. Outro exemplo de autogestão são os ambulatórios médicos mantidos pelas empresas nos locais de trabalho. Os grêmios, os empréstimos concedidos pelas empresas, as creches quando próprias são outras modalidades de benefícios autogeridos.

- 2º) *Terceirização* – Alguns benefícios são administrados por terceiros, como nos casos do seguro saúde, seguro de vida, a previdência complementar, o transporte de funcionários, o convênio creche etc.

- 3º) *Misto* – Nesse caso o benefício concedido aos empregados é administrado pela empresa e por terceiros. Um bom exemplo é a assistência médica. A empresa pode ter uma parte dessa assistência prestada por terceiros (plano de saúde) e outra parte administrada e oferecida na própria empresa, como é o caso dos ambulatórios e consultórios médicos e odontológicos. Outro exemplo é o da alimentação, quando a empresa dispõe de um serviço próprio de restaurante para seus empregados e ainda fornece cestas básicas, vale-refeição e/ou tíquete-refeição (terceirizados).

1.12. Fatores (Indicadores) de Avaliação de um Plano de Benefícios

- Atração de candidatos a emprego (indicadores: número de candidatos que se inscrevem na empresa em busca de empregos; relação número de candidatos por vaga).
- Fixação dos empregados (indicador: índice de *turnover*).
- Satisfação dos funcionários (o indicador é a pesquisa de clima).
- Proteção contra os riscos.
- Atendimento das necessidades dos funcionários.
- Custos (indicador: pesquisa de benefícios).
- Grau de utilização dos benefícios.
- Adequação às práticas de mercados (indicador: pesquisa de benefícios).
- Melhoria da imagem da empresa (indicadores: número de candidatos que se inscrevem na empresa em busca de empregos; relação número de candidatos por vaga; premiações).

1.13. Axioma

A empresa não deve conceder um benefício hoje, se não puder garanti-lo amanhã.

1.14. Flexibilização dos Benefícios

É a personalização, a customização dos benefícios. A empresa permite que cada funcionário estabeleça o seu próprio pacote de benefícios, dentre aqueles por ela oferecidos. É a oportunidade que a empresa dá aos empregados de eles escolherem o seu pacote de benefícios, dentro de certos limites.

A flexibilização ainda não é uma realidade na gestão de benefícios, é apenas uma tendência.

Exemplos de flexibilização:
- Creche: reembolso, convênio com creches ou mãe-crecheira.
- Carro: escolha de marca ou modelo.

- Seguro Saúde (quando o cônjuge já possui pode abrir mão desse crédito em favor de outro benefício ou para melhoria de um já existente).
- Cesta Básica (escolha dos alimentos).
- Cesta Básica (substituída pelo Vale-alimentação).
- Plano de Saúde com opção de escolher o padrão do plano.

Na Du Pont, em São Paulo, o pacote de benefícios flexíveis contribui para o bem-estar dos empregados: quem abre mão de algum dos itens oferecidos pela empresa, como um curso, por exemplo, pode reverter esse dinheiro em reembolso de consultas ou terapias.[9]

A GVT, empresa de Telecom, com sede em Curitiba, oferece benefícios flexíveis. Os funcionários podem escolher uma entre as 24 opções do pacote de benefícios.[9]

A HP Brasil foi uma das pioneiras na utilização da flexibilização de benefícios, praticando-a desde 1997. A empresa permite que cada profissional escolha como quer usar sua verba, que corresponde a uma porcentagem do salário e varia de acordo com o cargo.[8]

Na empresa de móveis Marelli, com sede em Caxias do Sul, Rio Grande do Sul, o funcionário pode montar o seu pacote de benefícios, incluindo e excluindo itens que lhe convêm.[14]

1.15. Premissas Sobre Administração de Benefícios

1ª) Geralmente, os benefícios são concedidos para todos os empregados, contudo alguns são concedidos apenas para determinados níveis hierárquicos. Ex.: carro particular, cartão de crédito etc.

2ª) Alguns benefícios são pagos integralmente pelas empresas e outros são pagos parcialmente pelos empregados. Aqueles são chamados de não contributivos, enquanto esses são chamados de contributivos. Algumas empresas oferecem determinado benefício aos seus empregados que pagam integralmente pelo benefício recebido. A princípio isso pode sugerir que o trabalhador não está sendo beneficiado. Todavia, quando analisamos melhor a situação percebemos que a empresa de fato está ajudando o empregado. Vamos dar um exemplo. Existem empresas que oferecem o benefício Plano de Saúde e cobram dos empregados o valor integral, ou seja, não oferecem qualquer subsídio no pagamento desse benefício. Porém, se o empregado comprasse esse benefício particularmente, ele provavelmente teria um custo muito maior. Ao adquiri-lo pela empresa o custo sai menor por tratar-se de um plano coletivo, onde há adesão de vários empregados. Nesse sentido, é uma forma de a empresa ajudar seus empregados sem assumir custos. Os funcionários devem, na medida do possível, participar do custeio dos benefícios. Isso dá maior valorização àquilo que ele estiver utilizando. Ao mesmo tempo, essa contribuição dos funcionários dá à empresa mais fôlego, permitindo que ela possa financiar novos benefícios. Essa participação do funcionário legitima o seu direito de queixar-se de algum benefício que não estiver sendo bem administrado.

3ª) A empresa só deve conceder um determinado benefício hoje, se puder garanti-lo amanhã. Isso é importante porque a suspensão temporária ou o cancelamento de um benefício criam uma enorme insatisfação nos funcionários.

4ª) A concessão de benefícios geralmente está atrelada a três parâmetros: exigência legal, exigência contratual (contrato individual de trabalho, acordos coletivos, convenções coletivas ou sentenças normativas de trabalho) e práticas de mercado.

5ª) A empresa não deve ser paternalista ao conceder os benefícios. Ela deve investir em benefícios buscando sempre um retorno, que pode ser mensurado em termos de aumento da satisfação ou bem-estar dos funcionários, ou ainda em aumento de produtividade, redução do *turnover* ou maior atratividade na seleção de mão de obra.

6ª) Os benefícios devem ser concedidos, levando-se em conta as necessidades dos empregados. Exemplo: entre conceder para um operário mal alimentado passagens para viagens ou alimentação, é óbvio que este último benefício seria mais oportuno, apesar de ambos serem necessários.

1.16. TIPOS DE BENEFÍCIO

Os benefícios tradicionalmente concedidos para funcionários de cargos técnicos, administrativos e operacionais são os seguintes: alimentação; assistência médica, hospitalar e odontológica; auxílio-transporte; seguro de vida; auxílio-educação; complemento do auxílio-doença; previdência complementar ou complemento de aposentadoria; cooperativa de crédito; cooperativa de consumo; assistência financeira; assistência jurídica; assistência farmacêutica; grêmio; auxílio-creche; convênios. Para os cargos executivos outros benefícios são concedidos.

Unidade 2   Assistência Financeira aos Trabalhadores

De todas as necessidades detectadas no dia a dia dos trabalhadores, a que mais os aflige é a falta de dinheiro para resolver os seus múltiplos problemas. É importante a empresa ter alguma modalidade de ajuda financeira, já que os trabalhadores, especialmente os de baixa renda, dependem exclusivamente dos seus empregadores para a solução dos seus problemas financeiros, notadamente os emergenciais. Isso acontece porque muitos desses trabalhadores não são correntistas de bancos ou, quando são, não possuem saldo médio suficiente para torná-los aptos a um empréstimo bancário.

A inexistência desse benefício faz com que os trabalhadores tenham que recorrer às caixinhas ou à agiotagem existentes nas empresas.

Vejamos algumas alternativas de ajuda financeira aos empregados, praticadas pelas empresas: vale; empréstimo; empréstimo especial; doação; adiantamento quinzenal de salário; complemento do auxílio-doença; adiantamento do décimo-terceiro salário; previdência privada; cooperativa de crédito; empréstimo consignado; cartão de crédito; posto bancário; caixa eletrônico; convênio com instituição financeira.

2.1. Empréstimo

Algumas empresas, geralmente as que não concedem vales, emprestam dinheiro aos seus empregados. Esses empréstimos normalmente são pagos, descontando-se em folha de pagamento de três a seis parcelas mensais e consecutivas. *A maioria das empresas não cobra juros.*

- 40% das empresas concedem empréstimos diretamente aos seus empregados.
- Cerca de 60% das empresas concedem empréstimos restritos a emergências.
- Cerca de 76% dos empréstimos cobrem até 2 salários para os níveis operacionais e administrativos.

O RH deve tomar cuidado para a empresa não ser vista pelos seus empregados como uma vantajosa instituição financeira. Caso contrário, ficará refém de repetidos pedidos de empréstimos, já que a dificuldade financeira costuma ser eterna. Para evitar esse risco, deve estabelecer critérios para a concessão desse tipo de ajuda.

Dentre os critérios (restrições) mais comuns, podemos destacar:

1º) Não conceder empréstimos para pagamento de dívidas.

2º) O empréstimo deve atender, prioritariamente, aos casos de emergência e imprevisibilidade, tais como problemas de saúde (despesas decorrentes de internações), acidentes, funerais e assemelhados. Todavia, algumas empresas costumam estender também esses empréstimos ao financiamento de melhorias habitacionais e gastos com educação.

3º) Limite máximo praticado: 1 salário. Todavia, esse limite está condicionado à disponibilidade financeira de cada empresa, podendo ser maior ou menor.

4º) Comprometimento de no máximo 30% do salário nominal do empregado contemplado, no pagamento das prestações. Esse critério, combinado com o prazo de pagamento, irá determinar o valor máximo do empréstimo.

5º) Não pode contratar um empréstimo o funcionário que não tenha quitado um empréstimo anterior.

6º) Tempo de empresa. Embora o tempo de casa seja um critério muito utilizado pelas empresas para a concessão de empréstimos, existe um mais justo, que é limitar o valor do empréstimo (do funcionário recém-admitido) ao valor líquido do cálculo de sua eventual rescisão.

Exemplos de algumas empresas que concedem empréstimos para os empregados:

- **Unibanco** – Empréstimos com juros reduzidos.[7]
- Na **Herbarium**, com sede em Colombo, Curitiba, os funcionários podem receber empréstimos de até dois salários.[4]
- **Marcopolo** – sede Caxias do Sul, RS, oferece empréstimos.[7]

- As **Lojas Colombo**, varejo de eletrodomésticos e móveis, com sede em Farroupilha, RS, oferecem empréstimos com juros baixos.[8]
- Na **Fras-le**, sede Caxias do Sul, fabricante de componentes para freios, os empregados têm empréstimo.[7]
- O laboratório farmacêutico **AstraZeneca**, localizado em São Paulo, concede empréstimos aos empregados com juros baixos.[21]
- O **BankBoston**, com sede em São Paulo, concede empréstimos em condições especiais a funcionários em situações emergenciais.[32]
- A **Caterpillar**, fabricante de máquinas para construção, com sede em Piracicaba, São Paulo, oferece linha de crédito para empréstimos sem juros.[7],[8],[9]
- A **Balaroti**, rede varejista de material de construção, com sede em Curitiba, oferece empréstimo pessoal a juros baixos.[9]
- No **Grupo Gerdau**, siderúrgica, com sede em Porto Alegre, há empréstimo, sem juros, para financiamento dos estudos dos filhos dos funcionários, a partir do ensino médio.[1]
- Na **CPFL**, empresa de geração e distribuição de energia, com sede em Campinas, São Paulo, há empréstimos a juros de 8% ao ano no limite de quatro salários do funcionário.[5]

2.2. Empréstimo Especial

É uma modalidade de empréstimo que se diferencia do empréstimo normal no valor e no prazo de pagamento. É motivado por questões mais graves, que implicam gastos de grande monta, que só podem ser pagos com a dilatação do prazo de pagamento.

- Reembolso: entre 12 e 36 meses.
- Geralmente não há cobrança de juros.

Serve para atender a situações extremadas, como, por exemplo, a perda ou a reparação parcial e emergente de uma residência, ou para cobertura de despesas de grande porte, motivadas por diferentes razões, como, por exemplo, despesas decorrentes de acidentes de carro.

- A **Promon**, com sede em São Paulo, oferece empréstimos de até 13 salários com pagamento a longo prazo.[1]

2.3. VALE

Essa é uma modalidade de ajuda financeira muito praticada pelas organizações, especialmente pelas de pequeno porte.

Consiste em adiantar alguma importância ao empregado, geralmente limitada a um percentual do seu salário, a ser descontada no próximo pagamento. Esse adiantamento é oferecido através de solicitação do próprio empregado.

Esse benefício costuma receber algumas críticas:

1ª) Vicia os empregados ao seu uso.

2ª) O vale não costuma resolver integralmente a dívida do empregado, ficando ele, por esse motivo, dependente da solicitação de novos vales.

O vale caracteriza-se pelo prazo de pagamento, que coincide com a data do próximo recebimento do salário do empregado que o solicitou.

Quando o valor concedido extrapola o valor do salário, ele deixa de ser um vale e passa a ser um empréstimo, que, para ser pago, necessita ser parcelado em um prazo superior a um mês.

As empresas que concedem vales geralmente estabelecem uma data para atendimento às solicitações. Essas datas ficam atreladas ao calendário da folha de pagamento.

2.4. DOAÇÃO

Essa modalidade de ajuda financeira se caracteriza pela extensão da gravidade do problema vivido pelo funcionário e pela impossibilidade de pagamento do valor necessário.

As doações geralmente são feitas para cobrir, integral ou parcialmente, despesas com a perda de imóvel. São comuns nos casos de tragédias, como nas enchentes, nos deslizamentos de terra, muito frequentes no verão. Às vezes, o funcionário chega a perder o terreno e a casa ao mesmo tempo.

Nesses casos, *o valor é concedido a fundo perdido*, ou seja, o funcionário não necessita reembolsar o valor recebido.

A ajuda pode ser em dinheiro, materiais ou até sob a forma de imóveis. Algumas vezes, os próprios funcionários se cotizam para constituírem um fundo de ajuda financeira ou material.

2.5. Complemento do Auxílio-Doença

Embora o fato gerador esteja ligado a questões de saúde, podemos considerar esse benefício dentro da modalidade de ajuda financeira ao funcionário, porque a intenção é respaldá-lo financeiramente, no período em que ele está às expensas da Previdência Social.

Quando o funcionário adoece e necessita ficar ausente do trabalho, a lei determina que os primeiros quinze dias sejam pagos pela empresa. A partir daí ele passa a receber da Previdência Social. Nessa condição, o funcionário além de debilitado física e emocionalmente, ainda tem a sua remuneração reduzida, pois ela equivale, em muitos casos, a aproximadamente 70% do último salário recebido por ele. Além dessa perda salarial, ainda podem acontecer atrasos no recebimento da primeira parcela do benefício, em função da demora do agendamento da perícia à qual o trabalhador afastado tem de se submeter.

Dessa forma, esse benefício passa a ser muito importante para os funcionários que se afastam temporariamente do trabalho, ficando sob os cuidados da Previdência Social. Isso proporciona a eles a segurança de que na hipótese de terem que se afastar do emprego por motivo de doença, terão a sua remuneração garantida.

O Complemento Auxílio-Doença consiste, portanto, na garantia do pagamento integral do salário do funcionário, no período em que ele fica afastado.

Trata-se, na prática, de um adiantamento que a empresa faz para o empregado afastado, concedendo-lhe, no dia do pagamento dos salários, uma importância equivalente ao salário que ele iria receber caso estivesse trabalhando.

Ao receber o benefício pago pela Previdência Social, o empregado deve restituir à empresa o adiantamento recebido.

Como o benefício, muitas vezes, é inferior ao valor do salário, o empregado só precisa devolver à empresa o mesmo valor que recebeu da Previdência Social. Vamos a um exemplo.

Imaginemos que um empregado receba um salário no valor de R$ 1.000,00. Ao se afastar pela Previdência passe a receber R$ 700,00. Nesse caso, ele só reembolsará à empresa R$ 700,00. A diferença será a perda com a qual a empresa arcará.

Logo, esse benefício justifica-se por três razões:

1ª) Pela redução do valor do benefício recebido em comparação com o salário do empregado.

2ª) Pela eventual demora do recebimento da primeira parcela do benefício.

3ª) Porque esse pagamento não gera, necessariamente, para a empresa um custo adicional, por já estar devidamente provisionado, desde que seja concedido por um tempo determinado, no qual a empresa não tenha que substituir o empregado afastado, e com isso ter que arcar com o pagamento de um novo salário.

Para a empresa não correr o risco de ter despesas adicionais com a concessão desse benefício, ele deve ser concedido no período máximo de até três meses de afastamento. Isso porque as empresas não costumam substituir seus funcionários afastados durante esse prazo. Além disso, é um prazo dentro do qual a quase totalidade dos funcionários afastados costuma retornar ao trabalho.

Prática de Mercado:

- É pago por 49% das empresas.
- 85% das empresas que concedem o benefício complementam 100%.
- 15% complementam, em média, 43% do salário.
- O período médio de complementação é de 9 meses.

Valor do benefício (Previdência Social): Corresponde a 91% do salário de benefício.

- O salário de benefício dos trabalhadores inscritos até 28 de novembro de 1999 corresponde à média dos 80% maiores salários de contribuição, corrigidos monetariamente, desde julho de 1994.
- Para os inscritos a partir de 29 de novembro de 1999, o salário de benefício é a média dos 80% maiores salários de contribuição de todo o período contributivo.

A concessão desse benefício amplia o leque de benefícios da empresa, facilitando a sua atratividade para as contratações de novos funcionários.

A **GVT**, empresa operadora de telecom, com sede em Curitiba, pratica a flexibilização dos benefícios, permitindo ao funcionário escolher entre 24 opções do pacote de benefícios que inclui complemento salarial por afastamento.[9]

A **Redecard**, empresa que presta serviço de filiação de estabelecimento para aceitação de cartões de crédito e administração do sistema de transação eletrônico, localizada em São Paulo, oferece também esse benefício aos funcionários.[4]

Na **Petroquímica Triunfo**, instalada no polo petroquímico de Triunfo, no Rio Grande do Sul, os funcionários recebem o complemento de salário por nove meses de afastamento por doença ou acidente.[5]

2.6. Adiantamento do Décimo-Terceiro Salário

Essa é uma das melhores formas de ajuda financeira, pois *o funcionário não precisa reembolsar o valor recebido*.

Algumas empresas praticam esse adiantamento quando das férias dos funcionários. Nesses casos, o benefício não tem o caráter de restaurar necessidades financeiras; ao contrário, visa respaldar os funcionários em relação aos gastos futuros, relacionados ao lazer, às viagens decorrentes das férias.

2.7. Adiantamento Quinzenal do Salário

Outra modalidade de ajuda financeira praticada pelas empresas são os adiantamentos quinzenais de salário. Trata-se de uma folha de pagamento suplementar, na qual as empresas adiantam geralmente entre 20 e 40% do salário de seus empregados.

Como regra, as empresas que concedem esse benefício não costumam conceder vales aos empregados. Trata-se de um benefício muito importante, especialmente para os empregados de baixa renda, pois ficam pouco tempo desprovidos totalmente de dinheiro, já que a cada quinzena recebem o adiantamento salarial.

Vale destacar que a área de RH não costuma capitalizar com a concessão desses valores como benefício. Os funcionários não costumam ser informados de que esse é um dos benefícios concedidos pela empresa. O RH deve valorizá-lo, já que se trata de um benefício que, se não existisse, geraria para a empresa solicitações informais de empréstimos ou vales. O RH deve enfatizar que a empresa, ao conceder o adiantamento, deixa de aplicar no mercado financeiro esse montante.

2.8. Previdência Privada

Esse é um dos mais caros benefícios oferecidos pelas empresas. Mesmo assim, uma boa parcela das grandes organizações já o concede aos seus empregados. O objetivo desse benefício é complementar a renda do funcionário aposentado. Quanto maior é o salário do funcionário, maior é a sua perda quando ele se aposenta, já que a Previdência Social mantém um teto (valor máximo) para pagamento das aposentadorias.

A quase totalidade das empresas concede esse benefício para todos os funcionários, independente do nível hierárquico. Devido ao seu elevado custo, as empresas dividem com os funcionários o seu pagamento. De modo geral, elas participam em média com 60% do custo total do benefício.

Verifica-se um crescente interesse das organizações em investir de forma efetiva e profissional no campo dos benefícios voltados ao bem-estar, à satisfação e à motivação das pessoas que trabalham.

Dentro de uma sequência lógica de atendimento das necessidades humanas, nota-se que as empresas procuram consolidar planos de benefícios que estejam diretamente ligados ao atendimento das necessidades básicas, tais como: alimentação, saúde, transporte etc.

Uma série de outros benefícios passa a ser proporcionada, ensejando possibilitar serviços assistenciais, o apoio financeiro (cooperativas de crédito, empréstimos pessoais, adiantamentos salariais), subsídios na aquisição de gêneros de primeira necessidade (cooperativas de consumo), desenvolvimento sociocultural (grêmios recreativos). Por último, acompanhando a evolução natural das aspirações humanas, as empresas têm procurado ampliar os planos de benefícios, fazendo concessões que possam proporcionar aos seus colaboradores e familiares uma maior sensação de segurança. Para tanto, elas passam a oferecer o benefício da previdência complementar.

Esse benefício torna-se sofisticado, na medida em que a empresa só deve oferecê-lo após ter atendido outras exigências prioritárias.

Conceito

A previdência privada visa instituir planos privados de concessão de pecúlios ou de rendas, de benefícios complementares ou assemelhados aos da Previdência Social, mediante contribuição de seus participantes, dos empregadores ou de ambos.

A previdência privada é uma forma de poupança de longo prazo para evitar que a pessoa na aposentadoria sofra uma redução muito grande de sua renda.

Qualquer pessoa que receba atualmente mais do que o teto do benefício de aposentadoria pela Previdência Social deveria se preocupar em formar uma poupança, seja através da previdência privada ou de recursos administrados por sua própria conta.

Objetivo Principal

Preservar o poder aquisitivo dos funcionários que se aposentam, em função da perda salarial que alguns deles sofrem decorrente do teto máximo do benefício da aposentadoria que atualmente equivale a R$ 3.218,59. Tem por finalidade complementar a perda real do poder aquisitivo, quando da aposentadoria dos trabalhadores.

Objetivos Complementares

1º) Estimular a aposentadoria dos funcionários, rejuvenescendo assim a sua força de trabalho.

2º) Gerar oportunidades de crescimento profissional.

3º) Recompensar a permanência dos funcionários por um longo tempo na empresa.

4º) Manter a empresa competitiva no mercado.

5º) Atrair e fixar os recursos humanos.

6º) Demonstrar responsabilidade social e valorização dos empregados.

Trata-se de um benefício complexo e extremamente dispendioso.

- O custo da previdência privada representa em média 17% do custo total dos benefícios.

- O custo da previdência privada representa em média 6% da folha de pagamento (em salários nominais). Esse valor representa somente a parte paga pelas empresas.

Classificação

Entidades Fechadas: são sociedades civis ou fundações, criadas para oferecer, exclusivamente, aos empregados ou dirigentes de uma empresa ou grupo de empresas, planos privados de benefícios complementares aos da Previdência Social.

Entidades Abertas ou Seguradoras: são sociedades constituídas para instituir benefícios aos seus participantes. Elas permitem a adesão de qualquer pessoa.

Quanto aos objetivos, as entidades classificam-se em *Entidades com fins lucrativos* e *sem fins lucrativos*.

Constituição

A constituição, a organização e o funcionamento dessas entidades dependem de prévia autorização do Governo Federal.

Público-alvo do Benefício

O principal beneficiário desse benefício é o executivo, pois ele sofre, ao se aposentar, uma grande perda decorrente da diferença entre o seu último salário em atividade e o valor pago pela Previdência Social.

Tipos de Plano

- *Benefício Definido:* O benefício é determinado em função de um percentual do salário final do empregado.

- *Contribuição Definida:* Nesse caso, as contribuições são fixas e o benefício depende da acumulação delas, bem como do retorno dos investimentos. Neste tipo de plano o benefício a ser pago não é conhecido previamente, pois é calculado em função do montante capitalizado do fundo, no momento da aposentadoria.

Contribuintes da Previdência Privada

- *Participante:* É o empregado da empresa que possui previdência privada, e que participa do seu custeio.
- *Patrocinador:* É a empresa mantenedora do plano de previdência privada.

Descrição dos Benefícios

Os benefícios concedidos pela previdência privada se assemelham aos benefícios oferecidos pela previdência oficial. Além dos abaixo relacionados, existem outros.

- *Aposentadoria Normal:* Renda mensal vitalícia que o participante receberá a partir da data em que tenha cumprido as exigências do plano, tais como: idade mínima, tempo de serviço na empresa, tempo de participação no plano etc.

- *Aposentadoria Antecipada:* Renda mensal vitalícia que o participante receberá antes de ter cumprido as exigências para recebimento da aposentadoria normal. Nesses casos, o valor da renda sofre redução.

- *Aposentadoria Postergada:* Renda mensal vitalícia que o participante receberá antes de ter cumprido as exigências para recebimento da aposentadoria normal e que, por algum motivo, ainda não o tenha feito. Nesses casos, o valor da renda pode ser igual ao da aposentadoria normal ou pode sofrer redução.

- *Pensão ao Cônjuge:* Renda mensal vitalícia que o cônjuge recebe a partir do falecimento do participante.

- *Pecúlio:* Valor pago, geralmente à vista, ao participante na data em que esse se desliga do plano. Geralmente, esse valor se refere às suas próprias contribuições.

- Vesting ou *Benefício Diferido:* Renda mensal vitalícia ou valor pago à vista ao participante na data em que esse tenha direito à aposentadoria normal. Se o empregado se desliga da empresa, ele pode optar em não resgatar as contribuições que lhe são devidas, deixando-as aplicadas no fundo até o momento em que tiver direito a receber o benefício.

Pressupostos

Há muitas teorias que justificaram a criação dos planos particulares de pensão e aposentadoria pelas empresas, sendo que as mais comuns são:

1ª) O conceito de depreciação humana, segundo o qual a indústria deve a seus funcionários medidas de proteção que cubram o desgaste humano, da mesma forma que o desgaste das máquinas e do material. Apesar da lógica dessa ideia, devemos considerar que o envelhecimento é um processo fisiológico sem relação obrigatória com o emprego.

2ª) O plano de aposentadoria deve ser criado com o intuito de motivar os empregados a aumentarem a sua produtividade, devido à maior segurança que sentirão.

3ª) Outra razão seria a aposentadoria dos funcionários mais velhos, cuja produtividade decresceu, para criar oportunidades para os funcionários mais jovens, visando à elevação da produção e melhores perspectivas de carreira.

4ª) Outra razão seria a fixação de talentos, pois os seus detentores não se estimulariam a deixar os seus empregos, após alguns anos de contribuição para o plano.

Outra importante contribuição social da previdência complementar é que devido às suas próprias características de geração de recursos, de aumento da poupança e de capacidade de aplicação de recursos, ela se tornou uma importante força impulsionadora das economias modernas. Por outro lado, ela trouxe para muitos trabalhadores a tranquilidade de que precisam para desempenhar melhor o seu trabalho.

Previdência Complementar Aberta

Os funcionários de uma empresa que não dispõem desse benefício poderão optar por uma previdência privada particular, denominada de Previdência Complementar Aberta.

Conceito de Previdência Complementar Aberta: "É uma opção de aposentadoria complementar e aberta a quaisquer indivíduo ou empresa que queiram participar. É oferecida por bancos, seguradoras e entidades abertas de previdência privada" (Fenaprevi – Federação Nacional de Previdência Privada e Vida).

A título de esclarecimento seguem algumas informações sobre ela.

O processo de poupança consiste de duas fases. Na primeira, o poupador acumula um capital. Durante esse processo, esse capital receberá rendimentos. Na segunda fase, que coincide com a aposentadoria para a maioria das pessoas, mas não necessariamente, é o momento de receber os benefícios. Regra geral, nessa fase o poupador não faz novas acumulações, apenas se beneficia do rendimento sobre o capital acumulado. Naturalmente, quanto maior for o capital acumulado, maior será o valor do benefício.

Distribuição da Receita por Produto – Base: janeiro de 2009
- VGBL: 74,46%
- PGBL: 15,72%
- Plano Tradicional: 9,77%
- Outros: 0,05%

Distribuição da Receita por Tipo de Plano – Base: janeiro de 2009
- Individual: 79,52%
- Empresarial: 13,72%
- Menores de Idade: 6,77%

Ranking das Empresas Segundo a Receita
Base: arrecadação janeiro de 2009
- Bradesco Vida e Previdência: 33,35%
- Itaú Vida e Previdência: 20,85%
- BrasilPrevi Seg. e Prev. S.A.: 12,91%
- Caixa Vida e Previdência: 9,74%
- Real Tokio Marine Vida e Prev.: 5,48%
- Unibanco Vida & Prev.: 5,32%
- HSBC Vida e Previdência: 3,80%
- Santander Seguros: 1,98%
- Metropolitan Life Seg. Prev. S.A.: 0,92%
- Icatu Hartford Seguros S.A.: 0,88%
- Demais Entidades: 4,77%

Tipos de Produto (os principais)

VGBL – Vida Gerador de Benefício Livre (criado em 2002)

O VGBL é um produto que visa única e exclusivamente à acumulação de uma reserva financeira pelo segurado, que ao final do contrato pode ser transformada em um renda mensal, vitalícia ou temporária.

Neste produto, diferentemente do PGBL, os prêmios investidos não são dedutíveis do Imposto de Renda. Por isso, no momento dos resgates ou do recebimento dos benefícios, estes serão tributados com base na tabela progressiva do IR. Mas a tributação será aplicada somente sobre a parcela dos ganhos de capital.

Os clientes potenciais para o VGBL são:

- os que declaram no modelo simplificado de Imposto de Renda;
- os que declaram no modelo completo, mas desejam contribuir acima do limite de 12% da renda bruta em um plano de aposentadoria complementar;
- aqueles que já têm constituído um fundo em outros investimentos ou até mesmo um saque do FGTS e desejam comprar uma renda mensal imediata ou com início em curto prazo de tempo;
- aqueles que querem investir a médio e longo prazos, podendo diferir para o momento do resgate o pagamento de imposto sobre o ganho de capital.

PGBL – Plano Gerador de Benefício Livre (criado em 1997)

No PGBL, o investidor adquire o plano na instituição de previdência privada, que fica responsável pela aplicação dos recursos e elege uma instituição financeira (o gestor do plano), que vai bancar a administração dos mesmos. Na prática, a instituição abre um Fundo de Investimento Financeiro Exclusivo (Fife) para cada plano de PGBL.

Há três tipos básicos de PGBL: o *soberano*, formado por títulos públicos federais; o de *renda fixa*, composto por títulos de renda fixa públicos e privados, como debêntures e CDBs; e o *composto*, formado por aplicações em renda variável. Nesse último tipo, existem várias composições de fundos, que vão desde 5% até 49% da aplicação em ações. Também existe o PGBL cambial. Nesse caso, parte dos recursos é aplicada em papéis atrelados à variação do dólar.

Contribuição – Dentro dos PGBLs existem diferentes tipos de plano, desde aqueles que só aceitam depósitos mensais até os que recebem aportes anuais ou periódicos. Sobre a contribuição incide a taxa de carregamento, que varia de 0,5% a 5% e cobre os custos de manutenção do plano. Além disso, existe a taxa de gestão financeira, que irá remunerar os gestores, a qual varia de 1,2% a 5%.

No PGBL, toda rentabilidade obtida com a aplicação é repassada ao participante do plano. Além disso, *pode-se deduzir até 12% da renda bruta anual na declaração do Imposto de Renda. Também não incide Imposto de Renda sobre os rendimentos obtidos com as aplicações* (na renda fixa há 10%, e na renda variável, 20% de IR).

Recebimento – O participante de um plano pode optar entre receber o dinheiro de uma só vez, no fim de determinado período (renda mensal temporária), ou, então, uma renda mensal vitalícia. No plano, também é possível atrelar outros tipos de benefício, como seguros, auxílios, pecúlios, etc., desde que haja contribuição específica para cada um.

A renda mensal, temporária ou vitalícia, será calculada com base no saldo final do participante. A qualquer momento, o contribuinte pode transferir seus recursos para outro plano, se julgar que a administração não está correspondendo às suas expectativas.

Algumas empresas que concedem ou já concederam o benefício Previdência Privada para os funcionários:

Ampla (Niterói/RJ); CSN (RJ); McDonald's; Organon; Serasa; Banco Real; Petroquímica Triunfo; Embraco; Embraer (S. J. Campos/SP); 3M; Alcoa; Dow; Tigre; Weg; Belgo; Bristol-Myers Squibb; BankBoston (SP); Bunge Alimentos; Monsanto; Odebrecht; Pfizer; Porto Seguro; ArvinMeritor; Citibank; AON; Promon; Marelli Móveis; Pellegrino (SP); AstraZeneca; Techint; Unilever; Petrobras (RJ); Tenaris Confab (Pindamonhangaba/SP); Votorantim Cimentos; VisaNet; Albras (Barcarena, Pará); Basf (São Paulo); Cargill (São Paulo); Cecrisa (Criciúma/SC); Embraco (Joinville/SC); Goodyear; Fras-Le (Caxias do Sul/RS); Gerdau (Porto Alegre); Intelbras (São José/SC); Landis + Gyr (Curitiba); Lojas Colombo (Farroupilha/RS); Losango (RJ); Marcopolo (Caxias do Sul/RS); Nextel (SP); Plascar (Jundiaí/SP); Perkins (Curitiba); Refap (Porto Alegre/RS); Sanofi-Aventis (Suzano/SP); Serasa Experian; Syngenta (SP); Unibanco; Unilever Brasil; Vivo e Xerox.

A **GVT**, empresa operadora de telecom, com sede em Curitiba, oferece previdência privada a partir dos gerentes.[9]

Na **Springer Carrier**, em Canoas, RS, os funcionários têm previdência privada. A empresa contribui com duas vezes o valor depositado pelo funcionário.[7], [8]

Na **Promon**, os empregados possuem planos de previdência privada desde 1976.[7], [8]

A **Monsanto**, empresa fabricante de defensivos agrícolas, SP, oferece previdência privada com aportes de 150% da contribuição dos funcionários.[7]

Na **AGF Brasil Seguros** o plano de aposentadoria é bancado totalmente pela empresa.[1]

No **Genzyme**, laboratório de biotecnologia, com sede no RJ, a empresa deposita 9 reais para cada 1 real do empregado no plano de previdência privada.[8]

No **Bradesco**, que tem sede em Osasco, São Paulo, a previdência privada é para todos.[8], [9]

A **Dow**, indústria química e petroquímica, subsidiária brasileira da Dow Chemical, com sede em São Paulo, para cada 1 real que os funcionários depositam no plano de previdência privada, a Dow contribui com 1,5.[2]

No **McDonald's**, no Brasil, há previdência privada para todos os funcionários.[1]

No laboratório farmacêutico, **AstraZeneca**, no plano de previdência privada, a empresa deposita R$ 2,00 para cada R$ 1,00 do empregado.[21]

Na **Nestlé**, com sede em São Paulo, o plano de previdência privada é bancado pela empresa.[1]

No **BankBoston**, com sede em São Paulo, o plano de previdência é para todos os funcionários e garante 60% do último salário.

No jornal **O Globo**, com sede no Rio de Janeiro, o plano de previdência privada é totalmente pago pela empresa e prevê a garantia de uma renda de 70% do salário.[1]

Na **Caterpillar**, fabricante de máquinas industriais e agrícolas, com sede em Piracicaba, São Paulo, o plano de previdência privada é 100% subsidiado.[22]

Na **DuPont**, subsidiária brasileira do grupo químico americano, o plano de previdência privada é totalmente custeado pela empresa e garante uma renda de 60% do salário do empregado.[1]

No **Grupo Gerdau**, siderúrgica, com sede em Porto Alegre, há um plano gratuito de previdência privada que garante uma renda de até 40% do salário. Quem quiser pode complementá-lo para aumentar a renda.[1]

Na **Goodyear**, em São Paulo, o plano de previdência privada é bancado integralmente pela empresa e garante até 40% do salário, permitindo ao funcionário optar por um plano adicional, onde ele e a empresa contribuem.[1]

A subsidiária brasileira da **Coca-Cola**, com sede no Rio de Janeiro, oferece um plano de previdência privada para todos os níveis hierárquicos, sem contribuição dos empregados.[1]

No grupo **Brasmotor**, o maior fabricante de eletrodomésticos de linha branca da América Latina, qualquer empregado que estivesse no grupo desde 1976 recebia ao se aposentar mais de 80% do salário, sem ter contribuído para o plano de previdência privada. Os que entraram no grupo depois dessa data passaram a se aposentar com uma renda garantida de 60% do último salário.[1]

2.9. Empréstimo sob Consignação

Os empregados poderão autorizar desconto em folha de pagamento de valores referentes ao pagamento de empréstimos, financiamentos e operações de arrendamento mercantil concedidos por instituições financeiras e sociedades de arrendamento mercantil, quando previsto nos respectivos contratos.

Base Legal:
- Lei nº 10.820, de 17 de dezembro de 2003 (publicada no DOU de 18/12/2003).
- Lei nº 10.953, de 27 de setembro de 2004 (DOU de 28/9/2004 – que alterou a Lei 10.824 e dispõe sobre a autorização para desconto de prestações em folha de pagamento, e dá outras providências.

O desconto poderá incidir sobre verbas rescisórias devidas pelo empregador, se assim previsto no respectivo contrato de empréstimo, financiamento ou arrendamento mercantil, até o limite de trinta por cento.

Pelo fato de o pagamento do empréstimo ser feito através da folha de pagamento, há uma garantia de que o empregado efetuará os seus pagamentos à instituição financeira. Isso permite a obtenção de taxas de juros mais favoráveis do que as tradicionalmente cobradas.

É assegurado ao empregado o direito de optar por instituição consignatária que tenha firmado acordo com o empregador, com sua entidade sindical, *ou qualquer outra instituição consignatária de sua livre escolha, ficando o empregador obrigado a proceder aos descontos e repasses por ele contratados e autorizados.*

É vedada aos empregadores, entidades e centrais sindicais a cobrança de qualquer taxa ou exigência de contrapartida pela celebração ou pela anuência nos acordos referidos nos §§ 1º e 2º, bem como a inclusão neles de cláusulas que impliquem pagamento em seu favor, a qualquer título, pela realização das operações de que trata esta lei, ressalvado o disposto no § 2º do art. 3º.

O empregador fica responsável pelas informações prestadas, pela retenção dos valores devidos e pelo repasse às instituições consignatárias, o qual deverá ser realizado até o quinto dia útil após a data de pagamento, ao mutuário, de sua remuneração mensal.

O empregador, salvo disposição contratual em sentido contrário, não será corresponsável pelo pagamento dos empréstimos, financiamentos e arrendamentos concedidos aos mutuários, mas responderá sempre, como devedor principal e solidário, perante a instituição consignatária, por valores a ela devidos, que deixarem, por sua falha ou culpa, de serem retidos ou repassados.

Comprovado que o desconto do mutuário não foi repassado pelo empregador à instituição consignatária, fica ela proibida de incluir o nome do mutuário em qualquer cadastro de inadimplentes.

2.10. 14º Salário ou Gratificação

A gratificação consiste no pagamento anual por parte da empresa de um salário adicional. Algumas empresas pagam aos seus empregados quatorze ou quinze salários anuais.

Esse benefício não costuma estar atrelado ao alcance de um determinado resultado corporativo (resultados operacionais, mercadológicos ou financeiros), tratando-se, apenas, de uma decisão generosa de algumas empresas. Representa um benefício de forte impacto na atração e fixação dos recursos humanos. Quando habitual, deve ser pago independente da performance financeira da empresa.

A **Mantecorp** é um dos maiores laboratórios farmacêuticos do país, com sede no Rio de Janeiro, fundada em 2006, após 17 anos de *joint-venture* com a Shering-Plough e paga o 14º salário aos colaboradores.[14]

2.11. REMUNERAÇÃO VARIÁVEL

Embora seja uma parte integrante da estratégia de remuneração das empresas, devemos considerá-la também como um benefício. Trata-se da distribuição de um ganho extra para os trabalhadores, pago semestral ou anualmente, em função do alcance de uma determinada meta da empresa. Não se trata de um benefício concedido com caráter meramente assistencial. Ele é concedido sob diferentes formas, cada uma com características específicas. Não é um benefício concedido de forma obrigatória.

Exemplos de Remuneração Variável:

- PPR – Programa de Participação nos Resultados.
- PL – Participação nos Lucros.
- Distribuição de Ações.
- Bonificações.

Exemplos de empresas que praticam a remuneração variável

Empresa	Participação nos Resultados/Lucros/Bônus/Ações
Accor – São Paulo	Todos têm acesso ao programa de *stock options*, que garante um desconto de 20% sobre a média do preço das ações. Em 1995, o programa de participação nos resultados, que abrange o grupo inteiro, rendeu três salários a mais para cada funcionário.[1] e [4]
	Incentiva os funcionários a comprarem as ações da companhia. Para cada ação adquirida por eles, a Accor os presenteia com outros nove papéis da empresa. As ações só são liberadas para venda na compra da casa própria, casamento ou nascimento do terceiro filho.[7] e [8]

(continua)

Empresa	Participação nos Resultados/Lucros/Bônus/Ações
ALL — América Latina Logística — Curitiba	Empresa de transporte ferroviário. Possui um programa de distribuição de ações que contempla todos os níveis. Em 2008, o bônus foi de 4 a 8 salários para analistas e de 8 a 16 para os coordenadores e gerentes.[9]
Albras — Barcarena — Pará	Na Albras, fabricante de alumínio, com sede em Barcarena, Pará, os empregados têm participação nos resultados, que em 2007 pagou em média 3,5 salários adicionais para cada funcionário.[8]
Algar — Uberlândia — MG	Oferece participação nos lucros desde 1989.[8]
Amanco — Joinville — SC	A fabricante de tubos e conexões de Santa Catarina oferece PPR que pode chegar a 1,5 salário adicional por ano.[7] e [9]
Ambev — São Paulo	Em 2007, 80% dos funcionários das fábricas e dos centros de distribuição conseguiram receber salários adicionais de remuneração variável. Lá os gestores podem ganhar até 30 salários anuais. A Ambev paga 14º salário para todos e mantém o programa de *stock options* para os executivos.[8] e [9]
Ampla — Niterói/RJ	Oferece o programa de participação nos resultados para seus empregados.[36]
AON — São Paulo	A consultoria de Seguros e Benefícios possui participação nos lucros para todos os funcionários e paga em média quatro salários; *stock options* disponíveis após um ano de casa.[7] e [9]
American Online — Santo André — SP	O PPR pode corresponder a 10% do salário anual, chegando a 20% para os gerentes.[4]
Arcelor Mittal Brasil — Belo Horizonte — MG	O PPR (programa de participação nos resultados) junto com o programa de ideias proporcionou para alguns empregados, em 2006, até oito salários extras. Oferece a todos os empregados a possibilidade de comprar suas ações.[7] e [8]
AstraZeneca — São Paulo	Nesse laboratório farmacêutico os diretores recebem bônus que podem chegar a 6,6 salários adicionais e para os níveis mais técnicos o bônus varia de dois a três salários por ano.[21]

(continua)

Unidade 2: Assistência Financeira aos Trabalhadores 39

Empresa	Participação nos Resultados/Lucros/Bônus/Ações
ATP — Distrito Federal	Essa empresa de tecnologia da informação oferece bolsa de estudos de 50%, limitadas a R$ 500,00 para cursos de graduação, pós-graduação e inglês.[21]
Balaroti — Curitiba	A rede varejista de material de construção, com sede em Curitiba, oferece participação nos lucros.[9]
Banco Real — São Paulo	Em 2006, pagou, além do salário fixo, 634 reais em média, por mês, para os que trabalhavam nas agências, e a participação nos lucros atingiu R$ 112,00 no ano.[8]
BankBoston — São Paulo	Oferece programa de bônus e participação nos resultados para todos os níveis. Oferece *stock options* também para todos os níveis.[3], [4]
Belgo-Mineira	O plano de participação nos resultados rendeu em 1996, em média, 1,2 salário para os operacionais e 1,8 para os executivos.[1]
Bradesco — Osasco — SP	O plano de participação nos resultados rendeu, em 2000, dois salários em média.[4]
Brahma — RJ	A cervejaria pagava bônus por desempenho que variava de sete a quatorze salários para empregados da área administrativa. Em 1996, na fábrica, a premiação foi de 4,8 salários adicionais. Havia como um de seus principais atrativos a distribuição de ações para todos os níveis hierárquicos.[1]
Brasken — São Paulo	Nesta empresa petroquímica fabricante de resinas termoplásticas, os empregados recebem participação nos lucros, chegando a 4,5 salários para o nível operacional e a 22 salários adicionais para a diretoria e vice-presidência.[7]
Brasil Salomão e Mathes Advocacia — São Paulo	Os funcionários que não são advogados chegam a ganhar até dois salários extras no ano como participação nos resultados.[21]
Brasmotor — São Paulo	Todos os anos, os executivos recebem seis salários adicionais e ainda podem levar para casa mais três, dependendo de sua performance individual. Em 1996, os não executivos receberam mais de dois salários.[1]
Bristol-Myers Squibb — São Paulo	Oferece *stock options* para todos os funcionários.[4]

(continua)

Empresa	Participação nos Resultados/Lucros/Bônus/Ações
Bunge Alimentos Gaspar — SC	A remuneração variável pode chegar a até 3,2 salários e está também atrelada aos índices de acidentes, além do cumprimento de metas.[9]
BV Financeira — São Paulo	O programa de participação nos lucros e resultados contempla todos os funcionários semestralmente.[22]
Caraíba Metais Camaçari — Bahia	A participação nos resultados já chegou a pagar seis salários.[5]
Cargill — São Paulo	Na Cargill, fornecedora de produtos agrícolas, os empregados têm direito à participação nos lucros.[8] e [9]
Caterpillar — Piracicaba — SP	A fabricante de máquinas para construção oferece participação nos lucros e resultados que paga entre 1 e 1,5 salário extra por ano. A empresa, demonstrando transparência, divulga e discute a pesquisa de salários que realiza com empresas da região.[7], [8], [9]
CTBC — MG	Nessa empresa de telecomunicações, a política de remuneração é agressiva e pode render até 17 salários no ano.[21]
Cecrisa — Criciúma — SC	O programa de participação nos resultados pode render até dois salários a mais, principalmente para quem trabalha no chão de fábrica, já que 70% do valor são divididos igualmente entre os funcionários.[7], [9]
Cenibra — MG	A empresa, que é uma das maiores produtoras mundiais de celulose branqueada de eucalipto, com fábrica em Belo Oriente, paga até três salários extras como participação nos resultados.[18]
Cesa — Belo Horizonte — MG	Essa empresa de transportes e logística oferece o programa de participação nos resultados que é estendido a todos.[4]
Cetrel — Camaçari — Bahia	O PPR rendeu 1,5 salário na última distribuição.[4]
Chemtech — RJ	Há bolsas de estudo que variam de 50% a 100% para pós-graduação e idiomas.[21]
Cigam Desenvolvedor de Software — RS	Em 2008, os funcionários receberam em média um salário a mais como participação nos lucros e resultados.[22]

(continua)

Empresa	Participação nos Resultados/Lucros/Bônus/Ações
Citi – São Paulo	O banco oferece participação nos lucros e décimo quarto salário.[8]
Compacq – São Paulo	A subsidiária brasileira da fabricante americana de computadores oferece *stock options* para todos os funcionários.[4]
Condor – São Bento do Sul – SC	Essa fabricante de escovas, pentes, pincéis e vassouras mantém um plano de participação nos resultados para todos os funcionários. Em 2000, rendeu 42,7% do salário nominal.[4]
CPFL – Campinas – SP	Oferece um plano de remuneração variável para todos os empregados. Em 2005, cada funcionário recebeu pelo menos R$ 3.600 de participação nos resultados.[6], [8]
Credicard – São Paulo	Em 2001, pagou no programa de participação nos resultados 2,7 salários extras para cargos de analistas e consultores, 3,6 para gerentes e 6,3 para diretores.[5]
CST – Tubarão – RS	Na Companhia Siderúrgica de Tubarão os funcionários podem comprar ações da empresa em condições vantajosas.[1]
Cultura Inglesa – Rio de Janeiro	Vendeu parte de suas ações aos empregados, com, no mínimo, um ano de casa.[9]
Diageo – Bebidas – São Paulo	Em 2008, o PPR rendeu 2,5 salários extras.[22]
Dow – São Paulo	Essa indústria química e petroquímica oferece participação nos lucros e possibilidade de compra de ações a preços subsidiados para todos os empregados.[1], [7], [8] e [9]
DPaschoal – Campinas – SP	Os funcionários têm direito à compra de ações a preços subsidiados.[4]
DuPont – São Paulo	Desde 1993, oferece participação nos resultados. Foi uma das primeiras empresas a adotar a remuneração por competência para os operários de sua fábrica em Paulínia, no interior de São Paulo.[1]
Electrolux – Curitiba – SP	A participação nos lucros chegou a 2,2 salários extras em 2007.[8], [9]
Elma Chips – São Paulo	Venda anual de ações a preços subsidiados para funcionários com salário acima de R$ 1.000. Todos os funcionários têm direito ao bônus de participação nos lucros.[4]

(continua)

Empresa	Participação nos Resultados/Lucros/Bônus/Ações
Embraco – Joinville – SC	Em 2000, o programa de participação nos resultados rendeu de 2 a 7,25 salários. Em 2001, pagou em média 1,8 salário para os funcionários e 7,7 salários para os gestores e 10,4 para os diretores.[4], [5]
Embraer – São José dos Campos – SP	A Embraer distribuiu em 1998 R$ 16,6 milhões de participação nos resultados aos empregados.
Essilor – RJ	Essa empresa de comércio atacadista permite que todos os empregados comprem ações desta organização com 30% de desconto.[21]
Fras-Le – Caxias do Sul/RS	Na Fras-le, sede Caxias do Sul, fabricante de componentes para freios, os empregados têm participação nos lucros.[7]
Fundação Paulo Feitoza – Amazonas	Nesse fabricante de software, o bônus é pago de acordo com a qualificação de cada colaborador. Quem possui título de pós-graduado, mestre ou doutor recebe entre 5% e 35% do total a ser distribuído.[22]
Genzyme – São Paulo	O laboratório americano de biotecnologia distribui ações para todos os empregados.[21]
Gerdau – Porto Alegre	Oferece participação nos lucros.[8]
Gillette – São Paulo	Plano de ações com participação deduzida dos salários. A empresa oferece ainda lotes de ações a funcionários-chave.[4]
Goodyear – São Paulo	Participação nos resultados para todos. Em 2000, foi mais de um salário.[4]
Grupo Ouro Fino Farmacêutica – São Paulo	Os funcionários que cumprem suas metas podem receber até dois salários extras.[21]
GVT – Curitiba	Na empresa operadora de telecom, com sede em Curitiba, os funcionários têm participação nos lucros semestralmente e *stock options*.[9]
HP – Barueri – São Paulo	*Stock options* e plano de participação nos lucros para todos os funcionários.[4]
IBM – São Paulo	Oferece *stock options* para todos os funcionários.[4]
Intelbras – São José (SC)	O plano de participação nos resultados rendeu, em 2000, quatro salários extras para todos os funcionários dessa empresa de telecomunicações. Semestralmente, há distribuição de 12,7% do lucro.[9]

(continua)

Unidade 2: Assistência Financeira aos Trabalhadores

Empresa	Participação nos Resultados/Lucros/Bônus/Ações
JFL — São Paulo	Essa empresa de produtos eletroeletrônicos possui dois programas de participação nos lucros, um definido pelo sindicato e outro próprio da empresa.[21]
KBHC Tabacos — Vera Cruz — RS	A participação nos resultados em 2008 distribuiu cinco salários adicionais.[9]
Kimberly-Clark — São Paulo	Essa empresa americana, fabricante de produtos do segmento de higiene e bem-estar, possui três planos de remuneração variável, um para técnicos, um para os administrativos e outro para diretoria. Oferece ainda *stock options* para a liderança, a partir da gerência sênior, como forma de retê-la.[14]
Landis + Gyr — Curitiba — PR	Em 2007, distribuiu como participação nos resultados R$ 3.170,00 para cada empregado e, em 2008, R$ 1.276,00.[7], [8] e [9]
Lanxess Química — São Paulo	O programa de participação no lucros rendeu em 2008, em média, 2,4 salários extras para o nível operacional e 3,5 para o gerencial.[22]
Lilly — São Paulo	Todos têm direito ao plano de ações, que foi criado em 1993. Em 1998, quem nunca tinha vendido seu lote de ações possuía cerca de R$ 700,00. O programa de participação nos lucros distribuiu em 1998 entre 1,1 e 5 salários extras.[2]
Lojas Renner — Porto Alegre — RS	Os funcionários têm participação nos lucros.[8]
Losango — Rio de Janeiro	O pessoal que trabalha na linha de frente na venda de produtos pode receber até 18 salários extras no ano, pagos em duas vezes. Quem trabalha na área administrativa pode receber quatro salários a mais no ano.[7], [8]
Mantecorp — Rio de Janeiro	A empresa farmacêutica paga 14 salários por ano e ainda oferece participação nos resultados, que chega a render até quatro salários a mais por ano.[8]
Marcopolo — Caxias do Sul — RS	Oferece participação nos lucros aos empregados.[7]
Marelli — Caxias do Sul — RS	Pagou dois salários a mais no primeiro semestre de 2008 e quatro no segundo semestre.[9]

(continua)

Empresa	Participação nos Resultados/Lucros/Bônus/Ações
Matera Systems — São Paulo	Essa empresa de tecnologia de informação tem uma política de bônus que prevê pagamentos semestrais.[21]
McDonald's — Barueri — São Paulo	O plano de participação nos lucros é para todos os funcionários. Em 1998, rendeu de 0,3 a 3,6 salários extras.[2]
Merck Sharp & Dohme — São Paulo	Programa de participação nos resultados para todos os funcionários. A empresa possui um plano de ações para todos eles. Em 1998, o bônus rendeu quase 6.000 reais para 152 funcionários.[2], [4]
Metal Ar — Cajati — SP	Costuma distribuir um terço do seu lucro anual, o que em 2008 correspondeu a 4,37 salários por funcionário.[9]
Método Engenharia — São Paulo	O programa de participação nos resultados rendeu, em média, seis salários a mais em 1999.[3]
Microsiga — São Paulo	Todos têm direito a *stock options*.[5]
Microsoft — São Paulo	Todos na empresa são elegíveis a algum tipo de remuneração variável, como bônus, incentivo de vendas ou um mix das duas formas. Há também um plano de ações que contempla todos os funcionários.[22]
Milenia — Londrina — PR	Essa empresa fabricante de defensivos agrícolas distribui 1% de seu lucros aos empregados *caso não haja no ano qualquer acidente grave*.[8]
Monsanto — São Paulo	Oferece plano de ações para todos. Em 2000, o PPR rendeu, em média, mais quatro salários.[4]
	Oferece participação nos lucros e a partir dos níveis gerenciais os funcionários têm direito ao programa de compra de ações da empresa.[7]
Multibras — São Paulo	O programa de participação nos resultados rendeu em 2001, em média, um salário. Dependendo do cargo, há possibilidade de o funcionário receber até oito salários.[4], [5]
Novo Nordisk — São Paulo	Empresa farmacêutica de origem dinamarquesa, líder mundial no tratamento de diabetes, em 2008 a PLR rendeu 1,8 salário a mais para cada empregado.[9]
O Globo — Rio de Janeiro	O jornal carioca oferece participação nos resultados para os funcionários.[1]

(continua)

Unidade 2: Assistência Financeira aos Trabalhadores

Empresa	Participação nos Resultados/Lucros/Bônus/Ações
Okto – São Paulo	Nessa empresa de tecnologia a participação nos lucros e resultados é paga semestralmente e pode render até quatro salários extras no ano.[21]
Oracle – São Paulo	Funcionários podem destinar até 10% do salário para comprar ações com desconto de 15%.[5]
Orbitall – São Paulo	A participação nos lucros pode render até quatro salários.[5]
Ouro Fino – Cravinhos – SP	A participação nos resultados rendeu, em 2008, um salário adicional em média para cada funcionário. Para cada cargo, há nove níveis salariais para fins de progressão salarial.[9]
Pão de Açúcar – São Paulo	Oferece bônus por desempenho e *stock options* para executivos.[4]
Pepsico – São Paulo	O programa de participação nos resultados é para todos os empregados. Oferece a opção de compra de ações com base no valor do papel da Pepsico na bolsa de Nova York.[9]
Perkins – Curitiba – PR	A empresa oferece participação nos lucros.[8]
Pharmacia – São Paulo	Oferece *stock options* para o nível gerencial.[5]
Plascar – Jundiaí – SP	A Plascar, fabricante de peças plásticas para carros, com sede em Jundiaí, SP, oferece bônus para gestores.[7], [8], [9]
Promon – São Paulo	Participação nos lucros, com distribuição semestral. Desde 1970, todos os funcionários recebem ações da empresa como parte dos benefícios, ganhando os dividendos duas vezes ao ano. *100% das ações da empresa estão nas mãos dos funcionários e são eles que escolhem quem comanda a empresa.*[7], [8] Quando um funcionário deixa a empresa é obrigado a vender seu pacote de ações.[21]
Quintiles Serviços Diversos – São Paulo	Distribuição de resultados com bônus de até 8% da remuneração anual para empregados de nível técnico e estagiários e de 15% para executivos.[21]
Redecard – São Paulo	O programa de participação nos lucros pagou até seis salários na última distribuição.[5]
Refap – Refinaria Alberto Pasqualini – Porto Alegre – RS	Oferece participação nos lucros.[7]

(continua)

Empresa	Participação nos Resultados/Lucros/Bônus/Ações
RPM – MG	A mineradora distribui 30% do lucro aos empregados que recebem os salários mais baixos e os demais podem ganhar até três salários extras no ano.[21]
Samarco – Belo Horizonte – MG	Essa mineradora possui participação nos resultados desde 1988. Os operários podem receber até 16 salários por ano e os executivos 17.[1]
Sanofi-Aventis – Suzano – SP	A participação nos resultados em 2006 ficou entre um e dois salários.[7]
Serasa Experian – São Paulo	Os empregados têm participação nos lucros. O programa contempla todos eles.[8], [9]
Springer Carrier – Canoas – RS	Os funcionários têm participação nos lucros.[7], [8]
Syngenta – São Paulo	A filial brasileira da fabricante suíça de herbicidas, inseticidas e fungicidas oferece *stock options* a partir da média gerência, programa de compra de ações para todos, participação nos lucros, que em 2008 pagou em média 6,5 salários.[9]
3M – Sumaré – São Paulo	Participação nos lucros para todos e bônus trimestral para executivos.[1]
TRW – Limeira – São Paulo	Em 2000, a participação nos lucros gerou R$ 760,00 aos não-executivos e 2,2 salários aos gerentes e diretores.[4]
Tecnisa – São Paulo	Essa empresa de construção civil oferece bônus e participação nos lucros tanto para os gerentes quanto para os subordinados que trabalham nas obras.[8]
Unibanco – São Paulo	Oferece participação nos lucros.[7]
Vale do Rio Doce – Rio de Janeiro	Em 1999, a CVRD distribuiu R$ 42 milhões a título de participação nos resultados.[33]
Vivo – Rio de Janeiro	Oferece participação nos lucros.[8], [9]
Volvo – Curitiba – PR	A participação nos resultados em 2006 representou em média 2,5 salários extras para cada empregado.[7], [8], [9]
Votorantim Cimentos – São Paulo	O programa de participação nos resultados oferece pelo menos dois salários adicionais por ano.[9]
Weg – Jaraguá do Sul – SC	O plano de participação nos lucros garantiu, em 2000, 2,7 salários adicionais para todos. Em 2006 deu quase quatro salários extras.[7]
Xerox do Brasil – Rio de Janeiro	A empresa oferece plano de participação nos resultados.[7]

2.12. Cooperativa de Crédito

O que o homem, isoladamente, não é capaz de realizar, ele o faz por meio da cooperação e do esforço comum, que multiplicam de forma prodigiosa as suas energias e possibilidades, permitindo-lhe executar, coletivamente, coisas raras, quase inimagináveis.

A cooperativa exerce um extraordinário papel na cooperação entre os homens, notadamente entre os humildes, entre os necessitados. O cooperativismo é fascinante no tocante ao seu poder de união e de solidariedade como instrumentos de progresso econômico e desenvolvimento social.

O que caracteriza o cooperativismo como um sistema de atuação econômica é a solidariedade moral e a cooperação material entre os indivíduos componentes dos grupos sociais que o praticam, com o objetivo de realização de um fim de interesse comum. Cooperar significa obrar conjuntamente com outro, ou outros, para um mesmo fim.

Conceito Básico:

Nada mais é do que uma instituição financeira formada por uma sociedade de pessoas, com forma e natureza jurídica próprias, de natureza civil, sem fins lucrativos e não sujeita a falência.

Outros Conceitos:

Economicamente, a cooperativa é uma associação que tem por fim proporcionar maior economia ou comodidade aos seus membros, baseando-se no princípio da reciprocidade.

Juridicamente, é uma sociedade de pessoas que opera com capital variável, a fim de proporcionar serviços e vantagens exclusivamente aos seus associados.

Considera-se o capital variável, porque os sócios podem, a qualquer tempo, retirar suas cotas, que podem ou não ser substituídas.

É uma sociedade constituída entre pessoas ligadas por um vínculo empregatício, com necessidades, interesses e objetivos comuns. É administrada pelos próprios associados, opera com as economias de todos, realizando empréstimos a juros baixos.

Objetivo:

Propiciar crédito e prestar serviços de modo mais simples e vantajoso para seus associados (por exemplo: emprestar dinheiro com juros bem menores e com menos exigências do que bancos).

Outros Objetivos:

a) Educação financeira dos associados, através do incentivo à utilização racional do dinheiro como meio de real melhoria econômico-social do sócio e da família.

b) Economia sistemática, através da capitalização e depósitos em conta corrente.

História:

As atuais cooperativas tiveram sua origem em 1844, na cidade inglesa de Rochdale, quando um grupo de 28 tecelões se uniu para formar uma cooperativa de consumo. Em função do sucesso do empreendimento, a experiência foi difundida, primeiramente na Europa, com a fundação de cooperativas de trabalho na França e de crédito na Alemanha e na Itália, depois para o resto do mundo.

Tipos de Cooperativas Existentes:

De Produção (Agrícola, de Pesca, Extrativa etc.): Baseia-se no trabalho coletivo dos cooperados, preparando matérias-primas e produtos que são vendidos a terceiros para distribuição do lucro entre os sócios.

De Consumo: Visa proporcionar aos sócios gêneros alimentícios com melhor qualidade e preços mais acessíveis.

De Trabalho: Visa eliminar a figura do empregador, oferecendo aos associados, geralmente profissionais do mesmo ramo de atividade, melhores condições de trabalho e remuneração.

De Crédito: Visa proporcionar crédito aos associados, mediante empréstimos de curto, médio e longo prazos, a taxas módicas.

Vantagens de uma Cooperativa de Crédito para os Funcionários:

a) Permite um acesso fácil ao crédito.

b) Evita o problema da obrigatoriedade de ser correntista ou possuir saldo médio, para receber um empréstimo.
c) Estimula a poupança.

Vantagens para a Empresa:
a) Passa a contar com uma alternativa adicional para a solução do problema financeiro de seus funcionários.
b) Beneficia-se da motivação de seus funcionários, que são assistidos financeiramente pela cooperativa.

Características de uma Cooperativa de Crédito:
a) Estimula o associado a economizar através do recolhimento de sua cota-parte de capital, mensalmente.
b) Requer que seus associados sejam pessoas honestas e trabalhadoras.
c) Os próprios associados escolhem seus representantes para a administração da cooperativa.
d) Deduzidas as despesas e formados os fundos legais, o restante é distribuído aos associados.

Constituição:
Mínimo de 20 pessoas da mesma empresa ou grupo econômico ou profissão regulamentada e integralização inicial de capital mínimo e patrimônio estabelecidos na legislação pertinente.

Órgãos Gestores:
Assembleia Geral, Conselho de Administração e Conselho Fiscal.

Órgão Regulamentador e Fiscalizador:
Banco Central.

Base Legal:
- Constituição Federal: art. 5º, inciso XVII e art. 174, § 2º.
- Código Civil.
- Lei 5.764, de 16 de dezembro de 1971 (instituiu o regime jurídico das sociedades cooperativas).

- Lei 4.595, de 31 de dezembro de 1964.

- Lei Complementar nº 130, de 17 de abril de 2009 (Dispõe sobre o Sistema Nacional de Crédito Cooperativo e revoga dispositivos das Leis nºs 4.595, de 31 de dezembro de 1964, e 5.764, de 16 de dezembro de 1971).

- Resoluções e Manuais de Instruções sobre Cooperativa de Crédito (Resolução 3.442, de 28 de dezembro de 2007, que dispõe sobre a constituição e o funcionamento de cooperativas de crédito).

Obrigações Básicas:

Balancete mensal e balanço semestral para o Banco Central.

Liquidação:

Em função de inatividade operacional; interrupção do envio de demonstrativos contábeis; descumprimento do prazo para início de funcionamento. Pelo desejo da assembleia; por não totalizar no mínimo 20 participantes e por não possuir um capital social mínimo.

Como Constituir uma Cooperativa de Crédito:
(Fonte: Unicred Central/SP)

1º Passo: *Reunião de 20 pessoas interessadas.* Com interesses comuns em obter crédito e serviços mútuos.

2º Passo: *Busca de Informações.*

- Eleger uma comissão para buscar informações junto à entidade representativa do cooperativismo (OCB – Organização das Cooperativas Brasileiras, SICOOB – Confederação Nacional das Cooperativas do SICOOB, SICREDI – Confederação Interestadual das Cooperativas ligadas ao Sicred, SEBRAE e Unicred do Brasil, entre outras).

3º Passo: *Elaboração do Plano de Negócios* (Business Plan).

- Para orientar as atividades e demonstrar a viabilidade econômica e financeira.

4º Passo: *Elaboração do Estatuto Social e Convocação da Assembleia Geral de Constituição.*

- A partir do estatuto-modelo da OCE, a comissão eleita propõe um estatuto baseado nas necessidades dos membros iniciais. Ele deve expressar os interesses e as necessidades da sociedade, as regras de funcionamento, podendo ser alterado quando a maioria julgar necessário. O estatuto é a lei orgânica de uma cooperativa.

- O estatuto proposto deve ser distribuído aos 20 membros interessados na constituição da cooperativa para que eles possam estudá-lo e chegar a um documento final.

- A comissão convoca todos os futuros associados para a Assembleia Geral de fundação da cooperativa.

- Nessa Assembleia, os associados irão aprovar o estatuto e eleger os membros da Diretoria e do Conselho Fiscal.

5º Passo: *Autorização de Funcionamento*.

Aprovado o estatuto, é a vez de encaminhar os documentos constitutivos ao Banco Central para a autorização do funcionamento da cooperativa.

6º Passo: *Registro da Cooperativa*.

De posse da ata de Assembleia assinada pelos 20 fundadores, e da Autorização de Funcionamento, a comissão deve realizar o registro da sociedade na Junta Comercial.

Esse registro define perante a lei um contrato de responsabilidade entre os sócios, ao mesmo tempo que garante a eles mais segurança e possibilita o funcionamento do empreendimento.

Serviços de uma Cooperativa de Crédito:

Conforme o porte e o desenvolvimento da cooperativa ela pode prestar os seguintes serviços:

1. Empréstimos pessoais.
2. Financiamentos de bens duráveis.
3. Conta corrente e cheque especial.
4. Poupança cooperativa comum e programada.
5. Recebimentos de contas e débitos em conta.
6. Aplicações financeiras (recibo de depósito a prazo e cooperativo com taxas pré e pós-fixadas).

7. Cartões de afinidade e de crédito.
8. Seguro de vida e solidário.
9. Capitalização.
10. Saneamento financeiro.

Números do Sistema de Crédito Cooperativo no Brasil:
- 1.356 cooperativas de crédito.
- 36 cooperativas centrais.
- Mais de 1,6 milhão de associados.
- 2.933 pontos de atendimento.
- R$ 2,2 bilhões de patrimônio líquido.
- R$ 5,1 bilhões de depósitos.
- R$ 4,5 bilhões em operações de crédito.
- Mais de 25 mil empregos diretos.

Símbolo do Cooperativismo:
- Pinheiro – Antigamente era tido como símbolo da imortalidade e da fecundidade pela sua sobrevivência em terras menos férteis e pela facilidade na sua multiplicação.
- Círculo – Representa a vida eterna, pois não tem horizonte final, nem começo, nem fim.
- O verde-escuro das árvores lembra o princípio vital da natureza.
- O amarelo simboliza o sol, fonte de energia e calor.

Direitos dos Associados:
1. Tomar parte das Assembleias Gerais, discutindo e votando.
2. Propor à diretoria executiva medidas que julgar convenientes.
3. Utilizar-se da Cooperativa, de acordo com as normas de empréstimos e os estatutos.
4. Votar e ser votado para os cargos sociais.
5. Pedir demissão a qualquer tempo, recebendo de volta as suas cotas-partes de capital.

Obrigações dos Associados:

1. Autorizar o depósito mensal através de sua folha de pagamento, tanto das cotas-partes do capital, como das parcelas de descontos de empréstimos.
2. Pagar diretamente à cooperativa as parcelas de empréstimo, quando não for possível o desconto em folha.
3. Acatar os estatutos e os regulamentos da cooperativa, assim como respeitar seus funcionários.
4. Zelar pelos interesses morais e materiais da cooperativa.
5. Estar ciente de que a cooperação é obra de interesse comum, à qual não se deve sobrepor interesse individual isolado.

Formação do Capital:

O capital é formado pelas cotas-partes dos cooperantes. É formado pelas contribuições mensais dos associados, até integralizar um determinado valor. Esse capital servirá de fundo para a concessão dos empréstimos.

Assembleia Geral:

Reúne-se obrigatoriamente uma vez por ano ou sempre que necessário. Seu papel é deliberar sobre qualquer assunto de interesse da cooperativa.

Administração:

Dentro dos limites legais, dos estatutos e conforme as decisões e recomendações da assembleia geral, compete à diretoria das cooperativas dirigir os destinos delas. Geralmente os diretores são escolhidos em assembleia e têm um mandato de três anos. Os diretores escolhem entre si o presidente, o diretor financeiro, o diretor de administração e o diretor social. Todos exercem suas funções gratuitamente.

Fiscalização:

Compete ao conselho fiscal, cujos membros são eleitos em assembleia, mensalmente se reunir para examinar o numerário, os documentos, escriturações, operações, correspondências e despesas, fazendo relatórios e aprovando balancetes e balanços que são encaminhados aos órgãos controladores das cooperativas. Sua função é fiscalizar os atos da diretoria.

Comissão de Crédito:

É um órgão auxiliar da administração das cooperativas, e tem por finalidade o julgamento das propostas solicitadas de acordo com as normas baixadas pela diretoria executiva. Sua função é conceder empréstimos conforme as regras da cooperativa.

A comissão se reúne mensalmente e estuda cada pedido de empréstimo levando, geralmente, em conta:

– A capacidade de pagamento do associado.

– A conduta do associado.

– As garantias oferecidas.

A comissão de crédito utiliza como principais critérios de concessão:

1º) atender aos pedidos de natureza mais emergencial e justificável;

2º) atender aos menores valores para que possam contemplar o maior número possível de cooperados.

Causas Mais Comuns dos Empréstimos:

– Para dar entrada na compra de um imóvel.

– Para construir, reformar.

– Para comprar eletrodomésticos.

– Para coberturas de despesas com casamentos, viagens, funerais, férias, educação, impostos, advogados etc.

Na **Cecrisa**, Criciúma, SC, os empregados têm cooperativa de crédito, participação nos resultados e previdência privada.[7][9]

Entre os benefícios oferecidos pela **Tortuga**, fabricante de insumos para ração animal, com sede em São Paulo, está a Coopertortuga, a cooperativa de crédito que é considerada um dos melhores benefícios da empresa.[19]

2.13. CONVÊNIOS COM BANCOS OU INSTITUIÇÕES FINANCEIRAS

Outra modalidade de ajuda financeira é o convênio com um banco ou com uma instituição financeira, para a concessão de empréstimos aos empregados. Esse benefício constitui uma alternativa interessante para aquelas empresas que não manifestam interesse em prestar diretamente qualquer ajuda financeira aos seus empregados. Elas estão dispostas a ajudar mas não querem compromissos, riscos, nem incômodos com a operacionalização do benefício.

Através dos convênios que as empresas firmam com essas instituições, os empregados passam a ter acesso aos empréstimos solicitados. Isso é de grande importância, especialmente para a maioria dos empregados de baixa renda, que, como já foi adiantado, não são correntistas de bancos ou não possuem saldo médio suficiente capaz de garantir-lhes os empréstimos.

Existem algumas condições básicas que devem reger esses convênios:

a) Uma delas é a empresa ficando corresponsável pelo pagamento desses empréstimos.

b) Outra, impõe o desconto integral das parcelas devidas, na rescisão contratual, quando do desligamento dos empregados que contraíram os empréstimos.

c) Quase todos os convênios exigem o desconto em folha de pagamento das mensalidades pagas pelos empregados.

A melhor opção para esse tipo de convênio é escolher aquelas instituições que isentam a corresponsabilidade da empresa e o desconto integral da dívida (quitação) nas rescisões contratuais.

2.14. POSTO BANCÁRIO

Esse benefício deve ser considerado de caráter supletivo, complementar, já que proporciona aos trabalhadores certas comodidades, como, por exemplo, não ter que se deslocar da empresa ou de casa até o banco, para resolver seus compromissos financeiros.

Esses postos ou agências bancárias nas empresas acabam beneficiando os trabalhadores de baixa renda. Isso acontece porque os funcionários passam a receber um tratamento diferenciado, por força dos interesses que o banco tem com a empresa. Nesse sentido algumas facilidades acabam sendo estendidas a esses funcionários, como, por exemplo, acesso facilitado ao crédito pessoal, taxas mais em conta do que as cobradas nas redes bancárias, isenção ou redução de determinadas tarifas etc.

2.15. Caixa Eletrônico

Esse benefício também deve ser considerado de caráter supletivo, já que proporciona aos trabalhadores certas comodidades, como, por exemplo, não ter que se deslocar da empresa ou de casa até o banco, para resolver alguns de seus compromissos financeiros. Facilita a vida do trabalhador quando quer saber o seu saldo bancário, efetuar pagamentos e fazer saques.

2.16. Verba de Representação

Esse benefício é utilizado por algumas empresas a fim de cobrir despesas profissionais, notadamente externas, de alguns de seus executivos realizadas em contatos comerciais, geralmente com clientes.

2.17. Cartão de Crédito

Algumas empresas concedem aos seus principais executivos cartões de crédito, nacionais e internacionais, a fim de cobrir despesas decorrentes de viagens, refeições, traslados, hospedagens, entre outras. Esse tipo de benefício tem como vantagem evitar a burocracia relativa ao sistema de reembolso de despesas.

Unidade 3 Assistência à Alimentação dos Trabalhadores

Uma pesquisa recente promovida pela Towers Perrin, junto a 262 empresas que operam no Brasil, revelou que 99% delas oferecem auxílio-alimentação. Em geral, o benefício contempla quase todos os trabalhadores, independente do nível hierárquico.[15]

Segundo a pesquisa, o benefício voltado para a alimentação dos trabalhadores é oferecido da seguinte forma: vale para restaurantes (81%); restaurante interno (terceirizado) (53%); vale-alimentação (31%); cesta básica (14%); restaurante interno administrado pela própria empresa (10%).

É preciso que o RH divulgue além da importância desse benefício para a saúde do trabalhador e para a produtividade da empresa, a importância dele na remuneração total do trabalhador.

Segundo René Ballo, consultor sênior de benefícios da Mercer, os programas de alimentação, de modo geral, representam entre 25 e 20% da remuneração total.[15]

3.1. O Benefício Alimentação

3.1.1. Pressupostos

A alimentação não é somente um benefício, mas se configura também como uma necessidade da própria organização. Para os trabalhadores de baixa renda significa o aporte nutricional, indispensável para assegurar a sua produtividade.

A alimentação constitui também um fator importante para a afirmação da imagem institucional das empresas.

3.1.2. Objetivo

Garantir padrões adequados de alimentação que preservem a saúde, o bem-estar e a qualidade de vida dos trabalhadores, contribuindo também para a produtividade das empresas.

3.1.3. Tipos de Serviços de Alimentação Fornecidos pelas Empresas

1º) Fornecimento de refeição no local de trabalho.

2º) Fornecimento de tíquetes para alimentação fora da empresa.

3º) Fornecimento de tíquetes para compra de alimentos em supermercados.

4º) Reembolso de despesas com alimentação.

5º) Fornecimento de cestas básicas.

6º) Cantinas.

7º) Cooperativa de consumo.

3.1.4. Fornecimento de Refeição no Local de Trabalho

O fornecimento de alimentação aos funcionários garante que esses fiquem bem alimentados e com mais energia e disposição, para enfrentar as suas rotinas diárias. As empresas fornecem desjejum, almoço, lanche, jantar e ceia no local de trabalho.

Quando a empresa fornece refeição no próprio local de trabalho, precisa observar as seguintes exigências quanto aos seus serviços:

- Refeições balanceadas e cardápios adequados às atividades dos funcionários.
- Padrões de higiene assegurados.
- Condições de preparo, sabor e apresentação adequados.
- Atendimento diferenciado para funcionários em dieta (sob solicitação médica), refeições especiais, prato *light* etc.

A refeição no local de trabalho pode ser feita pela própria empresa (serviço próprio), através de uma empresa contratada ou a empresa pode servir também refeição transportada.

Segundo informações da Associação Brasileira das Empresas de Refeições Coletivas – Aberc – 95% dos restaurantes de coletividade são administrados por empresas especializadas. Antonio Guimarães, diretor-superintendente da Aberc, afirma que, atualmente, de um total de 9 milhões de refeições por dia, apenas 200 mil são fornecidas pelas próprias empresas.[15]

Vantagens do Serviço Próprio de Alimentação:

- O serviço próprio permite à empresa uma maior flexibilidade na elaboração dos cardápios.
- Algumas vezes um menor custo.

Desvantagem do Serviço Próprio:

- Administração de um serviço não vinculado ao negócio da empresa.

Vantagens do Serviço Contratado:

- Maior flexibilidade sobre pessoal.
- Maior especialização sobre os serviços.
- Menor investimento por parte da empresa, uma vez que a empresa terceirizada quando assume um novo cliente que está introduzindo o serviço de alimentação para os seus empregados costuma oferecer além de uma equipe especializada, até mesmo os equipamentos necessários, o mobiliário (mesas, cadeiras) e material de decoração do salão de refeição.

Vantagem da Refeição Transportada:

- A empresa não precisa dispor de uma área para armazenagem e preparação dos alimentos.

Desvantagens da Refeição Transportada:

- Risco de contaminação das refeições.
- A apresentação das refeições, às vezes, fica comprometida, assim como o próprio paladar.

O sistema de distribuição dos alimentos pode ser de dois tipos: *self-service* ou refeição servida. Apesar de parecer estranho, o sistema *self-service* costuma ser mais econômico para as empresas, pois os comensais consomem só o necessário. É desejável ficar atento à quantidade da proteína servida, considerando o alto impacto que a carne tem nos custos das refeições.

No tocante à alimentação, é muito importante que as empresas promovam campanhas de educação alimentar. Isso ajuda a modificar hábitos alimentares inadequados. As dietas também são muito importantes, especialmente para funcionários diabéticos, hipertensos, obesos, com alta taxa de colesterol ou com problemas gástricos.

Muito importante também é instalar um refeitório capaz de proporcionar uma perfeita integração dos funcionários.

Alguns Fornecedores de Alimentação nas Empresas:
- SODEXO – www.sodexo.com.br
- GRSA – Grupo de Soluções em Alimentação – www.grsa.com.br
- GRAN SAPORE – www.gransapore.com.br
- PURAS – www.puras.com.br

Exemplos de Empresas que Proporcionam Esse Benefício:

A **Xerox do Brasil**, com sede no RJ, oferece restaurante que tem no cardápio pratos especiais, grelhados e até comida japonesa.

Na **Springer Carrier**, em Canoas, RS, a fábrica é climatizada, a empresa conta com uma nutricionista e os funcionários têm almoço excelente no local a 77 centavos (dados de 2007).[7]

A **Refap – Refinaria Alberto Pasqualini**, Porto Alegre, disponibiliza uma nutricionista que atua na refinaria.[7]

O **BankBoston**, com sede em São Paulo, oferece opções de alimentação sadia e equilibrada aos seus funcionários. No terraço da administração central do banco, funciona um restaurante que serve café da manhã e almoço e dispõe de *delivery*. O cardápio é supervisionado por uma nutricionista. São servidas mais de mil refeições por dia.[32]

Na **Ouro Fino Agronegócio**, fabricante de produtos farmacêuticos para a saúde animal, com sede em Cravinhos, SP, duas vezes por semana cada funcionário leva para casa uma bolsa repleta de verduras e legumes frescos, colhidos da horta de 56.000 metros quadrados, cultivada nos fundos da sede da empresa. Os funcionários possuem ainda refeição na própria empresa subsidiada.[9]

A **Marcopolo** – sede Caxias do Sul, RS, oferece aos funcionários restaurante com seis tipos de cardápio.[7]

Nas **Lojas Renner**, com sede em Porto Alegre, os funcionários têm refeitório próprio.[8]

O laboratório **Janssen-Cilag** oferece acompanhamento nutricional no restaurante: frutas à tarde.[7]

A empresa **Móveis Marelli**, com sede em Caxias do Sul, Rio Grande do Sul, oferece um restaurante com 300 metros quadrados. Os funcionários podem optar pela refeição normal, *light*, lanche ou escolher entre as seis opções de pratos congelados. A empresa também oferece o café da manhã.[14]

Na **Eurofarma**, laboratório nacional com sede em São Paulo, há nutricionista e alimentação diferenciada para quem precisa.[7], [8] e [9]

A **Avaya**, empresa de telecomunicações, com sede em São Paulo, distribui frutas para melhorar a alimentação dos funcionários.[22]

A **Eletronorte**, em Tucuruí, Pará, oferece alimentação balanceada no restaurante da empresa.[8] e [9]

A **Balaroti**, rede varejista de material de construção, com sede em Curitiba, oferece café da manhã e da tarde.[9]

A **Mantecorp**, empresa farmacêutica, localizada no Rio de Janeiro, oferece quatro refeições diárias com orientação de uma nutricionista.[22]

A metalúrgica **MTP Tubos**, localizada em Guarulhos, SP, possui restaurante com nutricionista.[8]

3.1.5. Alimentação Fora da Empresa (Vale-Refeição)

A falta da oferta do serviço próprio de alimentação obriga o empregado a fazer sua refeição na rua, pois somente nas empresas de pequenas cidades ele ainda consegue fazer a refeição em casa.

Essa rotina de almoçar diariamente fora da empresa sujeita muitas vezes o trabalhador a uma alimentação não balanceada, feita em restaurantes que oferecem comida a quilo, outras vezes alimentando-se à *la carte*, outras vezes comendo o popular PF – prato feito –, outras vezes comendo um *fast food* ou mesmo alimentando-se em ambulantes para economizar.

Algumas empresas que não possuem refeitórios fornecem vale-refeição aos funcionários para que eles façam as suas refeições em restaurantes próximos aos locais de trabalho. Esse vale pode ser sob a forma de papel, um *voucher*, ou sob a forma de um cartão eletrônico.

A principal desvantagem dessa modalidade de assistência à alimentação é a falta de controle sobre a qualidade das refeições, já que são servidas em bares ou restaurantes, muitas vezes sem a assistência de um profissional de nutrição que possa garantir a qualidade desse serviço.

Outra desvantagem refere-se à possibilidade de atraso dos funcionários após os períodos de refeição. Eles perdem muito tempo deslocando-se para os restaurantes e de volta à empresa.

Uma vantagem desse serviço é a liberdade de opção que o funcionário tem para a escolha do local de suas refeições e de cardápios de sua preferência.

Mesmo as empresas que fornecem alimentação em suas instalações costumam ainda oferecer tíquetes para os funcionários que trabalham externamente, tais como: vendedores, motoristas, *office-boys* etc.

Existem no mercado vários fornecedores desse serviço, alguns até com atuação em vários países.

Alguns Fornecedores de Vale-Refeição:
- SODEXO – www.sodexo.com.br
- VISA VALE – www.visavale.com.br
- TICKET SERVIÇOS – www.ticket.com.br

3.1.6. Compra de Alimentos em Supermercados (Vale-Alimentação)

Esse serviço permite a opção pela compra do gênero alimentício que melhor convém aos funcionários. Quando a empresa concede cestas-básicas, o funcionário fica sem a opção de escolha dos alimentos. Já com o vale-alimentação, ele pode comprar o alimento que lhe interessar.

A desvantagem desse serviço é que nem todo estabelecimento próximo à residência do funcionário possui esse convênio.

3.1.7. Reembolso de Despesas com Alimentação

Algumas empresas optam ainda pelo reembolso de despesas com refeições. Isso é muito comum nos casos de viagens dos funcionários.

3.1.8. Fornecimento de Cestas Básicas

Muitas empresas distribuem também aos seus funcionários cestas básicas, com a finalidade de complementar as refeições feitas no local de trabalho, já que muitos trabalhadores de baixa renda só fazem a refeição principal nas próprias empresas.

A desvantagem desse benefício reside no local para armazenagem dessas cestas. Geralmente demanda-se um espaço muito grande, que muitas vezes a empresa não dispõe. Outra desvantagem consiste na distribuição das cestas, o que dá muito trabalho e exige pessoas para essa operação. Outra desvantagem do fornecimento de cestas nas empresas é que os funcionários são obrigados a transportar esses volumes até suas residências, enfrentando o peso e muitas vezes conduções lotadas.

Uma alternativa para superar essas desvantagens é negociar a entrega das cestas nas residências dos funcionários.

A empresa **CBA** – www.cba.com.br – tem uma grande tradição no fornecimento de cestas básicas às empresas.

A **Plascar**, fabricante de peças plásticas para carros, com sede em Jundiaí, SP, oferece convênio com supermercados e cesta básica.[7], [8] e [9]

O **Laboratório Medley**, com sede em São Paulo, oferece cesta básica sem custo para os empregados.[8]

3.1.9. Cantinas

Algumas empresas mantêm ainda cantinas para o fornecimento de lanches rápidos durante o expediente ou para a aquisição de guloseimas. Esses serviços costumam ser explorados por terceiros.

3.1.10. Cooperativas de Consumo

Para facilitar a aquisição de gêneros alimentícios a preços favoráveis para os seus funcionários, as empresas criam cooperativas de consumo ou postos de abastecimento. As cooperativas de consumo são empresas jurídicas mantidas pelos funcionários, com estatuto próprio, porém ajudadas pelas empresas.

Essas cooperativas funcionam nos moldes de um supermercado, geralmente comercializando produtos de primeira necessidade, embora algumas comercializem uma enorme variedade de produtos, inclusive eletrodomésticos, móveis etc.

As cooperativas são geridas por uma diretoria, escolhida entre os funcionários. Como elas conseguem comprar grandes quantidades de produtos, obtêm consideráveis descontos, que são repassados aos seus associados.

Algumas empresas mantêm esse tipo de serviço, porém sem a estrutura jurídica de uma cooperativa. Para tanto, criam postos de abastecimento, que nada mais são do que um setor da área de recursos humanos (ligado à área de Benefícios) que compra gêneros alimentícios em grande quantidade e os repassa aos funcionários.

3.2. PAT – Programa de Alimentação do Trabalhador

Para se beneficiarem dos incentivos fiscais, as empresas podem utilizar o Programa de Alimentação do Trabalhador – PAT, seguindo as determinações da Lei nº 6.321, do Decreto nº 5, de 14 de janeiro de 1991, da Portaria Interministerial MTPS/MEFP/MS nº 1, de 29 de janeiro de 1992 e Portaria nº 1156, de 17 de setembro de 1993.

Pela Lei 6.321 e pelo Decreto nº 5, de 14 de janeiro de 1991, as empresas podem deduzir do lucro tributável, para fins do Imposto de Renda, o dobro das despesas realizadas no Programa de Alimentação do Trabalhador. As despesas previstas nesse Programa, uma vez aprovadas pelo Ministério do Trabalho, além de constituírem custo operacional, podem ser consideradas em igual montante para efeito de utilização do incentivo fiscal.

O valor cobrado de cada funcionário, pelas refeições, não pode exceder a 20% do custo da refeição. Pela lei, não se inclui como salário de contribuição a parcela paga *in natura* pela empresa. Devido à importância desse benefício, transcrevo a seguir a lei e o decreto.

Atualmente, o PAT atende a 12 milhões de trabalhadores brasileiros.

Lei nº 6.321, de 14 de Abril de 1976

Dispõe sobre a dedução do lucro tributável para fins de imposto sobre a renda das pessoas jurídicas, do dobro das despesas realizadas em programas de alimentação do trabalhador.

O Presidente da República,

Faço saber que o Congresso Nacional decreta e eu sanciono a seguinte lei:

Art. 1º: As pessoas jurídicas poderão deduzir, do lucro tributável para fins do imposto sobre a renda, o dobro das despesas comprovadamente realizadas no período-base, em programas de alimentação do trabalhador, previamente aprovados pelo Ministério do Trabalho na forma em que dispuser o Regulamento desta Lei.

§ 1º: A dedução a que se refere o *caput* deste artigo não poderá exceder, em cada exercício financeiro, isoladamente, a 5% (cinco por cento) e cumulativamente com a dedução de que trata a Lei nº 6.297, de 15 de dezembro de 1975, a 10% (dez por cento) do lucro tributável.

§ 2º: As despesas não deduzidas no exercício financeiro correspondente poderão ser transferidas para dedução nos dois exercícios financeiros subsequentes.

Art. 2º: Os programas de alimentação a que se refere o artigo anterior deverão conferir prioridade ao atendimento dos trabalhadores de baixa renda e limitar-se-ão aos contratados pela pessoa jurídica beneficiária.

Parágrafo único: O Ministério do Trabalho articular-se-á com o Instituto Nacional de Alimentação e Nutrição – INAN, para efeito do exame e aprovação dos programas a que se refere a presente Lei.

Art. 3º: Não se inclui como salário de contribuição a parcela paga *in natura*, pela empresa, nos programas de alimentação aprovados pelo Ministério do Trabalho.

Art. 4º: O Poder Executivo regulamentará a presente Lei no prazo de 60 (sessenta) dias.

Art. 5º: Esta Lei entrará em vigor na data de sua publicação, revogadas as disposições em contrário.

Brasília, 14 de abril de 1976; 155º da Independência e 88º da República.

Ernesto Geisel
Mario Henrique Simonsen
Arnaldo Prieto
Paulo de Almeida Machado

Decreto nº 5, de 14 de Janeiro de 1991

Regulamenta a Lei nº 6.321, de 14 de abril de 1976, que trata do Programa de Alimentação do Trabalhador, revoga o Decreto nº 78.676, de 8 de novembro de 1976 e dá outras providências.

O Presidente da República, no uso da atribuição que lhe confere o artigo 84, inciso IV, da Constituição,

DECRETA:

Art. 1º: A pessoa jurídica poderá deduzir, do imposto de renda devido, valor equivalente à aplicação da alíquota cabível do imposto de renda sobre a soma das despesas de custeio realizadas, no período-base, em Programas de Alimentação do Trabalhador, previamente aprovados pelo Ministério do Trabalho e da Previdência Social – MTPS, nos termos deste regulamento.

§ 1º: As despesas realizadas durante o período-base da pessoa jurídica, além de constituírem custo operacional, poderão ser consideradas em igual montante para o fim previsto neste artigo.

§ 2º: A dedução do imposto sobre a renda estará limitada a 5% (cinco por cento) do imposto devido em cada exercício, podendo o eventual excesso ser transferido para dedução nos 2 (dois) exercícios subsequentes.

§ 3º: As despesas de custeio admitidas na base de cálculo de incentivo são aquelas que vierem a constituir o custo direto e exclusivo do serviço de alimentação, podendo ser considerados, além da matéria-prima, mão de obra, encargos decorrentes de salários, asseio e os gastos de energia diretamente relacionados ao preparo e à distribuição das refeições.

§ 4º: Para os efeitos deste Decreto, entende-se como prévia aprovação pelo Ministério do Trabalho e da Previdência Social, a apresentação de documento hábil a ser definido em Portaria dos Ministros do Trabalho e Previdência Social, da Economia, Fazenda e Planejamento e da Saúde.

Art. 2º: Para os efeitos do art. 2º da Lei nº 6.321, de 14 de abril de 1976, os trabalhadores de renda mais elevada poderão ser incluídos no programa de alimentação, desde que esteja garantido o atendimento da totalidade dos trabalhadores contratados pela pessoa jurídica beneficiária que percebam até 5 (cinco) salários mínimos.

§ 1º: A participação do trabalhador fica limitada a 20% (vinte por cento) do custo direto da refeição.

§ 2º: A quantificação do custo direto da refeição far-se-á conforme o período de execução do Programa aprovado pelo Ministério do Trabalho e da Previdência Social, limitado ao máximo de 12 (doze) meses.

Art. 3º: Os Programas de Alimentação do Trabalhador deverão propiciar condições de avaliação do teor nutritivo da alimentação.

Art. 4º: Para a execução dos programas de alimentação do trabalhador a pessoa jurídica beneficiária pode manter serviço próprio de refeições, distribuir alimentos e firmar convênio com entidades fornecedoras de alimentação coletiva, sociedades civis, sociedades comerciais e sociedades cooperativas.

Parágrafo único: A pessoa jurídica beneficiária será responsável por quaisquer irregularidades resultantes dos programas executados na forma deste artigo.

Art. 5º: A pessoa jurídica que custear em comum as despesas definidas no art. 4º poderá beneficiar-se da dedução prevista na Lei nº 6.321, de 14 de abril de 1976, pelo critério de rateio do custo total da alimentação.

Art. 6º: Nos Programas de Alimentação do Trabalhador – PAT, previamente aprovados pelo Ministério do Trabalho e da Previdência Social, a parcela paga *in natura* pela empresa não tem natureza salarial, não se incorpora à remuneração para quaisquer efeitos, não constitui base de incidência de contribuição previdenciária ou do Fundo de Garantia por Tempo de Serviço e nem se configura como rendimento tributável do trabalhador.

Art. 7º: A pessoa jurídica deverá destacar contabilmente, com subtítulos por natureza de gastos, as despesas constantes do Programa de Alimentação do Trabalhador.

Art. 8º: A execução inadequada dos Programas de Alimentação do Trabalhador ou o desvio ou desvirtuamento de suas finalidades acarretarão a perda do incentivo fiscal e a aplicação das penalidades cabíveis.

Parágrafo único: Na hipótese de infringência de dispositivos deste regulamento, as autoridades incumbidas da fiscalização no âmbito dos Ministérios do Trabalho e da Previdência Social, da Economia, Fazenda e Planejamento, e da Saúde aplicarão as penalidades cabíveis no âmbito de suas competências.

Art. 9º: O Ministério do Trabalho e da Previdência Social expedirá instruções dispondo sobre a aplicação deste Decreto.

Art. 10: Este Decreto entra em vigor na data de sua publicação.

Art. 11: Revogam-se o Decreto nº 78.676, de 8 de novembro de 1976, e demais disposições em contrário.

Brasília, 14 de janeiro de 1991; 170º da Independência e 103º da República.

Fernando Collor de Mello

Antônio Magri

Portaria Interministerial MTPS/MEFP/MS nº 1, de 29 de Janeiro de 1992

Dispõe sobre o Programa de Alimentação do Trabalhador

Os Ministros de Estado do Trabalho e da Previdência Social, da Economia, Fazenda e Planejamento, e da Saúde, no uso de suas atribuições e tendo em vista o disposto na Lei nº 6.321, de 14 de abril de 1976, regulamentada pelo Decreto nº 5, de 14 de janeiro de 1991, resolvem:

Art. 1º: A Secretaria Nacional do Trabalho é o Órgão Gestor do Programa de Alimentação do Trabalhador – PAT.

Art. 2º: A adesão ao Programa de Alimentação do Trabalhador consistirá na apresentação do formulário oficial instruído com os seguintes elementos:

a) Identificação da empresa beneficiária.

b) Número de trabalhadores beneficiados no ano anterior.

c) Número de refeições maiores e menores, no ano anterior.

d) Tipo de serviço de alimentação e percentuais correspondentes (próprio, fornecedor, convênio e cesta básica).

e) Número de trabalhadores beneficiados por faixas salariais no ano anterior.

f) Termo de responsabilidade e assinatura do responsável pela empresa.

Art. 3º: A adesão ao Programa de Alimentação do Trabalhador deverá ser efetuada de 1º de janeiro a 31 de março de cada ano, para ter validade máxima de 12 (doze) meses, até 31 de dezembro do mesmo ano.

§ 1º: Os programas de alimentação do trabalhador apresentados entre 1º de janeiro e 31 de dezembro terão validade a partir da data do seu início efetivo, limitado a 1º de janeiro.

§ 2º: Quando a adesão ao programa ocorrer após 31 de maio, o período de validade será contado a partir da data de apresentação até 31 de dezembro do mesmo ano.

Art. 4º: Os Programas de Alimentação do Trabalhador ficam automaticamente aprovados mediante a apresentação e registro na Empresa Brasileira de Correios e Telégrafos – ECT do formulário oficial, conforme modelo anexo a esta Portaria, pré-franqueado pela ECT, sem ônus para o órgão gestor do PAT.

Parágrafo único: O comprovante de registro na ECT deve ser conservado na contabilidade da empresa beneficiária, para os efeitos legais.

Art. 5º: Para efeito do disposto no art. 3º do Decreto nº 5, de 14 de janeiro de 1991, os Programas de Alimentação do Trabalhador observarão:

a) o almoço, jantar e ceia deverão conter um mínimo de 1.400 (hum mil e quatrocentas) calorias e de 6% (seis por cento) de percentual proteico-calórico (Ndp Cal %);

b) desjejum e merenda deverão conter um mínimo de 300 (trezentas) calorias e de 6% (seis por cento) de percentual proteico-calórico (Ndp Cal %); e

c) as cotas da cesta básica deverão corresponder aos valores diários citados nos itens "a" e "b" deste artigo.

Art. 6º: Esta Portaria entrará em vigor na data de sua publicação, revogadas as disposições em contrário, especialmente a Portaria Interministerial nº 01, de 14 de janeiro de 1991.

> Reinhold Stephanes
> Ministro do Trabalho e da Previdência Social;
>
> Marcílio Marques Moreira
> Ministro da Economia, Fazenda e Planejamento;
>
> José Goldemberg
> Ministro da Saúde Interino.

Portaria nº 1.156, de 17 de Setembro de 1993

Baixa instruções sobre a execução do Programa de Alimentação do Trabalhador – PAT

O Ministro de Estado do Trabalho, no uso de suas atribuições e considerando que a execução do Programa de Alimentação do Trabalhador, instituído pela Lei nº 6.321, de 14 de abril de 1976, deverá receber a permanente supervisão, orientação e coordenação do Ministério do Trabalho, resolve:

Art. 1º: O Programa de Alimentação do Trabalhador – PAT, instituído pela Lei nº 6.321, de 14 de abril de 1976, tem por objetivo melhorar o estado nutricional dos trabalhadores, visando promover sua saúde e prevenir as doenças profissionais.

Art. 2º: Para inscrever-se no PAT, a empresa deverá encaminhar o formulário próprio ao Ministério do Trabalho, conforme modelo oficial adquirido na Empresa Brasileira de Correios e Telégrafos – ECT.

§ 1º: A cópia do formulário e o comprovante de postagem deverão ser conservados nas dependências da empresa e apresentados quando solicitados pelos agentes da inspeção do trabalho ou autoridades de outros Ministérios envolvidos no Programa.

§ 2º: Toda a documentação contábil dos gastos com o Programa deverá estar à disposição da fiscalização.

3.3. Alguns Fornecedores dos Diferentes Benefícios Voltados para a Alimentação do Trabalhador

As informações a seguir foram retiradas dos *sites* das referidas empresas.

Sodexo (www.sodexo.com.br)

Sodexo no Brasil: Líder mundial em benefícios e serviços ao trabalhador, no Brasil a Sodexo trabalha em três frentes para fazer de cada dia um dia melhor.

Alimentação: Atuando de Norte a Sul no país há mais de 25 anos, a Sodexo está até mesmo nos locais mais remotos, gerando empregos e estimulando a economia nacional.

Métodos inovadores, seguros e flexíveis são criados a todo momento para o bom funcionamento das empresas clientes e a qualidade de vida de seus colaboradores.

Cheques e Cartões de Serviço: Esta empresa do Grupo Sodexo oferece uma ampla variedade de benefícios para alimentar, transportar, incentivar, valorizar e oferecer reconhecimentos aos trabalhadores. A fim de facilitar a vida cotidiana, no trabalho e na sociedade, a Sodexo disponibiliza às empresas uma linha completa de soluções em benefícios inovadora, flexível e segura, de acordo com a necessidade de cada cliente.

Sodexo no Mundo (Números Globais):
- Em 80 países.
- 342.000 funcionários.
- Mais de 130 nacionalidades.
- Em 29.000 localidades.
- 13,4 bilhões (EUR).
- 17,7 bilhões (USD).

Ticket Serviços (www.ticket.com.br)

A Ticket no Mundo: A história da Ticket começou na década de 50, em uma Inglaterra pós-guerra, que resgatava os valores humanos para reconstruir o país. Mais do que grandes máquinas e linhas de montagens, o bem-estar de um profissional começava a ser considerado como parte fundamental de seu trabalho.

Assim, empresas criavam refeitórios e firmavam acordos com restaurantes para fornecer refeições para seus profissionais. Foi aí que a Jacques Borel International percebeu como um simples cuidado com as pessoas faz a diferença: investiu na profissionalização desta necessidade e lançou o Ticket Restaurante na década de 60.

A Ticket no Brasil: Desde o início das operações no Brasil, em 1976, nosso negócio nunca se resumiu a *vouchers*. A Ticket introduziu o conceito de refeição-convênio no Brasil em 1976 e foi a primeira a usar cartões magnéticos.

Entre outras modalidades de benefícios a Ticket oferece:
- TICKET Restaurante;
- TICKET Alimentação

GRSA — *Grupo de Soluções em Alimentação* (www.grsa.com.br)

Pertencente ao grupo inglês Compass Group, detentora da marca GR Restaurantes Empresariais.

Fornecedora de refeições em empresas. Monta restaurantes empresariais; instala cafeterias, lanchonetes e lojas de conveniência.

Tem como objetivo fornecer aos clientes e consumidores as melhores soluções em alimentação. São mais de 1 milhão de refeições diárias distribuídas em 1.500 unidades localizadas em 360 cidades do Brasil, por um exército de mais de 25.000 colaboradores.

Sapore Benefícios (www.saporebeneficios.com.br)

É uma empresa do grupo Gran Sapore, maior empresa nacional no segmento de restaurantes corporativos. Conta com a estrutura e a credibilidade de uma empresa com 14.000 funcionários, servindo 600.000 refeições/dia em seus mais de 800 restaurantes administrados.

Gran Sapore (www.gransapore.com.br)

Gran Sapore BR Brasil S/A

Fornecedora de refeições em empresas.

A Gran Sapore sempre se posicionou como uma empresa inovadora e pioneira no segmento de refeições coletivas. Na busca por soluções que satisfaçam seus clientes e consumidores, procura desenvolver produtos e ações educativas, promocionais e sociais, que venham ao encontro das necessidades e anseios desse público.

A Gran Sapore é a maior empresa nacional de refeições corporativas. São 15.000 colaboradores servindo mais de 750.000 refeições por dia, em seus mais de 950 restaurantes.

Crescemos, em média, mais de 30% ao ano. Em apenas 16 anos de atuação, a Sapore tornou-se a maior empresa latino-americana de refeições coletivas.

Para atender nossos mais de 850 clientes distribuídos pelo Brasil, México e Colômbia, mantemos 11 escritórios regionais, prestando serviços em 20 estados brasileiros.

- 750.000 refeições/dia.
- 950 restaurantes administrados.
- 15.000 colaboradores diretos.
- 850 milhões de faturamento bruto.

CBSS – Companhia Brasileira de Soluções e Serviços Administradora dos Cartões Visa Vale

Visa Vale (www.visavale.com.br)

Modalidades de Cartões Visa Vale:
- Refeição Visa Vale.
- Alimentação Visa Vale.
- Natal Alimentação Visa Vale.
- Cesta Alimentação Visa Vale.

CBA (www.cba.com.br)

Com 20 anos de experiência, a CBA possui a maior e melhor equipe de consultores do mercado, para assessorá-la na escolha e na administração da opção em Benefício adequada à realidade de sua empresa e necessidade de seus colaboradores.

Auxilia sua empresa no cadastramento junto ao PAT – Programa de Alimentação do Trabalhador, que vai garantir os benefícios fiscais ao seu negócio.

A CBA é a única empresa no país que atende em todos os benefícios alimentação: Cesta de Alimentos, Cartão Alimentação, Cartão Refeição, Cozinha Industrial e Cantina Escolar. Além de oferecer Cestas Sazonais como Natal, Páscoa e Junina.

De Nadai

Fundada em 1977 na cidade de Santo André, a De Nadai oferece a seus clientes soluções completas em serviços de alimentação.

Sua atuação se estende aos mais diversos segmentos de indústrias, comércio, usinas de bioenergia, escolas, hospitais, empresas de telecomunicação e *contact centers*, bem como plataformas de petróleo, entre outros. Sua estrutura conta com cerca de 1.500 colaboradores diretos, que fornecem mais de 1,4 milhão de serviços por mês.

Nutrin – SP

A Nutrin nasceu em 1972 na capital paulista. Atualmente sua sede fica no polo que mais se desenvolve economicamente no estado, a cidade de Americana – SP.

Com uma carteira de 230 clientes, mais de 100.000 refeições/dia, e mais de 2.000 colaboradores, a Nutrin cresceu 187% nos últimos 6 anos e é uma das empresas que mais crescem no segmento de refeições coletivas, conforme indicação da Revista Exame PME de novembro de 2006.

Com presença marcante em 10 estados brasileiros, a Nutrin tem estrutura para atender de Norte a Sul do Brasil. Confira alguns de nossos principais clientes.

Gastroservice — RJ (www.gastroservice.com.br)

Desde 1999, 105 unidades; 55.000 refeições por dia; 1.250 funcionários.

IB Refeições Coletivas — RJ
(Irmãos Barbosa Refeições Industriais Ltda.)

É uma empresa de capital nacional que há 25 anos vem atuando no mercado de refeições coletivas. Administra refeitórios industriais.

Bella Vista Refeições Industriais — RJ (Nova Iguaçu)

Tipos de Fornecimentos:

- Refeições preparadas no próprio local.
- Refeições transportadas e servidas no local.
- Refeições transportadas na forma de quentinhas.

No ano de 1993, a Bella Vista Refeições Industriais iniciou o seu ciclo de atividades comerciais com o objetivo de fornecer refeições industriais e atender a todos os tipos de fornecimentos a empresas de todos os portes, ou seja, não poderia em hipótese alguma ser uma firma limitada no seu mercado de atuação. Desta forma, nasceu a organização que é considerada a mais completa no setor em toda a Baixada Fluminense e se posiciona entre as maiores existentes dentro do Estado do Rio de Janeiro.

Localizada a menos de 1.000 metros da Rodovia Presidente Dutra, no Bairro da Posse, Nova Iguaçu, Rio de Janeiro, possui uma área construída de 3.090 m^2, onde está instalado o seu complexo industrial funcionando em período contínuo de 24 horas, com capacidade operacional para produzir 30.000 (trinta mil) refeições por dia.

Guelli — RJ

A Guelli é uma empresa especializada em refeições coletivas. Foi fundada em 1993 e desde então vem conquistando um crescimento impressionante. Atualmente, a Guelli conta com aproximadamente 535 colaboradores, presta serviços em 15 empresas e distribui milhares de refeições.

Comissaria Rio — RJ

A Comissaria Rio atua na implantação de cozinhas e restaurantes industriais com capacidade operacional e tecnológica adequando-se às exigências do setor, administrando e superando desafios.

A Comissaria Aérea Rio de Janeiro Ltda. é uma empresa de capital genuinamente nacional com área instalada de 9.000 m² no Aeroporto Internacional do Rio de Janeiro/Galeão – Antônio Carlos Jobim – Área de Apoio/ Setor de Comissarias.

A qualidade e a satisfação dos clientes são os principais objetivos da Comissaria Rio. Por isso, oferecemos a eles todo o suporte e estrutura necessários para a organização de eventos internos:

- *Coffee-break.*
- Almoços e jantares especiais.
- Coquetéis.
- Recepções.
- Confraternizações.
- Inaugurações.
- Comemorações.
- Kit-lanches.

Gate Gourmet — RJ (Ilha do Governador)

Para que o leitor tenha uma ideia do impacto financeiro do benefício alimentação, fornecido nas suas diversas formas, apresentamos a seguir dados de algumas empresas:

A **Unimed Rio** investiu em 2004, com a alimentação dos seus empregados, o equivalente a 8% da folha bruta de pagamento da empresa.[35]

A **Ampla**, empresa distribuidora de energia elétrica, com sede em Niterói, em 2005 investiu o equivalente a 6,31% da folha bruta de pagamento da empresa, com a alimentação de seus empregados.[36]

A **Companhia Vale do Rio Doce**, em 1999, investiu o equivalente a 3,1% da folha bruta de pagamento da empresa, com a alimentação de seus empregados.[33]

O **BankBoston**, em 2002, investiu o equivalente a 3,66% da folha bruta de pagamento da empresa, com a alimentação de seus empregados.[34]

O **Banco Itaú**, em 2001, investiu o equivalente a 6,4% da folha bruta de pagamento da empresa, com a alimentação de seus empregados.[37]

O **Bradesco**, em 2003, investiu o equivalente a 8,3% da folha bruta de pagamento, com a alimentação dos seus empregados.[38]

O **Banco do Brasil**, em 1998, investiu o equivalente a 4,5% da folha bruta de pagamento da empresa, com a alimentação de seus empregados.[39]

A **Petrobras**, em 2000, investiu o equivalente a 6,4% da folha bruta de pagamento da empresa, com a alimentação de seus empregados.[41]

Unidade 4 Assistência à Saúde dos Trabalhadores

> O custo da assistência à saúde representa cerca de 35% do custo total dos benefícios e representa o segundo maior custo com os funcionários.

Segundo César Lopes, consultor sênior da Watson Wyatt, os benefícios ligados à saúde constituem uma das problemáticas contas que os gestores de RH devem equilibrar ou reduzir, pois são o segundo maior custo com pessoas, ficando atrás apenas da folha de pagamento.

Tipos de Benefício:

- Ambulatório Médico; Assistência Médica Hospitalar; Assistência Odontológica.
- Convênio com Óticas; Auxílio-Farmácia; Serviço Social.

Esse conjunto de benefícios tem um forte impacto financeiro sobre as empresas.

4.1. Ambulatório Médico

Uma pesquisa realizada em 2008 pela Consultoria Mercer, envolvendo 210 empresas, revelou que 53% delas possuem ambulatório médico.

Trata-se de um local, nas dependências da empresa, dotado de equipamentos e profissionais para atendimento de emergência. Em empresas de pequeno porte é comum encontrarmos somente um auxiliar de enfermagem. O ideal é que esse profissional seja também um auxiliar de enfermagem de trabalho.

É um benefício importante, pois disponibiliza um profissional da área da saúde treinado para os atendimentos básicos tão necessários em empresas de grande contingente de pessoal.

As grandes empresas disponibilizam, além dos auxiliares de enfermagem, médicos, fisioterapeutas e dentistas, oferecendo consultas médicas e serviços complementares, tais como aplicação de injeções, massagens, controle de pressão arterial, curativos etc. Nesses ambulatórios, as empresas contam também com os médicos do trabalho.

Na **Sanofi-Aventis**, laboratório farmacêutico, com sede em Suzano, na Grande São Paulo, no ambulatório há enfermeiras, fisoterapeuta, massagista e médico. A empresa oferece ainda plano de saúde e assistência odontológica.[7] e [9]

Na **Fras-le**, sede Caxias do Sul, fabricante de componentes para freios, no ambulatório há médico, dentista, assistente social, ortopedista, fonoaudióloga e ginecologista.[7]

No ambulatório da **CTA – Continental Tobbacos Alliance** – com sede em Venâncio Aires, RS, os empregados têm direito a clínico geral, urologista e ginecologista.[7]

A **Serasa**, com sede em São Paulo, também disponibiliza ambulatório para os empregados. Oferece massagem, fonoaudiologia, atendimento psicológico e dentista.[8]

Na metalúrgica **MTP Tubos**, localizada em Guarulhos, SP, além do plano de saúde, há, na fábrica, dentista, fonoaudióloga, psicóloga e clínico geral.[8]

A **Caterpillar**, fabricante de máquinas para construção, com sede em Piracicaba, São Paulo, disponibiliza na fábrica dois ambulatórios, um deles funcionando 24 horas, onde trabalham 30 profissionais entre médicos, fisioterapeutas, cardiologistas, urologistas, alergistas, nutricionistas e enfermeiros e ainda conta com uma ambulância de plantão.[8]

Na subsidiária brasileira da **Coca-Cola**, com sede no Rio de Janeiro, dois médicos trabalham no prédio da sede da empresa e acompanham o tratamento de saúde dos funcionários.[1]

No ambulatório da fábrica do laboratório alemão **Asta Médica**, com sede em São Paulo, o funcionário pode dispor de fisioterapeuta, ginecologista e clínico geral.[5]

4.2. Assistência Médico-Hospitalar

A quase totalidade das médias e grandes empresas concede esse benefício, pagando-o integralmente. Algumas optam por cobrar dos funcionários uma parcela das despesas.

Esse tipo de benefício geralmente é extensivo aos dependentes e consiste em cobrir despesas com consultas médicas, exames complementares, atendimento ambulatorial, internações e honorários médicos.

Ele vem sendo concedido também a parceiros do mesmo sexo. Pesquisa realizada pela Consultoria Mercer, sobre benefícios corporativos, envolvendo 210 empresas consultadas, revela que, em 2008, houve um crescimento significativo na concessão de benefícios ligados à saúde de companheiros do mesmo sexo.

O levantamento constatou que 24% das organizações participantes adotam tal prática. Há três anos, esse índice era de 7%. Essa expansão demonstra uma preocupação das empresas com a questão da diversidade.

Esse benefício deve ser muito bem administrado já que seus custos são altamente representativos e costumam ser crescentes.

Em 2002, os gastos com planos de saúde correspondiam a 6% da folha de pagamento das empresas. Em 2007, eles passavam de 10% em 25% das 300 empresas pesquisadas pela Towers Perrin.

À época, a previsão dos especialistas era de que em 2009 esses gastos alcançassem um aumento em torno de 10%.

Assim como a Watson Wyatt, a Mercer também entende que a assistência médica é o segundo gasto da área de recursos humanos, atrás apenas da folha de pagamento.

Dados da Consultoria Towers Perrin indicam que entre 2006 e 2007 os custos com plano de saúde nas empresas tiveram o seguinte comportamento: houve redução em 9% das empresas; os custos se mantiveram em 44% das empresas e houve aumento em 47% delas.

- 95% das empresas oferecem assistência médica hospitalar através do pagamento integral ou parcial deste benefício para empregados e dependentes.
- 70% das empresas arcam integralmente com os custos desse benefício. As demais subsidiam uma parte.
- 95% das empresas estendem esse benefício aos dependentes.
- Lei Sobre Assistência Médica – Lei nº 9.656/98: Ela ampliou sobremaneira as coberturas dos planos de saúde, eliminou muitas limitações e criou mecanismos reguladores e fiscalizadores, que só existiam para as empresas seguradoras.

4.2.1. Formas Mais Utilizadas para a Concessão Desse Benefício

1ª) Assistência médica própria:

Muitas empresas instalam junto às suas dependências o ambulatório médico. Através dele, elas oferecem consultas médicas e serviços auxiliares de enfermagem, tais como aplicação de injeções, massagens, controle de pressão arterial, curativos etc. Nesses ambulatórios, as empresas contam também com os médicos do trabalho.

2ª) Convênios com empresas operadoras de saúde:

Muitas empresas oferecem o benefício da assistência médica celebrando contratos de prestação de serviços médico-hospitalares com as empresas operadoras de saúde. Anteriormente, essas empresas atuavam sob a denominação de medicina de grupo, seguradoras, planos de saúde ou como cooperativas médicas.

Nessa modalidade, os funcionários e seus dependentes são atendidos por médicos, clínicas, hospitais e laboratórios de uma rede credenciada pela Operadora de Saúde, realizando consultas, exames e internações. Outra forma de utilização do benefício é através de reembolsos pela utilização desses serviços.

3ª) Autogestão:

1ª opção: Nessa modalidade a empresa reembolsa, parcial ou integralmente, as despesas com consultas, exames e internações de seus funcionários e dependentes.

2ª opção: A empresa realiza convênios diretos com clínicas, laboratórios de análises clínicas e hospitais, para atendimento aos seus empregados e dependentes.

3ª opção: Ainda dentro da modalidade autogestão, existe a opção pelos planos por administração, através dos quais as empresas utilizam os serviços da rede credenciada de uma operadora de saúde. Nesses casos, a operadora cobra uma taxa de administração pela utilização da sua rede credenciada e repassa para a empresa todas as despesas realizadas pelos funcionários e dependentes junto à sua rede.

4.2.2. Tipos de Assistência Concedida aos Empregados

1. Assistência Médica Ambulatorial.
2. Assistência Médico-Hospitalar.

4.2.3. Padrão dos Planos

a) *Básico:* rede credenciada menos abrangente; internação em enfermaria.

b) *Executivo:* rede credenciada mais abrangente e internação em apartamento privativo.

c) *Livre Escolha:* rede credenciada ainda mais abrangente. Com opção de médicos e hospitais não conveniados pagos mediante reembolso.

– Para cargos operacionais e técnicos, 55% das empresas oferecem o plano básico; 25% oferecem o plano executivo e 20% oferecem planos de livre escolha.

4.2.4. Tipos de Cobertura

- Pequeno Risco (consultas e exames).
- Grande Risco (internações).
- Acomodação: Enfermaria ou Quarto Particular.

Na administração do benefício da assistência médica temos que levar em conta dois tipos de risco a que estão sujeitos os funcionários:

1º) *Pequeno Risco:* todo atendimento realizado em ambulatórios, como consultas médicas, exames complementares e serviços auxiliares.

2º) *Grande Risco:* Todo atendimento realizado com os pacientes internados, envolvendo serviços como: despesas hospitalares, honorários médicos e exames complementares.

O custo da assistência médica é muito alto. Por isso, uma das formas encontradas pelas empresas para viabilizar a sua implantação é começar garantindo a cobertura dos grandes riscos (despesas com internação), passando posteriormente à cobertura aos pequenos riscos.

De modo geral os funcionários têm como custear as suas despesas com os pequenos riscos (consultas e exames), o que já não acontece com os grandes riscos, pois nunca sabem a que doença ou acidente estarão sujeitos. Por não possuírem uma cobertura do grande risco, quantas pessoas já tiveram que vender seus imóveis para pagar uma conta hospitalar? Logo, a assistência médico-hospitalar constitui um dos mais importantes benefícios e sua implantação deve começar pela cobertura aos grandes riscos, pelo menos nas empresas com menor disponibilidade financeira.

A Lei nº 9.656/98

Esta lei regula os serviços de assistência médica em nosso país. Ela ampliou as coberturas dos antigos planos de saúde, como, por exemplo, o número de dias para internações. Os planos de saúde eram comercializados garantindo apenas 90 dias de internação, por ano, por evento, para cada usuário. Agora as operadoras de saúde têm que cobrir o tempo de internação que for necessário. A Lei nº 9.656/98 também criou mecanismos reguladores e fiscalizadores, que só existiam para as empresas seguradoras.

Normas Recentemente Editadas pela ANS para Planos Coletivos

A Agência Nacional de Saúde Suplementar (ANS), por meio da Resolução Normativa – RN nº 195, Resolução Normativa – RN nº 200 e Resolução Normativa – RN nº 204, definiu novas regras para os planos coletivos, que determinaram alterações para os contratos empresariais de assistência à saúde vigentes comercializados após a Lei nº 9.656, de 1998.

4.2.5. Fatores que Afetam o Custo da Assistência Médica Hospitalar

- *Perfil dos RHs (faixa etária dos recursos humanos)*: quanto mais jovem for a força de trabalho, mais barato tende a ser o benefício e quanto mais idosa ela for, maiores riscos ela terá e, consequentemente, mais caro será o benefício.

- *Participação de agregados no plano:* Consideram-se agregados os pais, sogro, sogra, cunhado, cunhada, tio, tia, avô, avó etc. Em função da idade dessas pessoas, elas tendem a encarecer o plano. É muito comum nas empresas que permitem a inclusão de agregados que os funcionários indiquem justamente aqueles familiares que apresentem o maior risco de saúde. Logo eles estarão contribuindo para aumentar a sinistralidade do plano.

- *Uso ou Não do Fator Moderador (Coparticipação):* Para coibir o abuso na utilização das consultas médicas, as empresas cobram dos funcionários uma parcela dos custos das consultas.

  Essa coparticipação dos funcionários no custeio do plano ajuda a empresa a suportar os custos da assistência médica.

- *Tipo de atividade profissional da empresa.*

- *Localização da empresa:* os custos dos serviços médicos e hospitalares variam de região para região.

4.2.6. Fatores que Influenciam nos Reajustes dos Planos de Saúde Empresariais

- *Sinistralidade:* Para negociar aumentos dos preços dos seus serviços, as operadoras de saúde apresentam os índices de sinistralidade. Essa negociação tem uma periodicidade definida em contrato. Quanto maior for a sinistralidade, ou seja, a utilização dos serviços, maior será o reajuste.

- *Mudanças de faixas etárias:* Os planos de saúde cobram o benefício por faixa etária. Quanto maior for a idade do trabalhador, mais caro será seu plano de saúde.

- *Reajuste dos custos médico-hospitalares:* O aumento desses custos também contribui para o aumento dos planos de saúde e, sobre eles, as empresas não têm qualquer ingerência. Eles são decorrentes dos aumentos dos custos dos remédios, materiais e equipamentos utilizados nos hospitais, muitos deles importados. Decorrem também dos investimentos em novos medicamentos e dos procedimentos de diagnósticos cada vez mais complexos.

Para se ter uma ideia dessa chamada "inflação médica", uma pesquisa realizada pela Mercer junto a 200 organizações mostrou que, de 2008 para 2009, o custo com benefícios de saúde subiu de 18% para 22% do gasto com a folha de pagamento.

Nos Estados Unidos, as empresas chegaram a registrar uma inflação médica de 16% ao ano, ante uma inflação de 2% no início da década de 90.[16]

4.2.7. Medidas Preventivas que Podem Ser Usadas pelas Empresas para a Redução ou Manutenção dos Custos de Assistência Médico-hospitalar

- **Controle da sinistralidade:** É importante que o setor de RH encarregado de gerenciar os benefícios da empresa fique atento às sinistralidades. Para isso deve manter registro e fazer análises constantes sobre os relatórios de sinistralidade enviados pelas operadoras de saúde. As empresas que prestam serviços médico-hospitalares costumam fornecer, periodicamente, relatórios para acompanhamento da sinistralidade. Nesses relatórios vêm descritas todas as ocorrências, como, por exemplo, as consultas médicas, os exames médicos complementares, as internações. A análise desses relatórios fornece informações valiosas que podem ser utilizadas pelas empresas a fim de reduzir custos. A empresa pode contratar um médico para a sua equipe desses profissionais, cuja especialidade coincida com aquela apontada nos relatórios como a de maior utilização por parte dos usuários do plano de saúde.

- **Controle de funcionários cuja saúde tem um maior grau de risco:** Esse grupo chamado de grupo de risco – funcionários com colesterol alto; diabetes; hipertensão; doenças pulmonares; obesidade; fumantes, idosos – costuma representar de 15% a 20% do total dos funcionários e consome cerca de 75% do orçamento de saúde das empresas, segundo os especialistas.

- **Contratação de médico para a especialidade onde há maior incidência de doenças:** Essa decisão pode ser apoiada pela análise do relatório de sinistralidade fornecido pelas operadoras de plano de saúde, conforme descrito anteriormente, como também pode decorrer da análise dos atestados médicos entregues à empresa pelos empregados.

- **Campanhas educativas:** Essas campanhas costumam gerar bons resultados, já que são preventivas. Elas podem trabalhar questões como: hábitos alimentares, posturas, uso de drogas, alcoolismo, hipertensão, fumo, obesidade etc.

O excesso de peso, por exemplo, além de comprometer a saúde do trabalhador, provocando doenças cardiovasculares ou diabetes, também acaba onerando significativamente os custos dos planos de saúde.

Segundo um estudo feito pelo Serviço Social da Indústria – SESI – 49,7% dos trabalhadores das empresas brasileiras estão com sobrepeso, sendo que 13,5% desse montante correspondem aos trabalhadores obesos. Ainda segundo a pesquisa, dessa população 26% sofrem de hipertensão; 7,7% são portadores de colesterol elevado; e 2,9% são portadores de diabetes.[15]

Oferecer gratuitamente alimentos saudáveis no café da manhã ou no lanche, disponibilizar um nutricionista para orientar os empregados sobre hábitos alimentares e controlar aqueles colaboradores que possuem excesso de peso além de ajudar a qualidade de vida deles, ajudam a reduzir os impactos nos custos dos planos de saúde.

- **Vacinações.**

- **Controle de medicamentos feito através do benefício auxílio-farmácia.** O controle dos medicamentos adquiridos pelos funcionários pode revelar a incidência de doença que mereça por parte da empresa alguma ação preventiva ou corretiva. Esse controle, por razões éticas, deve ser feito através do serviço médico da empresa. A Avon do Brasil usa esse tipo de controle como um indicador da saúde dos funcionários. Segundo Mauro Ono, gerente de RH da empresa, quando se observa a busca excessiva de algum medicamento, consegue-se detectar a incidência de problemas, e, dessa forma, agir para corrigi-los. Segundo ele, a Avon conseguiu diminuir a quantidade de cirurgias e afastamentos e, consequentemente, os gastos com o plano de saúde.[13]

- **Convênios para aquisição de medicamentos.**

- **Uso de *Home Care*:** A assistência médica domiciliar, na forma de atendimento ou internação domiciliar, é uma ação que a empresa pode adotar na tentativa não só de melhorar a atenção e os cuidados com os empregados que estão doentes, como também uma estratégia para, em alguns casos, reduzir os custos de assistência médica. Segundo o médico e superintendente da Home Doctor, Carlos Eduardo Lodovici, o *home care* é uma opção para reduzir gastos. Segundo ele, receber atendimento médico na residência diminui o tempo de recuperação e reduz os custos de internação, já que o paciente permanece internado apenas no período de investigação da doença. Luiza Dal Bem, presidente da Dal Bem, ressalta que o *home care* é vantajoso quando comparado à internação convencional, porque diminui o risco de infecção hospitalar e permite que o funcionário possa prosseguir seu tratamento em contato com a família. A empresa Ticket Serviços, empresa do Grupo Accor no Brasil, oferece aos empregados esse benefício há mais de dez anos. Segundo Catarina Jacob, gerente de benefícios e proteção à saúde da empresa, em 2004 a sinistralidade do plano de saúde contratado foi tão baixa que a empresa passou a pagar menos pelo plano.[13]

- **Auditoria médica:** Essa medida torna-se muito importante, especialmente para aquelas empresas que optam pelo modelo de autogestão da sua assistência médico-hospitalar. Através de médicos e dentistas contratados a empresa pode checar as despesas cobradas pelos hospitais, clínicas e laboratórios. A análise dessas despesas requer a presença desses profissionais a fim de assessorar a empresa na avaliação de sua correção.

- **Assessoramento através de corretores ou consultores especializados:** Como o custo do benefício da assistência médica é alto, para as grandes empresas uma boa alternativa é contar com a assessoria de um profissional especializado. Ele será útil na avaliação do desenho do benefício; na indicação da melhor operadora de saúde para oferecer esse benefício para a empresa; nas negociações com as operadoras de saúde nos momentos de reavaliar os reajustes dos planos de saúde; bem como na indicação de ações preventivas, capazes de minimizar os custos da assistência médica.

  Indico três empresas que prestam esse tipo de serviço:

  – Qualicorp (www.qualicorp.com.br)

  – Ben's Consultoria (www.bens.com.br)

  – Victory Consulting (www.victorysaude.com.br)

- **Uso do *Stop Loss*:** O *Stop Loss* é um seguro que a empresa pode fazer, quando ela adota a assistência médica por administração, a fim de evitar gastos excessivos em determinadas ocasiões, decorrentes de picos de sinistralidades. Quando a empresa opta pelo plano por administração, ela assume o papel de uma seguradora, ficando sujeita ao pagamento de todas as despesas médico-hospitalares de seus funcionários. Diante dessas circunstâncias, para evitar riscos de num determinado mês a empresa ter que pagar uma conta muito excessiva, é conveniente fazer o *Stop Loss*, ou seja, um seguro que repasse à seguradora toda a despesa excedente a um valor previamente estabelecido.

Exemplo: A empresa espera ter um custo com a assistência médica a seus funcionários e dependentes de, no máximo, R$ 100.000,00 por mês. Para não se ver obrigada a pagar, num determinado mês, uma importância de R$ 400.000,00 decorrente de um aumento brusco de sinistralidade, ela recorre ao *Stop Loss*. Com ele, a empresa fica protegida por um seguro, a pagar no máximo R$ 100.000,00 de despesas. Qualquer diferença a mais do que R$ 100.000,00 será coberta pela seguradora.

4.2.8. Situações Especiais Quando a Empresa Exige que o Funcionário Contribua para o Plano de Saúde

1ª) **A demissão de funcionário sem justa causa enseja a sua permanência no Plano:** Para os planos em que haja contribuição do funcionário com o custeio, ao ser demitido sem justa causa é assegurado o direito de manter sua condição de beneficiário, nas mesmas condições de cobertura assistencial que gozava quando da vigência do contrato de trabalho, desde que assuma o seu pagamento integral. O período de permanência é de 1/3 do tempo de contribuição, com o mínimo de seis e o máximo de 24 meses. A manutenção é extensiva, obrigatoriamente, a todo o grupo familiar inscrito quando da vigência do contrato de trabalho. Em caso de morte do titular, o direito de permanência é assegurado aos dependentes cobertos pelo plano ou seguro privado coletivo de assistência à saúde. Esta condição deixará de existir quando da admissão do funcionário (titular do plano) em novo emprego. Nos planos coletivos custeados integralmente pela empresa, não é considerada contribuição a coparticipação do consumidor, única e exclusivamente, em procedimentos, como fator de moderação, na utilização dos serviços de assistência médica ou hospitalar.

2ª) **Para o funcionário que se aposenta:** Nos planos em que haja contribuição do funcionário com o custeio, ao se aposentar ele pode manter as mesmas condições do plano. Pelo prazo mínimo de dez anos, é assegurado o direito de manutenção como beneficiário, nas mesmas condições de cobertura assistencial que gozava quando da vigência do contrato de trabalho, desde que assuma o seu pagamento integral. Ao aposentado que contribuir para planos coletivos de assistência à saúde por período inferior a dez anos é assegurado o direito de manutenção como beneficiário, à razão de um ano para cada ano de contribuição, desde que assuma o pagamento integral do mesmo.

Segundo um levantamento realizado pela Mercer Human Resource Consulting junto a 304 empresas no Brasil, apenas 80 oferecem planos de saúde para aposentados.[25]

4.2.9. Forma Gradual de Implantação da Assistência Médico-Hospitalar

Tendo em vista que o custo da assistência médico-hospitalar é elevado e crescente, as empresas devem implantá-la de forma gradativa, a fim de absorver os seus custos também desta mesma forma.

1º) Elas devem oferecê-la cobrindo somente os grandes riscos, ou seja, oferecendo cobertura somente para as internações, deixando para um segundo momento o oferecimento de consultas e exames médicos.

2º) Nesse desenho inicial do benefício, a empresa deve fazer a opção pela internação em enfermaria, deixando a acomodação em quarto particular para um outro momento.

3º) O tipo de plano a ser oferecido pode ser o básico, ou seja, aquele que permite o atendimento somente numa rede credenciada menos abrangente.

4º) Ainda dentro desse modelo inicial de assistência médico-hospitalar, um outro cuidado a ser tomado é oferecer o benefício somente para os empregados, deixando os dependentes para depois.

5º) Uma medida que poderia completar esse modelo inicial do plano de saúde seria, caso a empresa julgue conveniente, cobrar dos empregados uma pequena parcela dos custos do benefício.

À medida que a empresa fosse absorvendo os custos desse benefício, dentro do modelo inicial sugerido, ela poderia fazer melhorias, como, por exemplo, ampliar a cobertura para os pequenos riscos (consultas e exames complementares), alterar a acomodação para quartos particulares, oferecer o padrão executivo que utiliza uma rede mais abrangente de credenciados, poderia estender o benefício aos dependentes e, se possível, absorver integralmente os custos sem transferi-los parcialmente para os empregados.

Cabe ressaltar que isso é apenas uma sugestão. Óbvio que tudo vai depender da disponibilidade financeira de cada organização. Algumas empresas ao implantarem esse benefício vão desejar oferecer o que há de melhor.

Alguns fornecedores de Serviço de Assistência Médico-hospitalar:
- Amil (www.amil.com.br).
- Bradesco Seguros e Previdência (ww.bradescoseguros.com.br).
- Golden Cross (www.goldencross.com.br).
- Intermedica (www.intermedica.com.br).
- Omint (www.omint.com.br).
- Qualicorp (www.qualicorp.com.br).
- Unimed (www.unimed.com.br).
- Sulamerica (www.sulamericaseguros.com.br).

A seguir, alguns exemplos de empresas que oferecem assistência médica e programas voltados para a melhoria da saúde dos seus trabalhadores:

Na **Brasmotor**, um dos maiores fabricantes de eletrodomésticos de linha branca da América Latina, o plano de saúde utiliza o sistema de livre escolha de médicos, hospitais e laboratórios, com custos bancados totalmente pela empresa.[1]

Na **DuPont**, que tem sede em Barueri, SP, há uma pista e um grupo de corrida monitorado e nas outras cinco fábricas há locais para a prática de esportes. Para acompanhar o bem-estar dos funcionários a empresa realiza *check-ups* que possibilitam mapear sua população e agir diretamente nos pontos críticos. Desde 2006, a empresa conseguiu reduzir de 29% para 13% a parcela da população acima do peso.[9]

Na **Randon**, fabricante de carrocerias e vagões ferroviários, com sede em Caxias do Sul, RS, os funcionários possuem plano médico e odontológico e um centro de saúde completo, que conta com médicos, dentistas, enfermeiros e assistentes sociais, com estrutura para realizar pequenos procedimentos de emergência e ainda exames laboratoriais. Conta também com um plano de saúde próprio e subsidia 70% da mensalidade paga pelos funcionários e dependentes.[8] e [9]

A **Volvo**, instalada em Curitiba, mantém programas de combate ao tabagismo e ao estresse.[7], [8] e [9]

O **Laboratório Medley**, com sede em Campinas, São Paulo, oferece plano de saúde e ginástica laboral que acontece, diariamente, no início e término do expediente de trabalho, com massagem terapêutica para aliviar tensões e ainda sessões de quiropaxia, uma técnica de manipulação da coluna vertebral e articulações que atenua os problemas comuns que ocorrem nessas regiões. Só em 2002 a empresa gastou R$ 1,6 milhão com a assistência médica e outros R$ 233,2 mil em assistência odontológica. O subsídio do plano de saúde é de 100% para cada empregado e é extensivo à família.[18]

A **GE** possui o programa Health by Numbers, que incentiva os funcionários a perderem peso, parar de fumar e fazer exercícios.[7], [8]

Na **Tecnisa**, empresa do ramo de construção e imobiliário, com sede em São Paulo, os funcionários assistem a palestras sobre tabagismo, alcoolismo e estresse. Para quem trabalha diretamente com o cliente, há atividades de reeducação postural, meditação, controle das emoções e fortalecimento da autoestima.[22]

Na **Unimed Rio Preto**, empresa de serviços de saúde, com sede em São Paulo, os funcionários têm acesso a um programa de medicina preventiva feito por fisioterapeutas, nutricionistas e enfermeiros. O benefício é extensivo aos familiares.[22]

A **VIVO**, com sede no Rio de Janeiro, oferece plano de saúde e o médico da empresa acompanha pessoalmente os casos mais graves que acometem os funcionários e seus familiares.[8] e [9]

Na **Rhede**, empresa de serviços industriais, com sede em Goiás, há vários programas voltados para a saúde dos funcionários, como palestras sobre alcoolismo, reeducação alimentar, prevenção do câncer de mama e tabagismo.[21]

A **Springer Carrier**, em Canoas, RS, oferece plano médico e odontológico e os empregados ainda dispõem de ginástica laboral e de um fisioterapeuta.[7] e [8]

A **Serasa Experian** tem ambulância na sede e oferece ainda massagem, fonoaudiologia, atendimento psicológico, nutricionista, médicos e dentista.[8] e [9]

A **Unilever Brasil** oferece assistência médica e odontológica e estende o plano médico na aposentadoria. A empresa presta auxílio aos filhos com necessidades especiais.[7] e [9]

A **Perkins**, subsidiária inglesa com fábrica em Curitiba, produz motores a diesel e a gás, oferece plano de saúde e odontológico.[8]

A **Plascar**, fabricante de peças plásticas para carros, com sede em Jundiaí, SP, oferece auxílio médico e odontológico e reembolsa integralmente as despesas médicas e educacionais dos colaboradores que possuem filhos excepcionais.[7], [8] e [9]

Na **Ouro Fino Agronegócio**, fabricante de produtos farmacêuticos para a saúde animal, com sede em Cravinhos, SP, os funcionários possuem bons planos de saúde e odontológico.[9]

Na **Nextel**, com sede em SP, há plano médico e odontológico.[8]

No laboratório farmacêutico **Merck Sharp & Dohme**, com sede no Rio de Janeiro, o plano de saúde é de livre escolha e o funcionário contribui com apenas 1% do valor.[1]

Na **Nasajon Sistemas**, empresa fornecedora de *software* de gestão, sediada no Rio de Janeiro, o plano de saúde é subsidiado em 80% pela empresa.[8]

A **Losango**, RJ, oferece plano de saúde e odontológico.[7] e [8]

Nas **Lojas Renner**, com sede em Porto Alegre, os funcionários recebem planos de saúde e odontológico.[8]

Na **Brasilata**, empresa brasileira fabricante de latas, localizada em Barra Funda, Rio Grande do Sul, o plano de saúde é totalmente custeado por ela.[3]

Na **Microsoft**, em São Paulo, o plano de saúde é um dos melhores do mercado e a copa que funciona em cada um dos cinco andares do prédio da empresa oferece frutas, sucos, refrigerantes, bolachas e café à disposição de todos. Uma vez por semana, durante todo o ano, as luzes da empresa são apagadas às 19 horas como parte do programa Ritmo Saúde.[7]

Na **Marcopolo**, com sede em Caxias do Sul, RS, o plano de saúde é vitalício. Na matriz há médico, dentista e ambulância com UTI.[7]

As **Lojas Colombo**, varejo de eletrodomésticos e móveis, com sede em Farroupilha, RS, oferecem plano médico e odontológico.[8]

Ricardo Luz

No jornal **O Globo**, com sede no Rio de Janeiro, o plano de saúde é totalmente pago pela empresa.[1]

A **Landis + Gyr**, fabricante suíça de equipamentos de medição, com sede em Curitiba, oferece bons planos médico e odontológico, e assistência para quem enfrenta problemas como morte na família e alcoolismo. A empresa realiza também acompanhamento ergonômico e postural, ginástica laboral, orientação nutricional, massagem, parcerias com escolas de práticas como ioga, reike e florais; mantém programa para gestantes, realiza exames ginecológicos na própria empresa, além de campanhas de prevenção de doenças e vacinação.[7], [8] e (9)

O laboratório **Janssen-Cilag**, oferece programa antitabagismo.[7]

Na **Intelbras**, empresa de telecomunicações, com sede em São José, SC, os funcionários possuem plano de saúde extensivo aos familiares e consultório médico.[9]

Na **Iesa Óleo & Gás**, com sede no Rio de Janeiro, o programa de qualidade de vida inclui ginástica laboral, shiatsu e equipes de corrida. No primeiro ano, a campanha antitabaco reduziu de 11% para 4% o número de fumantes na empresa. Os aposentados têm a possibilidade de permanecer trabalhando na empresa como consultores.[9]

A **GVT**, operadora de telecom, com sede em Curitiba, pratica a flexibilização dos benefícios, permitindo ao funcionário escolher entre 24 opções do pacote de benefícios que inclui plano de saúde e odontológico.[9]

No **Grupo Gerdau**, siderúrgica, com sede em Porto Alegre, há dois planos médicos, auxílio-farmácia, plano odontológico. A assistência odontológica é gratuita para funcionários e dependentes.[1] e [8]

No **Genzyme**, laboratório de biotecnologia, com sede no Rio de Janeiro, o plano de saúde é de primeira linha.[8]

Na **Redecard**, que tem sede em São Paulo, o funcionário recebe, através do *Free Choice* (flexibilização do benefício saúde) até 2,5% do salário bruto anual para ser usado como quiser dentro de um menu que inclui cirurgia plástica e massagens terapêuticas.[5]

No laboratório farmacêutico **AstraZeneca**, com sede em São Paulo, a assistência médica é totalmente subsidiada pela empresa.[21]

Na **Fras-le**, sede Caxias do Sul, fabricante de componentes para freios, os empregados têm planos de saúde e odontológico.[7]

A **Eurofarma**, laboratório nacional com sede em São Paulo, estende o plano médico para esposa, parceira com união estável e para parceiros homossexuais e ainda fornece de graça os seus medicamentos e subsidia em 30% os de outros laboratórios.[7], [8] e (9)

A **Eletronorte**, em Tucuruí, Pará, oferece clubes esportivos, academia, ginástica laboral, cuidados com ergonomia, campanhas de vacinação e alimentação balanceda no restaurante da empresa. Em 2008, foram gastos mais de R$ 745 mil para manter a saúde e a qualidade de vida dos colaboradores.[8] e (9)

A **Electrolux**, com sede em Curitiba, oferece acompanhamento com médicos e assistentes sociais para tratar problemas como alcoolismo e obesidade.[8] e (9)

Na **DuPont**, para acompanhar o bem-estar dos funcionários a empresa realiza *check-ups* que possibilitam mapear sua população e agir diretamente nos pontos críticos. Desde 2006, a empresa conseguiu reduzir de 29% para 13% a parcela da população acima do peso.[9]

Na **Dow**, indústria química e petroquímica, SP, o plano de saúde é de livre escolha com cobertura total, inclusive para tratamentos psicológicos, de dependência química, homeopáticos, antitabagismo e de acupuntura para todos os funcionários. O plano médico permite incluir como dependentes os parceiros do mesmo sexo e também é extensivo aos aposentados (que pagam um valor com desconto).[1], (6), (7) e (8)

Na **Nestlé**, com a implantação do programa de qualidade de vida, que passou a oferecer aos funcionários semanas de prevenção a doenças, academia de ginástica, palestras sobre estresse e até massagens, os gastos com assistência médica caíram 55%. O plano médico é totalmente custeado por ela.[1] e (18)

Na **Coelce**, companhia energética do Ceará, os funcionários têm plano de saúde até os 26 anos de idade. A empresa criou o espaço Bem Viver para cuidar da saúde dos colaboradores que lá dispõem de massagens, sessões de acupuntura, drenagem linfática ou ginástica.[8] e (22)

O **Citi**, SP, oferece plano médico e odontológico e ainda o Free-Choice, uma verba mensal de 25% do salário para ser aplicada em atividades voltadas à qualidade de vida dos funcionários, como, por exemplo, em massagens, academia e estética.[7] e (8)

A **CVRD – Companhia Vale do Rio Doce**, com sede no Rio de Janeiro, investe em ações de prevenção e manutenção da saúde de seus empregados. Oferece assistência médica e odontológica completa através do plano de assistência médica supletiva. O plano cobre procedimentos ambulatoriais, odontológicos e despesas com medicamentos. Proporciona também atendimento em regime de livre escolha, reembolsando parte das despesas com serviços médicos e odontológicos prestados por profissionais credenciados. Em 1999, a companhia investiu R$ 18,5 milhões com esse benefício.[33]

A **Cecrisa**, Criciúma, SC, oferece aos empregados plano de saúde.[7] e (9)

Na **Goodyear**, em São Paulo, o plano de saúde é de livre escolha, incluindo tratamentos odontológicos e de dependência química, extensivo aos aposentados.[1]

Na **Cargill**, fornecedora de produtos agrícolas, com sede em São Paulo, os empregados têm direito a plano de saúde e odontológico.[9]

No laboratório farmacêutico **Asta Médica**, localizado em São Paulo, o plano de saúde é gratuito.[4]

A **Caterpillar**, fabricante de máquinas para construção, oferece dois planos de saúde a escolher e um odontológico aos seus quase 5.000 empregados (em 2007) extensivo aos seus sogros e sogras. Para quem tem filhos com necessidades especiais a empresa oferece escola, assistência terapêutica, remédios e acompanhamento psicológico. Em 2008, a Caterpillar investiu R$ 32 milhões em programas de saúde. A empresa monitora as doenças crônicas. Possui médicos disponíveis 24 horas diárias. O programa de tratamento de dependentes químicos teve um índice de recuperação de pacientes de 66% em 2008, mais do que o dobro da média alcançada em programas semelhantes.[7], (8), (9) e (14)

No **Bradesco** o plano de saúde é gratuito.[8] e (9)

Na **American Online**, provedora de Internet, com sede em Santo André, São Paulo, o plano de saúde é pago integralmente pela empresa.[4]

A **BASF**, com sede em São Paulo, oferece um bom plano de saúde.[7]

A **Balaroti**, rede varejista de material de construção, com sede em Curitiba, oferece plano médico e odontológico.[9]

A **Goodyear**, em Americana, São Paulo, oferece o plano de saúde extensivo à família, com 100% de subsídio pela empresa.[18]

A **ArvinMeritor**, Divisão LVS, indústria automotiva, SP, concede planos de saúde e odontológico, disponibiliza ambulância e uma assistente social em tempo integral.[7]

A **Amanco**, fabricante de tubos e conexões de Santa Catarina, oferece plano de saúde.[7] e [9]

Em 1996, o plano de saúde da **Azaléia**, fabricante gaúcha de sapatos, proporcionava cobertura total, inclusive para tratamentos psicológicos, de dependência química e odontológicos. Os aposentados continuavam sendo atendidos pelo plano.[1]

Na **Albras**, fabricante de alumínio, com sede em Barcarena, Pará, os empregados têm plano de saúde e odontológico e atendimento psicológico. Há campanhas de vacinação e de orientação alimentar extensivas aos familiares. Existe até uma revista interna chamada Vida Saudável, abordando o estilo de vida.[8]

Na siderúrgica **Belgo-Mineira** o plano de saúde é de livre escolha para diretores, com 70% de reembolso.[1]

No **Magazine Luiza**, o plano de saúde é extensivo aos pais e sogros dos funcionários.[9]

Na **Stihl**, fabricante de motosserras, localizada em São Leopoldo, RS, o plano de saúde é administrado pela empresa e cobre tratamentos psiquiátricos, odontológicos e de dependência química para todos os funcionários.[1]

Na **Fiat**, que tem fábrica em Betim, MG, o plano básico de saúde é gratuito e cobre todas as doenças e tratamentos. Além dos funcionários, mulheres e filhos menores de 21 anos têm cobertura de um plano especial, a preço reduzido.[1]

A mineradora **Sama**, com sede em Goiás, banca tratamentos dermatológicos como *peeling*, não incluídos nos planos de saúde.[22]

No **Banco Real** o plano de saúde contempla os cônjuges, filhos de até 24 anos de idade e parceiros do mesmo sexo.[8]

Na filial brasileira da **IBM** o plano de saúde é vitalício, desde que o funcionário tenha se aposentado na empresa. Os funcionários podem optar entre o sistema de livre escolha com cobertura de 75% ou de rede credenciada com cobertura de 90% da despesa.[1]

4.3. Assistência Odontológica

Consiste no pagamento integral ou parcial para empregados e dependentes.

Uma pesquisa realizada em 2008 pela Consultoria Mercer, com 210 empresas, sobre benefícios corporativos, demonstrou que 83% delas afirmaram conceder plano odontológico para seus colaboradores.

Outra pesquisa revelou que das empresas que concedem o benefício, 40% arcam integralmente com os custos, as demais subsidiam em média 65% dos mesmos.

Segundo José Roberto Loureiro, presidente da seguradora Metlife, nos próximos cinco anos esse benefício deve quintuplicar, haja vista que a saúde bucal é uma das alternativas para redução dos custos com saúde, já que as doenças bucais podem agravar outros problemas médicos.[42]

Alguns fornecedores de Serviço de Assistência Odontológica:

– Odontoprev (www.odontoprev.com.br).
– Uniodonto (www.uniodonto.com.br).
– Omint (www.omint.com.br).
– Interodonto (www.interedonto.com.br).

A seguir, alguns exemplos de empresas que oferecem serviço de assistência odontológica a seus funcionários:

A **CSN – Companhia Siderúrgica Nacional** oferece completa assistência odontológica a todos os funcionários da empresa em Volta Redonda, no Estado do Rio de Janeiro, e também a seus dependentes diretos, através do seu Centro de Saúde Oral, que tem um padrão de excelência reconhecido inclusive pela Organização Mundial da Saúde.[40]

O **BankBoston**, com sede em São Paulo, desembolsou em 2002, R$ 460 mil para o benefício assistência odontológica, que pode cobrir até 100% dos gastos, dependendo da opção feita pelo funcionário.[34]

A **Ampla**, empresa distribuidora de energia elétrica, com sede em Niterói, oferece assistência odontológica aos empregados, aposentados e dependentes.[36]

4.4. Convênio com Óticas

Desconto para o empregado fornecido pelas óticas para compra de armações e lentes, com desconto na folha de pagamento.

4.5. Auxílio-Farmácia

Trata-se de convênio com farmácias e drogarias para aquisição de medicamentos comprados com receita médica.

Pesquisa realizada em 2008, pela Consultoria Mercer, envolvendo 210 empresas, revelou que 56% delas concedem o benefício auxílio-farmácia.

Muitos funcionários, especialmente os de baixa renda, vão ao médico mas não dão continuidade ao tratamento por não terem condições de comprar os medicamentos. Continuando doente, o funcionário recorre a novas consultas e isso acaba aumentando a sinistralidade dos planos de saúde.

Para facilitar a aquisição desses medicamentos, as empresas mantêm convênios com drogarias/farmácias. Além do funcionário receber um desconto, algumas vezes ele não precisa dispor do dinheiro para retirar esses produtos, quando com prescrição médica. Essas compras geralmente são descontadas em folha de pagamento.

As modalidades desse tipo de benefício são:

a) Descontos na compra de medicamentos em drogarias. O desejável é que o RH procure negociar esse desconto com uma rede que disponha de lojas nas regiões onde os empregados residam. Nessa modalidade, o benefício que o empregado tem se limita ao desconto dado pela drogaria.

b) Descontos na compra de medicamentos em drogarias e com os gastos dos empregados sendo descontados em folha de pagamento. A diferença dessa modalidade para a anterior é o desconto em folha de pagamento. Neste tipo de convênio, o empregado se beneficia por não ter que desembolsar qualquer recurso financeiro ao necessitar comprar medicamentos, além de receber o desconto dado pelo convênio.

c) Descontos na compra de medicamentos em drogarias e com os gastos dos empregados sendo descontados em folha de pagamento e ainda recebendo o medicamento na empresa. Essa modalidade gera uma comodidade adicional para o empregado, uma vez que as receitas são retiradas nas empresas por funcionários das drograrias conveniadas. Em muitos casos os medicamentos são entregues na própria empresa, sem custo. As drogarias retiram, diariamente, os pedidos nas empresas e entregam os medicamentos.

d) Subsídio na aquisição de medicamento. Essa modalidade, embora menos frequente do que as anteriores, é a que proporciona mais efetividade na aquisição dos medicamentos, contribuindo assim para um maior êxito do tratamento médico.

Para que o controle e a distribuição desses medicamentos não gerem um trabalho adicional para a empresa, o ideal é que os funcionários retirem os medicamentos, com descontos, na drogaria. Todavia, o recebimento na empresa traz mais comodidade para eles. Caso a quantidade de produtos adquiridos seja grande, convém a área de RH negociar com a drogaria para que ela disponibilize um funcionário para fazer a distribuição dos medicamentos, em horários previamente determinados.

No final de cada mês as drogarias/farmácias conveniadas enviam às empresas as faturas acompanhadas de uma relação com os nomes de quem comprou medicamentos e os seus respectivos valores de compra. Em seguida, a empresa efetua os pagamentos e procede o desconto dos funcionários em folha de pagamento.

Vale destacar que esse benefício pode ser instituído sem que a empresa tenha qualquer custo, com o pagamento das faturas, bastando para isso que ela negocie com as drogarias/farmácias o pagamento das mesmas nos mesmos dias em que ela efetuar o desconto dos funcionários.

A **Henkel Brasil**, fabricante de detergentes e produtos de limpeza doméstica, cosmética capilar, adesivos, selantes e tratamentos de superfície, de origem alemã, há mais de trinta anos oferece esse benefício aos seus funcionários. Atualmente, subsidia em 60% os custos dos medicamentos, dependendo da faixa salarial.

Optou por um convênio que dá ao funcionário a opção de utilizar um cartão magnético para a compra de medicamentos.[13]

A **Volvo**, empresa sueca, fabricante de chassis de ônibus, caminhões, motores e cabines, localizada em Curitiba, mantém um auxílio de 70% na compra de medicamentos, óculos de grau e lentes de contato.[7], [8] e [9]

A **Rio Tinto**, empresa de mineração do Mato Grosso do Sul, reembolsa até 90% das despesas com medicamentos.[21]

A **Amanco**, fabricante de tubos e conexões, Joinville, Santa Catarina, reembolsa 50% dos gastos com remédios com prescrição médica.[5], [7] e [9]

Na **e-Pharma**, empresa de serviços de saúde, de São Paulo, há subsídio de 50% para medicamentos para os portadores de doenças crônicas, como hipertensão, diabetes, obesidade e asma.[22]

O laboratório farmacêutico **AstraZeneca**, localizado em São Paulo, doa medicamentos aos empregados.[21]

Na **Precon**, empresa de manufatura e materiais de construção, com sede em Goiás, os empregados contam com a ajuda de 50% na compra de remédios.[22]

Na **Xerox do Brasil**, com sede no Rio de Janeiro, o auxílio-farmácia beneficia os funcionários com salários mais baixos e reembolsa quem gastar mais do que 2% do salário com medicamentos.[7]

A **Sanofi-Aventis**, laboratório farmacêutico, com sede em Suzano, na Grande São Paulo, subsidia até 80% a compra de medicamentos com receita médica.[7] e [9]

A **Eurofarma**, laboratório nacional com sede em São Paulo, fornece de graça os seus medicamentos e subsidia em 30% os produtos de outros laboratórios.[7], [8] e [9]

A **Caterpillar**, fabricante de máquinas para construção, reembolsa 40% na compra de remédios.[7], [8] e [9]

A subsidiária brasileira da **Coca-Cola**, com sede no Rio de Janeiro, reembolsa de 75% a 90% das despesas de farmácia.[1]

Na **Valesul**, que produz alumínio, no Rio de Janeiro, para quem precisa comprar medicamentos há convênio com uma rede de drogarias com subsídio de 50% e desconto em folha de pagamento.[8]

A **Albras**, fabricante de alumínio, com sede em Barcarena, Pará, subsidia em 50% a compra de medicamentos.[8]

A **Mantecorp**, empresa farmacêutica, localizada no Rio de Janeiro, oferece medicamentos de sua marca gratuitamente aos seus funcionários.[22]

A **Goodyear**, em Americana, São Paulo, reembolsa 50% das despesas com medicamentos comprados em farmácias credenciadas.[18]

A **Dow**, subsidiária brasileira da Dow Chemical, com sede em São Paulo, reembolsa 80% dos gastos com medicamentos e 100% de despesas com vacinas.[6]

Na **Goodyear**, em São Paulo, os aposentados têm direito ao reembolso de 50% das despesas com medicamentos.[1]

Algumas Outras Empresas que Mantêm o Benefício Auxílio-Farmácia:

Avon, Unibanco[7], Unilever Brasil[7] e [9], Perkins (Curitiba), Plascar (Jundiaí/SP), Landis + Gyr (Curitiba), Gerdau (Porto Alegre).

4.6. CHECK-UP

Uma pesquisa realizada em 2008, pela Consultoria Mercer, envolvendo 210 empresas, revelou que 65% delas concedem esse benefício, geralmente para cargos executivos (diretores e gerentes), arcando as empresas integralmente com os custos.

Periodicidade: anual.

Na **Marelli**, indústria de móveis, em Caxias do Sul, RS, o *check-up* é anual para todo o quadro de pessoal. No terceiro ano de monitoramento, a empresa reduziu significativamente o número de fumantes e de funcionários com sobrepeso e hipertensão.[9]

A **DuPont**, que tem sede em Barueri, São Paulo, e fabrica produtos como o nylon e a lycra, desde 2006 conseguiu reduzir de 29% para 13% a parcela de empregados acima do peso. Isso foi possível porque a empresa realiza *check-ups* que permitem mapear seus empregados e agir sobre os pontos críticos.[9]

4.7. CAMPANHAS EDUCATIVAS

Essas campanhas podem envolver os seguintes serviços da empresa: Médico e Odontológico, Nutrição, Segurança e Medicina do Trabalho, Serviço Social, Grêmio.

Alguns Programas:

- Saúde bucal.
- Orientação Nutricional: alimentação balanceada; orientação de hábitos alimentares.

- Campanhas Preventivas: vacinações, obesidade, diabetes, antitabagismo, antidrogas, antialcoolismo, hipertensão, colesterol alto, contra o estresse.
- Doenças Sexualmente Transmissíveis.
- Prevenção dos DORTs – (Distúrbios Osteomusculares Relacionados ao Trabalho).
- Cardiopatias.

A pesquisa realizada em 2008, pela consultoria Mercer, envolvendo 210 empresas, revelou que o principal programa de promoção à saúde e prevenção de doença é a disseminação de bons hábitos alimentares, oferecido por metade das respondentes, seguido de campanha contra o tabagismo, oferecida por 42% das empresas; controle de pressão arterial (35%); condicionamento físico (32%) e esclarecimentos sobre diabetes (32%).

Na **Rhede**, empresa de serviços industriais, com sede em Goiás, existem vários programas voltados para a saúde dos empregados, como palestras sobre alcoolismo, reeducação alimentar, prevenção de câncer de mama e tabagismo.[21]

O desenvolvimento de atividade física, minimizando o sedentarismo, também faz parte desse esforço preventivo e educativo. Trata-se de ginástica laboral, caminhadas, passeios ciclísticos e campeonatos esportivos.

Algumas empresas oferecem academias/aulas de ginástica, onde os funcionários podem zelar pela boa forma física, fazendo sessões de ginástica e relaxamento: a Xerox; a Medley; a Monsanto; a TRW; a Schering-Plough; a Cargill; a RM Sistemas (ginástica laboral e massagem mensal antiestresse); o Banco Real e a Algar são algumas destas empresas.

Semanalmente, massagistas atendem funcionários mais estressados na HP; ABB; Ache; BankBoston; Bristol-Myers Squibb.

Na **American Online**, os funcionários fazem ginástica laboral diariamente e, duas vezes por semana, massagem relaxante. No laboratório farmacêutico **Asta Médica**, há ginástica e dança de salão na fábrica e no escritório.

A **Redecard** e a **Movelar** oferecem ginástica laboral. A Central Nacional **Unimed**, em São Paulo, oferece ginástica laboral três vezes por semana. A **Brasillata**, no Rio Grande do Sul, também oferece ginástica laboral.

No **City**, o maior banco privado do mundo em ativos, os funcionários têm direito ao *free-choice*, uma verba mensal de 2% do salário para ser aplicada em atividades voltadas à qualidade de vida, como massagens, academia e estética.[8]

Na **GE** um benefício é o *Health by Numbers*, que incentiva as pessoas a perder peso, parar de fumar e fazer exercícios.

Na **Intelig**, os funcionários contam com sessões de shiatsu, ioga, aeroboxe, ginástica localizada, RPG e até lipoescultura. Além da sala para atividades físicas, a empresa criou o Espaço Equilibrar, para descanso e relaxamento dos empregados durante o expediente.[21]

Na **Herbarium**, empresa de pesquisa, produção e distribuição de medicamentos naturais, com sede em Colombo, Paraná, os empregados contam com espaço de lazer e sessões de massagens e musculação terapêutica para evitar lesões.[21]

Na **Iesa Óleo & Gás**, do Rio de Janeiro, a campanha antitabaco já reduziu de 11% para 4% o número de fumantes na empresa. Ela oferece um programa de qualidade de vida que inclui ginástica laboral, shiatsu e equipes de corrida.[9]

Na **Embaré**, em Lagoa da Prata – MG, o programa de qualidade de vida no trabalho promove ginástica laboral, palestras sobre prevenção de doenças e campanhas de vacinação, o que contribuiu para uma queda de 25% no nível de absenteísmo da empresa em 2003.[19]

A **Nestlé** obteve uma redução de 55% dos gastos com assistência médica após introduzir um programa de qualidade de vida, que inclui semanas de prevenção a doenças, academia de ginástica, palestras sobre estresse e até massagens.[18]

4.8. Serviço Social

As empresas são um agrupamento social. Nelas os trabalhadores passam a maior parte do tempo em que estão acordados. Nelas surgem problemas de adaptação do funcionário à cultura e às normas de trabalho. Surgem problemas de relacionamento entre colegas de trabalho, entre subordinados e gestores, surgem dificuldades em relação à natureza do próprio trabalho, entre outras.

Na equipe da Administração de Recursos Humanos encontramos em algumas empresas o Serviço Social. Ele cumpre um importante papel procurando aprimorar a dimensão social das empresas, pesquisando a realidade social e elaborando programas, projetos de atendimento ou aperfeiçoamento dessa realidade.

A OMS – Organização Mundial da Saúde – revela que saúde não é apenas a ausência de enfermidades, mas sim um completo bem-estar físico, mental e social. Daí incluirmos no rol dos benefícios que protegem a saúde do trabalhador o Serviço Social.

Dele podemos esperar ações voltadas para:

1. a integração dos recursos humanos;
2. o acompanhamento do clima organizacional;
3. o aconselhamento dos trabalhadores;
4. a humanização das condições de trabalho;
5. o aprimoramento da realidade social dos trabalhadores.

A **GVT**, operadora de telecom, com sede em Curitiba, pratica a flexibilização dos benefícios, permitindo ao funcionário escolher entre 24 opções do pacote de benefícios, que inclui vale-refeição e alimentação, seguro de vida, programa de assistência jurídica, psicológica, financeira e social.[9]

A **Ampla**, empresa distribuidora de energia elétrica, com sede em Niterói, oferece assistência social aos seus empregados e familiares, visando à solução de determinados problemas familiares.[36]

No **BankBoston**, com sede em São Paulo, os assistentes sociais auxiliam funcionários e familiares em situações relacionadas a saúde, família, finanças pessoais etc.[32]

Unidade 5 Assistência ao Transporte dos Trabalhadores

As empresas auxiliam os seus empregados de várias formas no tocante ao seu deslocamento de suas residências para o trabalho, e vice-versa.

A forma mais comum é a que atende à exigência legal, através da concessão do vale-transporte. Algumas empresas fornecem ainda transporte coletivo, outras subsidiam as despesas que os empregados têm com os seus próprios veículos. Algumas concedem veículos a determinados colaboradores, outras fornecem estacionamento. Vejamos cada caso:

5.1. VALE-TRANSPORTE — VT

A Lei nº 7.418, de 16 de dezembro de 1985, instituiu o vale-transporte e a Lei nº 7.619, de 30 de setembro de 1987, tornou obrigatória a sua concessão pelas empresas.

Esta última lei foi regulamentada pelo Decreto 95.247, de 17 de novembro de 1987.

O empregador deve adiantar para o empregado, na forma de vale-transporte, o montante que ele utilizará para cobrir as despesas de deslocamento no trajeto residência–trabalho–residência. Posteriormente, a empresa poderá descontar do salário do empregado o valor adiantado até o limite de 6% de seu salário básico. O que exceder a esse limite deverá ser assumido pela empresa.

Na admissão, o funcionário preenche um termo de adesão ao VT, informando os meios de transporte que utiliza; o número de vezes utilizado no dia para esse deslocamento residência–trabalho–residência e indica o valor pago. Informa também o endereço completo e assina o documento. A empresa deve exigir o comprovante de residência.

Quando o funcionário é cadastrado no sistema da folha de pagamento, este já calcula quantos vales ele vai usar por tipo de tarifa, para efeito do pedido de VT.

A entidade que recebeu a concessão para emissão e comercialização do vale-transporte disponibiliza para as empresas uma rotina ou um *software* para geração das requisições de compra dos vales.

Cabe às empresas requisitar e efetuar os pagamentos dos vales adquiridos.

O empregado que falta ao trabalho por doença ou por outro motivo pode ter esses dias descontados na próxima concessão de seus vales. Da mesma forma a empresa não se obriga a conceder o VT ao empregado durante o período de seu afastamento.

O empregador não pode pagar o VT em dinheiro, sob pena de esse pagamento se caracterizar como salário e sobre esse valor incidir os encargos trabalhistas. Ele deve ser fornecido na forma de cartões eletrônicos ou bilhetes de papel que possam ser utilizados no sistema de transporte coletivo público.

Por se tratar de um benefício de natureza monetária, é recomendável que o setor responsável pelos vales-transporte realize uma auditoria regular a fim de prevenir ou coibir eventuais abusos na utilização dos mesmos, tais como a indicação equivocada ou falsa de endereço, itinerário ou tipo de condução.

O empregado fica sujeito a demissão por justa causa na hipótese de agir de má-fé em relação às referidas informações.

Nas diferentes hipóteses de ausência ao trabalho, inclusive nas legalmente abonadas, a empresa pode compensar os vales já concedidos para esses dias.

A empresa que concede o "transporte coletivo" fica desobrigada de fornecer o vale-transporte, *desde que cubra integralmente o trajeto dos empregados*.

O empregado não pode comercializar os vales que recebe, constituindo tal ato falta grave.

Quem utiliza o seu carro ou não utiliza o transporte público, por exemplo, por morar perto da empresa, deve declarar-se não optante do benefício.

O gasto da empresa com vale-transporte pode ser deduzido como despesa operacional e também do imposto de renda devido, em conformidade com as disposições legais.

Decreto nº 95.247, de 17 de Novembro de 1987

Regulamenta a Lei nº 7.418, de 16 de dezembro de 1985, que institui o Vale-Transporte, com a alteração da Lei nº 7.619, de 30 de setembro de 1987.

O PRESIDENTE DA REPÚBLICA, no uso da atribuição que lhe confere o art. 81, item III, da Constituição, e tendo em vista o disposto na Lei nº 7.418, de 16 de dezembro de 1985, alterada pela Lei nº 7.619, de 30 de setembro de 1987,

DECRETA:

CAPÍTULO I
Dos Beneficiários e do Benefício do Vale-Transporte

Art. 1º. São beneficiários do Vale-Transporte, nos termos da Lei nº 7.418, de 16 de dezembro de 1985, alterada pela Lei nº 7.619, de 30 de setembro de 1987, os trabalhadores em geral e os servidores públicos federais, tais como:

I - os empregados, assim definidos no art. 3º da Consolidação das Leis do Trabalho;

II - os empregados domésticos, assim definidos na Lei nº 5.859, de 11 de dezembro de 1972;

III - os trabalhadores de empresas de trabalho temporário, de que trata a Lei nº 6.019, de 3 de janeiro de 1974;

IV - os empregados a domicílio, para os deslocamentos indispensáveis à prestação do trabalho, percepção de salários e os necessários ao desenvolvimento das relações com o empregador;

V - os empregados do subempreiteiro, em relação a este e ao empreiteiro principal, nos termos do art. 455 da Consolidação das Leis do Trabalho;

VI - os atletas profissionais de que trata a Lei nº 6.354, de 2 de setembro de 1976;

VII - os servidores da União, do Distrito Federal, dos Territórios e suas autarquias, qualquer que seja o regime jurídico, a forma de remuneração e da prestação de serviços.

Parágrafo único. Para efeito deste decreto, adotar-se-á a denominação beneficiário para identificar qualquer uma das categorias mencionadas nos diversos incisos deste artigo.

Art. 2º. O Vale-Transporte constitui benefício que o empregador antecipará ao trabalhador para utilização efetiva em despesas de deslocamento residência-trabalho, e vice-versa.

Parágrafo único. Entende-se como deslocamento a soma dos segmentos componentes da viagem do beneficiário por um ou mais meios de transporte, entre sua residência e o local de trabalho.

Art. 3º. O Vale-Transporte é utilizável em todas as formas de transporte coletivo público urbano ou, ainda, intermunicipal e interestadual, com características semelhantes ao urbano, operado diretamente pelo poder público ou mediante delegação, em linhas regulares e com tarifas fixadas pela autoridade competente.

Parágrafo único. Excluem-se do disposto neste artigo os serviços seletivos e os especiais.

Art. 4º. Está exonerado da obrigatoriedade do Vale-Transporte o empregador que proporcionar, por meios próprios ou contratados, em veículos adequados ao transporte coletivo, o deslocamento residência-trabalho, e vice-versa, de seus trabalhadores.

Parágrafo único. Caso o empregador forneça ao beneficiário transporte próprio ou fretado que não cubra integralmente os deslocamentos deste, o Vale-Transporte deverá ser aplicado para os segmentos da viagem não abrangidos pelo referido transporte.

Art. 5º. É vedado ao empregador substituir o Vale-Transporte por antecipação em dinheiro ou qualquer outra forma de pagamento, ressalvado o disposto no parágrafo único deste artigo.

Parágrafo único. No caso de falta ou insuficiência de estoque de Vale-Transporte, necessário ao atendimento da demanda e ao funcionamento do sistema, o beneficiário será ressarcido pelo empregador, na folha de pagamento imediata, da parcela correspondente, quando tiver efetuado, por conta própria, a despesa para seu deslocamento.

Art. 6º. O Vale-Transporte, no que se refere à contribuição do empregador:

I – não tem natureza salarial, nem se incorpora à remuneração do beneficiário para quaisquer efeitos;

II – não constitui base de incidência de contribuição previdenciária ou do Fundo de Garantia por Tempo de Serviço;

III – não é considerado para efeito de pagamento da Gratificação de Natal (Lei nº 4.090, de 13 de julho de 1962, e art. 7º do Decreto-lei nº 2.310, de 22 de dezembro de 1986);

IV – não configura rendimento tributável do beneficiário.

CAPÍTULO II
Do Exercício do Direito do Vale-Transporte

Art. 7º. Para o exercício do direito de receber o Vale-Transporte o empregado informará ao empregador, por escrito:

I – seu endereço residencial;

II – os serviços e meios de transporte mais adequados ao seu deslocamento residência-trabalho, e vice-versa.

§ 1º. A informação de que trata este artigo será atualizada anualmente ou sempre que ocorrer alteração das circunstâncias mencionadas nos itens I e II, sob pena de suspensão do benefício até o cumprimento dessa exigência.

§ 2º. O beneficiário firmará compromisso de utilizar o Vale-Transporte exclusivamente para seu efetivo deslocamento residência-trabalho, e vice-versa.

§ 3º. A declaração falsa ou o uso indevido do Vale-Transporte constituem falta grave.

Art. 8º. É vedada a acumulação do benefício com outras vantagens relativas ao transporte do beneficiário, ressalvado o disposto no parágrafo único do art. 4º deste decreto.

Art. 9º. O Vale-Transporte será custeado:

I – pelo beneficiário, na parcela equivalente a 6% (seis por cento) de seu salário básico ou vencimento, excluídos quaisquer adicionais ou vantagens;

II – pelo empregador, no que exceder à parcela referida no item anterior.

Parágrafo único. A concessão do Vale-Transporte autorizará o empregador a descontar, mensalmente, do beneficiário que exercer o respectivo direito, o valor da parcela de que trata o item I deste artigo.

Art. 10. O valor da parcela a ser suportada pelo beneficiário será descontado proporcionalmente à quantidade de Vale-Transporte concedida para o período a que se refere o salário ou vencimento e por ocasião de seu pagamento, salvo estipulação em contrário, em convenção ou acordo coletivo de trabalho, que favoreça o beneficiário.

Art. 11. No caso em que a despesa com o deslocamento do beneficiário for inferior a 6% (seis por cento) do salário básico ou vencimento, o empregado poderá optar pelo recebimento antecipado do Vale-Transporte, cujo valor será integralmente descontado por ocasião do pagamento do respectivo salário ou vencimento.

Art. 12. A base de cálculo para determinação da parcela a cargo do beneficiário será:

I – o salário básico ou vencimento mencionado no item I do art. 9º deste decreto; e

II – o montante percebido no período, para os trabalhadores remunerados por tarefa ou serviço feito ou quando se tratar de remuneração constituída exclusivamente de comissões, percentagens, gratificações, gorjetas ou equivalentes.

CAPÍTULO III

Da Operacionalização do Vale-Transporte

Art. 13. O poder concedente ou órgão de gerência com jurisdição sobre os serviços de transporte coletivo urbano, respeitada a lei federal, expedirá normas complementares para operacionalização do sistema do Vale-Transporte, acompanhando seu funcionamento e efetuando o respectivo controle.

Art. 14. A empresa operadora do sistema de transporte coletivo público fica obrigada a emitir e comercializar o Vale-Transporte ao preço da tarifa vigente, colocando-o à disposição dos empregadores em geral e assumindo os custos dessa obrigação, sem repassá-los para a tarifa dos serviços.

§ 1º. A emissão e a comercialização do Vale-Transporte poderão também ser efetuadas pelo órgão de gerência ou pelo poder concedente, quando este tiver a competência legal para emissão de passes.

§ 2º. Na hipótese do parágrafo precedente, é vedada a emissão e comercialização de Vale-Transporte simultaneamente pelo poder concedente e pelo órgão de gerência.

§ 3º. A delegação ou transferência da atribuição de emitir e comercializar o Vale-Transporte não elide a proibição de repassar os custos respectivos para a tarifa dos serviços.

Art. 15. Havendo delegação da emissão e comercialização de Vale-Transporte, ou constituição de consórcio, as empresas operadoras submeterão os respectivos instrumentos ao poder concedente ou órgão de gerência para homologação dos procedimentos instituídos.

Art. 16. Nas hipóteses do artigo anterior, as empresas operadoras permanecerão solidariamente responsáveis com a pessoa jurídica delegada ou pelos atos do consórcio, em razão de eventuais faltas ou falhas no serviço.

Art. 17. O responsável pela emissão e comercialização do Vale-Transporte deverá manter estoques compatíveis com os níveis de demanda.

Art. 18. A comercialização do Vale-Transporte dar-se-á em centrais ou postos de venda estrategicamente distribuídos na cidade onde serão utilizados.

Parágrafo único. Nos casos em que o sistema local de transporte público for operado por diversas empresas ou por meios diferentes, com ou sem integração, os postos de vendas referidos neste artigo deverão comercializar todos os tipos de Vale-Transporte.

Art. 19. A concessão do benefício obriga o empregador a adquirir Vale-Transporte em quantidade e tipo de serviço que melhor se adequar ao deslocamento do beneficiário.

Parágrafo único. A aquisição será feita antecipadamente e à vista, proibidos quaisquer descontos e limitada à quantidade estritamente necessária ao atendimento dos beneficiários.

Art. 20. Para cálculo do valor do Vale-Transporte, será adotada a tarifa integral, relativa ao deslocamento do beneficiário, por um ou mais meios de transporte, mesmo que a legislação local preveja descontos.

Parágrafo único. Para fins do disposto neste artigo, não são consideradas desconto as reduções tarifárias decorrentes de integração de serviços.

Art. 21. A venda do Vale-Transporte será comprovada mediante recibo sequencialmente numerado, emitido pela vendedora em duas vias, uma das quais ficará com a compradora, contendo:

I – o período a que se referem;

II – a quantidade de Vale-Transporte vendida e de beneficiários a quem se destina;

III – o nome, endereço e número de inscrição da compradora no Cadastro Geral de Contribuintes no Ministério da Fazenda – CGCMF.

Art. 22. O Vale-Transporte poderá ser emitido conforme as peculiaridades e as conveniências locais, para utilização por:

I – linha;

II – empresa;

III – sistema;

IV – outros níveis recomendados pela experiência local.

Art. 23. O responsável pela emissão e comercialização do Vale-Transporte poderá adotar a forma que melhor lhe convier à segurança e facilidade de distribuição.

Parágrafo único. O Vale-Transporte poderá ser emitido na forma de bilhetes simples ou múltiplos, talões, cartelas, fichas ou quaisquer processos similares.

Art. 24. Quando o Vale-Transporte for emitido para utilização num sistema determinado de transporte ou para valer entre duas ou mais operadoras, será de aceitação compulsória, nos termos do acordo a ser previamente firmado.

§ 1º. O responsável pela emissão e comercialização do Vale-Transporte pagará às empresas operadoras os respectivos créditos no prazo de 24 horas, facultado às partes pactuar prazo maior.

§ 2º. O responsável pela emissão e comercialização do Vale-Transporte deverá apresentar, mensalmente, demonstrativos financeiros dessa atividade, ao órgão de gerência que observará o disposto no artigo 28.

Art. 25. As empresas operadoras são obrigadas a manter permanentemente um sistema de registro e controle do número de Vale-Transporte emitido, comercializado e utilizado, ainda que a atividade seja exercida por delegação ou por intermédio de consórcio.

Art. 26. No caso de alteração na tarifa de serviços, o Vale-Transporte poderá:

I – ser utilizado pelo beneficiário, dentro do prazo a ser fixado pelo poder concedente; e

II – ser trocado, sem ônus, pelo empregador, no prazo de trinta dias, contados da data em que a tarifa sofrer alteração.

CAPÍTULO IV

Dos Poderes Concedentes e Órgãos de Gerência

Art. 27. O poder concedente ou órgão de gerência, na área de sua jurisdição, definirá:

I – o transporte intermunicipal ou interestadual como características semelhantes ao urbano;

II – os serviços seletivos e os especiais.

Art. 28. O poder concedente ou órgão de gerência fornecerá, mensalmente, ao órgão federal competente informações estatísticas que permitam avaliação nacional, em caráter permanente, da utilização do Vale-Transporte.

Art. 29. As operadoras informarão, mensalmente, nos termos exigidos pelas normas locais, o volume de Vale-Transporte emitido, comercializado e utilizado, a fim de permitir a avaliação local do sistema, além de outros dados que venham a ser julgados convenientes a esse objetivo.

Art. 30. Nos atos de concessão, permissão ou autorização serão previstas sanções às empresas operadoras que emitirem ou comercializarem o Vale-Transporte diretamente, por meio de delegação ou consórcio, em quantidade insuficiente ao atendimento da demanda.

Parágrafo único. As sanções serão estabelecidas em valor proporcional às quantidades solicitadas e não fornecidas, agravando-se em caso de reincidência.

CAPÍTULO V
Dos Incentivos Fiscais

Art. 31. O valor efetivamente pago e comprovado pelo empregador, pessoa jurídica, na aquisição de Vale-Transporte, poderá ser deduzido como despesa operacional, na determinação do lucro real, no período-base de competência da despesa.

Art. 32. Sem prejuízo da dedução prevista no artigo anterior, a pessoa jurídica empregadora poderá deduzir do Imposto de Renda devido valor equivalente à aplicação da alíquota cabível do Imposto de Renda sobre o montante das despesas comprovadamente realizadas, no período-base, na concessão do Vale-Transporte.

Parágrafo único. A dedução a que se refere este artigo, em conjunto com as de que tratam as Leis nº 6.297, de 15 de dezembro de 1975, e nº 6.321, de 14 de abril de 1976, não poderá reduzir o imposto devido em mais de 10% (dez por cento), observado o que dispõe o § 3º do art. 1º do Decreto-lei nº 1.704, de 23 de outubro de 1979, podendo o eventual excesso ser aproveitado nos dois exercícios subsequentes.

Art. 33. Ficam assegurados os benefícios de que trata este decreto ao empregador que, por meios próprios ou contratados com terceiros, proporcionar aos seus trabalhadores o deslocamento residência-trabalho, e vice-versa, em veículos adequados ao transporte coletivo, inclusive em caso de complementação do Vale-Transporte.

Parágrafo único. O disposto neste artigo não se aplica nas contratações de transporte diretamente com empregados, servidores, diretores, administradores e pessoas ligadas ao empregador.

Art. 34. A pessoa jurídica empregadora deverá registrar em contas específicas que possibilitem determinar, com clareza e exatidão em sua contabilidade, as despesas efetivamente realizadas na aquisição do Vale-Transporte ou, na hipótese do artigo anterior, os dispêndios e encargos com o transporte do beneficiário, tais como aquisição de combustível, manutenção, reparos e depreciação dos veículos próprios, destinados exclusivamente ao transporte dos empregados, bem assim os gastos com as empresas contratadas para esse fim.

Parágrafo único. A parcela de custo, equivalente a 6% (seis por cento) do salário básico do empregado, que venha a ser recuperada pelo empregador, deverá ser deduzida do montante das despesas efetuadas no período-base, mediante lançamento a crédito das contas que registrem o montante dos custos relativos ao benefício concedido.

CAPÍTULO VI

Disposições Finais

Art. 35. Os atos de concessão, permissão e autorização vigentes serão revistos para cumprimento do disposto no art. 30 deste regulamento.

Art. 36. Este decreto entra em vigor na data de sua publicação.

Art. 37. Revogam-se as disposições em contrário e em especial o Decreto nº 92.180, de 19 de dezembro de 1985.

Brasília, 17 de novembro de 1987; 166º da Independência e 99º da República.

JOSÉ SARNEY
Prisco Viana

5.2. Transporte Coletivo

Algumas empresas concedem transporte coletivo aos seus colaboradores. Trata-se de um benefício extremamente dispendioso, em função dos seus custos. Todavia, revela-se muito importante para elas, em função do seu impacto nas contratações e na fixação dos seus empregados.

As empresas contratam ônibus ou vans para o transporte de seus funcionários.

Esse benefício proporciona para os empregados as seguintes vantagens:

- **Segurança:** Nas grandes cidades, a segurança é uma preocupação dos trabalhadores. Lamentavelmente, os assaltos dentro de ônibus constituem uma prática muito comum. Portanto, o transporte privativo protege os empregados contra esse risco, já que só são transportados os funcionários da empresa.

- **Conforto:** Nas grandes cidades os transportes coletivos andam lotados, especialmente nos horários de final dos expedientes normais de trabalho. Geralmente, os funcionários das empresas que proporcionam esse benefício viajam sentados em ônibus que respeitam a lotação de passageiros.

- **Pontualidade:** Outra grande vantagem, tanto para os empregados quanto para as empresas, é a garantia da pontualidade. Esses veículos, contratualmente, ficam obrigados a chegar à empresa alguns minutos antes do início do expediente.

- **Comodidade:** Nas grandes cidades, os trabalhadores perdem um tempo enorme nos deslocamentos de suas residências para o trabalho, e vice-versa, pois normalmente tomam duas conduções para chegarem ao trabalho e mais duas para retornarem às suas casas.

  Com o transporte oferecido pelas empresas, muitos empregados só utilizam esse único meio de transporte, já que os trajetos desses veículos procuram atender aos bairros onde residem uma maior densidade de trabalhadores, além de só utilizarem um ônibus.

- **Integração:** As viagens diárias geram uma maior integração entre os passageiros.

A seguir são listadas algumas empresas que oferecem transporte coletivo.

Na **Springer Carrier**, em Canoas, RS, o transporte é gratuito para os funcionários.[7] e [8]

Na **Ouro Fino Agronegócio**, fabricante de produtos farmacêuticos para a saúde animal, com sede em Cravinhos, SP, os funcionários possuem transporte subsidiado.[9]

Na **Landis + Gyr**, fabricante suíça de equipamentos de medição, cuja sede se localiza em Curitiba, o transporte e a alimentação são por conta da empresa.[7], [8] e [9]

Na **Brasken**, empresa petroquímica fabricante de resinas termoplásticas, os empregados têm transporte gratuito.[7]

Na **Tortuga**, fabricante de insumos para ração animal, com sede em São Paulo, os funcionários dispõem de ônibus fretado para ir à fabrica.[19]

A **Caterpillar**, fabricante de máquinas para construção, que tem sede em Piracicaba, São Paulo, oferece seguro de vida e contra acidentes.[14]

5.3. REEMBOLSO DE QUILOMETRAGEM

Algumas empresas concedem este benefício, geralmente apenas para determinados empregados em função do seu nível hierárquico. Outras, que não concedem veículos aos seus diretores e/ou gerentes, proporcionam-lhes esse tipo de benefício, que é mais barato do que conceder-lhes o veículo. Trata-se do reembolso parcial ou total das despesas decorrentes do trajeto residência-trabalho-residência.

Outras empresas proporcionam esse benefício até mesmo para empregados que não exercem cargos de chefia, como uma forma de poder atrair e reter bons profissionais, algumas vezes até em função da má localização geográfica da empresa. Atualmente, o reembolso gira em torno de R$ 0,63 por quilômetro rodado.

5.4. VALE OU COTA DE COMBUSTÍVEL

Certas empresas, pelos mesmos motivos mencionados no item anterior, optam pela concessão do Vale Combustível, em vez de reembolso de quilometragem. Apesar de ser um benefício concedido espontaneamente pelas empresas, normalmente as que concedem dão cobertura de 200 litros/mês.

As empresas a seguir fornecem cartões eletrônicos, semelhantes aos cartões de crédito, que podem ser usados para a compra de combustível e até mesmo para cobertura de despesas como estacionamento e manutenção de pequeno valor:

- Ticket Serviços (www.ticket.com.br).
- Visa Vale (www.visavale.com.br)

> **O que é mais econômico para a empresa: conceder o reembolso por quilometragem ou a cota de combustível?**

Depende da quilometragem percorrida pelos empregados que recebem o benefício. Em tese, quanto maior a quilometragem, maior é a vantagem da cota. Quanto menor a quilometragem, maior é a vantagem do reembolso.

Todavia, o RH deve fazer um cálculo a fim de determinar qual é a modalidade mais vantajosa.

Exemplo:

- tomemos por hipótese que o preço médio do combustível seja R$ 2,00;
- 5 gerentes serão contemplados;
- quilometragem mensal percorrida pelos 5 gerentes = 6.120 km;
- a empresa queira seguir as práticas de mercado, ou seja, reembolsar o quilômetro rodado à base de R$ 0,63/km ou conceder uma cota de 200 litros de combustível/mês para cada empregado contemplado.

a) Cálculo da cota mensal de combustível:

200 litros × R$ 2,00 = R$ 400,00 por empregado

Nº de empregados beneficiados = 5 gerentes

Gasto mensal com a concessão de combustível = R$ 2.000,00 (5 × 400)

b) Cálculo do reembolso por quilometragem:

6.120 (km) × R$ 0,63 = R$ 3.855,60

> **Resposta:** No exemplo dado, ficaria mais viável para a empresa a utilização do reembolso por quilômetro rodado.

Como já foi dito, o RH deve analisar o total de quilômetros percorridos por mês pelos empregados a serem beneficiados a fim de sugerir a modalidade mais viável para a empresa.

5.5. Automóveis

As pesquisas demonstram que cerca de 60% das médias e grandes empresas proporcionam esse benefício aos seus presidentes e diretores. E cerca de 40% delas fornecem para os gerentes.

Trata-se de um extraordinário benefício, de muito valor para as contratações e para a fixação de seus executivos. Esses automóveis são utilizados tanto a serviço quanto em caráter particular e geralmente são trocados a cada três anos de uso. Normalmente, as empresas assumem os custos de combustível, seguro, IPVA e manutenção. Algumas ainda pagam a blindagem do veículo.

As pesquisas apontam que 70% das empresas optam prioritariamente pela compra dos veículos. Outras 20% delas optam pela modalidade de *leasing* e 10% preferem alugar o veículo. O valor, o tipo do veículo e o tempo de troca estão vinculados ao nível hierárquico do empregado contemplado.

A **Dow**, subsidiária brasileira da Dow Chemical, com sede em São Paulo, oferece automóvel aos seus executivos, com livre escolha, até o valor estipulado pela empresa. Aqueles que não se envolverem em acidentes ou multas, durante três anos, têm a possibilidade de arrematar o veículo por um valor 30% abaixo do valor de mercado.[1]

No **McDonald's**, no Brasil, os gerentes recebem carro de um determinado modelo. Os diretores escolhem entre alguns modelos.[1]

5.6. Motorista Particular

Esse benefício normalmente só é concedido aos presidentes das empresas.

5.7. Estacionamento

As pesquisas apontam que cerca de 70% a 80% das empresas concedem esse benefício, cobrindo parcial ou integralmente as despesas de seus funcionários com o estacionamento de seus veículos quando se deslocam para o seu local de trabalho. Geralmente são companhias localizadas nos centros das cidades, onde os estacionamentos nas áreas municipais são cobrados. Para que seus empregados não tenham que assumir esse ônus, essas empresas bancam esses custos. Esse benefício proporciona segurança e conforto aos empregados que não precisam perder tempo procurando uma vaga para estacionar.

- Quando alugado: Esse benefício prioritariamente é concedido aos cargos executivos, mas também é estendido a outros níveis hierárquicos.
- Empresas que dispõem de grandes áreas de estacionamento abrigam até os carros do nível operacional.
- Vantagens: o empregado não perde tempo procurando vagas para estacionar; segurança (não tem o carro riscado ou amassado); conforto (o carro não fica exposto ao sol, chuva, poeira e, consequentemente, não sofre danos na pintura, no painel etc.).

Na **Eurofarma**, laboratório nacional com sede em São Paulo, o estacionamento é gratuito para todos.[7], [8] e [9]

Unidade 6 Assistência à Educação dos Trabalhadores

Trata-se do pagamento ou reembolso das despesas integrais ou parciais que os funcionários ou seus dependentes têm com a sua educação. De modo geral, as empresas custeiam a pós-graduação, o ensino superior ou o ensino médio profissionalizante. Pode ser também o oferecimento de alguma modalidade de educação regular nas próprias dependências das empresas.

Esse é um importante benefício, especialmente para os funcionários administrativos. Deles as empresas geralmente exigem o nível superior. E nem sempre é possível para um funcionário, especialmente quando é casado e com filhos, conseguir pagar seus estudos. Nesse sentido, esse benefício constitui um diferencial tanto para a atração, quanto para a fixação e satisfação das pessoas no trabalho.

O que se observa através das pesquisas é que as empresas multinacionais são mais preocupadas com a concessão desse benefício do que as empresas brasileiras. Pesquisa realizada pelo Hay Group, em 2007, envolvendo 113 empresas nacionais e multinacionais de diferentes setores, revelou que 76% das transnacionais oferecem o serviço ante 57% das empresas nacionais.

6.1. Pagamento Integral ou Parcial (ou Reembolso) das Matrículas e Mensalidades de Ensinos Médio e Superior

Normas de operacionalização:

1ª) Vinculação entre o curso e o cargo ocupado pelo empregado. Algumas empresas exigem que haja uma vinculação entre o curso que o empregado está fazendo e as atividades que ele realiza. Essa é uma maneira de a empresa garantir um retorno pelo investimento feito. Na medida em que o empregado vai estudando, vai obtendo uma melhor qualificação profissional, que certamente reflete na sua performance no trabalho.

Há empresas que não exigem tal vinculação, mas são exceções.

2ª) Não pagamento das disciplinas em que o empregado ficou reprovado. Exemplo: se a empresa reembolsa 50% do valor da mensalidade e das 5 disciplinas em que o empregado está matriculado numa ele ficou reprovado, então ele será punido em 20% do reembolso.

3ª) Reembolso progressivo vinculado à performance do aluno/empregado. Exemplo: a empresa reembolsa 50% dos custos para o aluno/empregado que obtiver média até 7 e reembolsa 60% para médias superiores.

6.2. Pagamento Integral ou Parcial (ou Reembolso) das Matrículas e Mensalidades de Cursos de Pós-graduação

As mesmas regras aplicadas ao ensino superior de graduação se aplicam à pós-graduação.

Muitas empresas costumam iniciar o benefício de assistência à educação pelo subsídio à pós-graduação, em função do número menor de empregados contemplados e também em função do custo ser menor.

Algumas empresas costumam exigir, contratualmente, do empregado a sua permanência nelas por um tempo no mínimo igual ao que permaneceu fazendo o curso à custa delas.

6.3. Pagamento Integral ou Parcial (ou Reembolso) das Matrículas e Mensalidades de Cursos de Idioma

Nesse benefício também é comum as empresas exigirem uma vinculação entre a escolha do idioma e a atividade exercida pelo empregado.

6.4. Alfabetização de Empregados

Essa providência contribui para a erradicação do analfabetismo entre os empregados de uma empresa. Os alfabetizadores são selecionados entre professores das redes públicas e/ou até mesmo entre voluntários com formação mínima de nível médio.

Na **U&M**, empresa com negócios em mineração e construção, com sede em Matias Barbosa, MG, e operações em Minas Gerais, Pará, Goiás, Maranhão,

Rio de Janeiro e uma mina de cobre em Chingola, Zâmbia, há escolas gratuitas de alfabetização e a empresa banca 50% dos cursos de graduação e especialização.[9]

6.5. Oferta de Ensinos Fundamental e Médio

Algumas empresas oferecem para os seus empregados os ensinos fundamental e/ou médio, ministrados nas suas próprias dependências.

Um fornecedor desse serviço, que mantém uma enorme tradição, é o CEN – Centro Educacional de Niterói, instituição mantida pela Fundação Brasileira de Educação/FUBRAE, que atua pela via não formal de ensino, desenvolvendo, principalmente, processos de Educação a Distância. Criada em 1977, atua nas diferentes modalidades de ensino na Educação de Jovens e Adultos e Educação Profissional, utilizando uma metodologia diferenciada, que possibilita atender, nas empresas e outras entidades, funcionários que necessitam completar sua educação básica, sem alterar, substancialmente, as condições que cada um dispõe para estudar.

A metodologia de ensino permite que o aluno estude a partir do seu conhecimento prévio e das suas referências pessoais, tendo respeitado o seu ritmo de aprendizagem e suas condições de frequência. A empresa estabelece os horários mais convenientes e cede o espaço para as aulas e o CEN disponibiliza um professor monitor licenciado em nível de ensino superior e fornece os módulos instrucionais.

Outra importante alternativa que o RH e as empresas dispõem para oferecer alfabetização, ensinos fundamental e médio para os funcionários das empresas é através do SESI, que possui o programa SESI EDUCA. O SESI utiliza uma metodologia modular destinada a jovens e adultos nos níveis de Ensino Fundamental, que vai da alfabetização até a 8ª série, e para o Ensino Médio. O ensino é oferecido nas modalidades presencial e a distância.

Exemplos de algumas empresas que praticam os ensinos supletivo fundamental e médio em suas dependências:

Siemens Metering, EducaPão, Telecurso do Pão de Açúcar e Plascar – fabricante de peças plásticas com sede em Jundiaí/SP –, Serasa Experian.

A **RTE Rodonaves**, empresa de transporte com sede em Ribeirão Preto, SP, incentiva a conclusão do Ensino Fundamental. Mais de 300 funcionários fizeram o curso disponibilizado pela empresa, aumentando de 45% para 80% o índice de colaboradores com esse nível de formação.[9]

Na **Clean Gestão Ambiental**, empresa paraense de limpeza e coleta seletiva, os filhos dos funcionários com idade até 14 anos recebem um *kit* escolar quando cursam o Ensino Fundamental.[9]

Na **Caraíba Metais**, localizada no Polo Petroquímico de Camaçari, na Bahia, há aulas dentro da empresa para quem não completou o ensino médio.[5]

Na **Tortuga**, fabricante de insumos para ração animal, com sede em São Paulo, há alfabetização para adultos que ainda não completaram o Ensino Fundamental.[9]

A **Rhede Reciclar**, fabricante de transformadores elétricos, com sede em Aparecida de Goiânia, Goiás, facilita a vida dos funcionários que querem concluir o ensino médio, oferecendo aulas dentro da própria empresa.[9]

Na **Plascar**, fabricante de peças plásticas para carros, com sede em Jundiaí, SP, os funcionários do chão de fábrica têm acesso a curso básico de informática e supletivo (extensivo também à comunidade). A Plascar oferece *kit* escolar e reembolsa integralmente as despesas médicas e educacionais dos colaboradores que possuem filhos com necessidades especiais.[7], [8] e [9]

No **Magazine Luiza**, que tem sede em Franca, São Paulo, há cursos supletivos de ensinos fundamental e médio para os funcionários do centro de distribuição, em Ribeirão Preto.[6]

A **Herbarium**, empresa de pesquisa, produção e distribuição de medicamentos naturais, com sede em Colombo, Paraná, oferece para os funcionários aulas de ensinos fundamental e médio, na empresa, através do SESI.[4]

A **CVRD – Companhia Vale do Rio Doce**, com sede no Rio de Janeiro, em 1999 beneficiou 184 empregados com o Programa de Educação de Adultos, que oferece ensinos fundamental e médio.[33]

6.6. ASSINATURA DE REVISTAS E JORNAIS

Com um baixíssimo investimento anual é possível disponibilizar para os empregados revistas e jornais colocados nas áreas de descanso.

A empresa deve providenciar assinatura de revistas que permitirão a atualização de seus empregados, sobre os fatos relevantes que acontecem no mundo.

6.7. SALÁRIO-EDUCAÇÃO

O salário-educação é uma contribuição social destinada ao financiamento de programas, projetos e ações voltados para o financiamento da educação básica pública. Também pode ser aplicada na educação especial, desde que vinculada à educação básica. O dinheiro pode ser aplicado em transporte escolar, construção, reforma e adequação de prédios escolares, capacitação de professores, aquisição de material didático-pedagógico e equipamentos para escolas da rede pública de ensino fundamental.

O salário-educação serve como fonte adicional de recursos para o ensino fundamental público. Corresponde ao percentual de 2,5% incidente sobre a folha de pagamento das empresas, cujas parcelas mensais são arrecadadas através da guia da Previdência Social, em favor do Fundo Nacional de Desenvolvimento da Educação.

São contribuintes do salário-educação as empresas em geral e as entidades públicas e privadas vinculadas ao Regime Geral da Previdência Social. A União, os estados, o Distrito Federal e os municípios, suas respectivas autarquias e fundações são isentos do recolhimento da contribuição social do salário-educação, assim como outras instituições previstas em lei.

Compete ao FNDE redistribuir o salário-educação para os municípios, estados, Distrito Federal e para o Governo Federal. A cota federal é aplicada no financiamento de programas e projetos voltados para a educação básica, de forma a propiciar a redução dos desníveis socioeducacionais entre os municípios e os estados brasileiros.

A cota estadual e municipal é creditada mensalmente em favor das secretarias de educação dos estados, do Distrito Federal e dos municípios para o financiamento de programas, projetos e ações voltados para a educação básica.

A cota estadual e municipal é integralmente redistribuída entre os estados e seus municípios, de forma proporcional ao número de alunos matriculados na educação básica das respectivas redes de ensino apurado no censo escolar do exercício anterior ao da distribuição.

Alguns exemplos de empresas que subsidiam ou fornecem educação para os seus funcionários:

Empresa	Bolsas de Estudo
Accenture — São Paulo	Subsidia cursos de pós-graduação e as bolsas para cursos de idioma podem chegar a 100%.[7] e [8]
Accor — São Paulo	Um funcionário do setor de limpeza entrou na empresa sem ter concluído o ensino fundamental. Com o auxílio do programa de educação corporativa, fez o supletivo e concluiu o curso superior. Na empresa, há subsídios para a educação, aprendizado de idiomas e até estudo da linguagem usada pelos surdos e mudos.[7] e [8]
Albras — Barcarena — PA	Essa fabricante de alumínio concede bolsas de estudo que cobrem até 40% dos cursos, especialmente para os que recebem os menores salários. O investimento com educação corporativa, cursos técnicos e de idiomas chegou a R$ 1,5 milhão em 2007. Oferece ainda escola gratuita para os filhos em Barcarena. Os que estudam em Belém recebem reembolso.[8]
Alcoa — São Paulo	Banca 50% da mensalidade dos cursos de graduação, pós-graduação e de idiomas.[5]
Ale — Rio Grande do Norte	Essa distribuidora de combustíveis concede bolsas de estudo para pós-graduação.[8]
Algar — Uberlândia — MG	Oferece bolsas de 50% para graduação e pós-graduação e 70% a 100% para idiomas.[8]
Amanco — Joinville — SC	A Amanco, fabricante de tubos e conexões de Santa Catarina, oferece kit escolar para filhos dos empregados. Bolsas de estudo de 40% a 60% para graduação, pós-graduação e idiomas.[5] e [7]
Ambev — São Paulo	Em 2007, investiu mais de R$ 13 milhões na educação de seus funcionários e nos últimos cinco anos investiu cerca de R$ 70 milhões em treinamento.[8] e [9] Bancou em 2007, 1.300 bolsas de graduação, 80 de pós e 200 para cursos técnicos profissionalizantes. Em 2007, a Universidade Ambev investiu R$ 13,4 milhões no treinamento de 18 mil participantes.[21]
Amil — Rio de Janeiro	Subsidia até 100% dos cursos de inglês, graduação e pós-graduação.[3]

(continua)

Empresa	Bolsas de Estudo
AON – São Paulo	Esta consultoria de seguros e benefícios reembolsa 80% dos cursos de graduação e pós-graduação e de idiomas.[7] e [9]
Arcelor Mittal Brasil – Belo Horizonte – MG	Essa siderúrgica mantém convênio com escolas de idiomas, oferece bolsas de estudo integrais para a faculdade dos filhos dos funcionários. Oferece ainda bolsas de estudo de 50% a 75%.[7] e [8]
ArvinMeritor, Divisão LVS – para São Paulo	Esta empresa automotiva concede bolsa de estudo para graduação.[7]
ATP – São Paulo	Essa empresa de tecnologia da informação concede bolsas de estudo de 50%, limitadas a R$ 500,00 para cursos de graduação, pós-graduação e inglês.[21]
Asta Médica – São Paulo	O auxílio para a educação é de 80% para o pessoal de nível operacional e de 70% para os gerentes.[5]
Azaléia – RS	Oferece cursos supletivos de ensino fundamental e médio.[1]
Balaroti – Curitiba – PR	A Balaroti, rede varejista de material de construção, com sede em Curitiba, oferece kit de material escolar para filhos de funcionários.[9]
BankBoston – São Paulo	Reembolsa 50% das despesas com cursos de pós-graduação, mestrado e doutorado no Brasil. O Banco mantém um seguro-educação que assegura aos filhos dos funcionários, no caso da morte do titular, a continuidade de seus estudos até completarem o ensino médio.[3] e [34]
BASF – São Paulo	A BASF oferece subsídios de 70% para despesas com graduação, pós-graduação e idiomas ligados à área de atuação do funcionário.[6] O subsídio para pós-graduação pode chegar a 70% do valor do curso. Subsidia também idiomas inglês, espanhol e alemão.[7]
Belgo-Mineira – Belo Horizonte – MG	Para os não-executivos, a siderúrgica dava bolsa de estudo de 50% nos cursos de qualificação técnica e, para os executivos, paga especialização e mestrados no Brasil e no exterior.[1]
Biosintética – São Paulo	Concede bolsa de até 70% para cursos superiores, idiomas e pós-graduação. A empresa investiu em 2002 R$ 983,2 mil no treinamento dos seus 823 empregados.[18]

(continua)

Empresa	Bolsas de Estudo
Bradesco — Osasco — SP	Em 2007, cada empregado fez, em média, 121 horas de cursos. Em 2008, investiu 91 milhões de reais em treinamento. O plano de carreira permite assumir uma gerência em sete anos. 24% dos empregados têm em média 20 anos de casa.[8] e [9]
Brasken — São Paulo	Na empresa petroquímica fabricante de resinas termoplásticas, os gestores têm MBA 100% bancado pela empresa.[7]
Brasmotor (Grupo) — São Paulo	Todos os empregados do grupo têm direito a 80% de reembolso das despesas com graduação e idiomas; 100% na pós-graduação. Não é necessário que o curso escolhido esteja vinculado com o cargo. Em 1996, o grupo Brasmotor investiu R$ 8 milhões em programas de treinamento e educação, equivalendo a 43 horas de aula por funcionário.[1]
Bunge Alimentos — Gaspar — SC	Subsidia 50% para cursos de graduação, pós-graduação e idiomas. Em 2008, investiu 7 milhões de reais para treinamento, bolsas de graduação, pós e cursos de idiomas.[5] e [9]
Carbocloro — Cubatão — SP	A indústria química oferece subsídio de 50% para educação dos filhos até o ensino médio. Há subsídio à educação técnica, graduação ou pós-graduação, de 50% do valor, no mínimo, concedido sob análise da empresa.[7], [8] e [9]
Cargill — São Paulo	Banca até 70% da mensalidade dos cursos de graduação, pós e idiomas. Em 2008, 340 empregados foram beneficiados.[5] e [9]
Casa Verde — Mirassol — SP	Reembolsa até 80% dos cursos de graduação, pós-graduação e idiomas.[3]
Case New Holland — CNH — Contagem — MG	Na CNH há subsídios para os cursos de idioma e pós-graduação.[7]
Caterpillar — Piracicaba — SP	A Caterpillar, fabricante de máquinas para construção, investiu em 2008 5,5 milhões de reais em programas educacionais. Em 2007, concedeu ou renovou 729 bolsas de estudo para cursos supletivos, graduação, pós-graduação e mestrado.[7], [8], [9] e [21]
Certel — Teutônia — RS	Essa empresa de eletricidade concede subsídio para e educação dos filhos dos funcionários até que completem o ensino fundamental.[8]

(continua)

Empresa	Bolsas de Estudo
Chemtech — Rio de Janeiro	Essa empresa de tecnologia da informação concede bolsas de estudo que variam de 50% a 100% para pós-graduação e idiomas.[21]
Citi — São Paulo	Em 2006, investiu 8,05 milhões de reais em treinamentos, contemplando 93% dos colaboradores em algum tipo de capacitação.[7] e [8]
Coelce — Fortaleza — Ceará	Na companhia energética do Ceará, os funcionários têm bolsas de estudo de até 50% para cursos técnicos e de graduação, 60% para pós-graduação. Em 2007, 427 colaboradores foram contemplados com esses subsídios. Há prêmios de R$ 500,00 para filhos de funcionários que tiverem média 7,5 na escola.[8] Filhos de funcionários com até sete anos de idade recebem bolsa integral até o limite de R$ 600,00 e os demais ganham R$ 500,00 por ano.[8] e [21]
Copagaz — São Paulo	A Copagaz, que engarrafa, distribui e transporta gás liquefeito de petróleo da capital paulista, os funcionários recebem 70% de subsídio para o ensino médio, cursos técnicos, graduação, pós-graduação e idiomas. Com essa assistência, desde 2004 a empresa conseguiu erradicar o analfabetismo que já atingiu a 30% do quadro de pessoal.[8]
Cosmotec — São Paulo	Essa empresa química concede bolsas de estudo de 50% para graduação e de até 100% para cursos técnicos essenciais para os negócios.[21]
CPFL — Campinas — SP	Subsidia até 80% para cursos de graduação, pós-graduação e idiomas. Em 2008, 273 funcionários participaram de MBAs internos. Em 2007 foram destinados 2 milhões de reais para a atualização técnica dos colaboradores.[7], [8] e [9]
CST — Tubarão — RS	A Companhia Siderúrgica de Tubarão reembolsa 50% das despesas com cursos dos empregados, mesmo que não estejam vinculados aos cargos. Oferece cursos fundamental e de ensino médio na própria empresa.[1]

(continua)

Empresa	Bolsas de Estudo
Dow — São Paulo	Essa indústria química e petroquímica oferece reembolso de 75% para graduação, 80% para pós-graduação e idiomas e 100% para os ensinos fundamental e médio.[1], [7], [8] e [9]
DuPont — Barueri — SP	A subsidiária brasileira do grupo químico americano paga 80% dos gastos com cursos universitários e 100% dos cursos de idioma, dependendo da importância que o idioma tem para o cargo.[1]
Edscha — São Paulo	Nessa empresa do setor automotivo há subsídios de 50% do valor das mensalidades dos cursos de graduação, pós e idiomas.[22]
Electrolux — Curitiba — PR	A previsão da empresa era investir em 2008 sete milhões de reais no treinamento dos funcionários da fábrica e nos subsídios de educação.[8] e [9]
Elma Chips — São Paulo	Oferece cursos fundamental e de ensino médio nas dependências da empresa.[1]
Embraco — Joinville — SC	Na Embraco, líder mundial na fabricação de compressores, os empregados contam com bolsas de estudo de 30% a 45% para cursos técnicos, pós-graduação e idiomas, creche para os filhos de até 1 ano de idade.[8]
Eurofarma — São Paulo	No laboratório nacional o subsídio é de até 80% para cursos de graduação, pós-graduação, e está disponível para todos os níveis. Em 2008, o orçamento para desenvolvimento foi de 2,1 milhões de reais.[7], [8] e [9]
Faber-Castell São Carlos — SP	Mantém um centro educacional, com classes de ensinos fundamental, médio e supletivo, preparação para o vestibular, inglês e espanhol, além de cursos de informática. Em 2002, investiu R$ 833 mil em educação e treinamento dos seus 307 funcionários, perfazendo 45 horas/ano, em média, por funcionário.[18]
FedEx — São Paulo	Subsidia até 70% da pós-graduação. Cada funcionário tem uma verba que varia de US$ 750 a US$ 1.500 por ano para investir em cursos de graduação, idiomas, entre outros. A FedEx University tem mais de 1.500 cursos virtuais.[21]

(continua)

Unidade 6: Assistência à Educação dos Trabalhadores

Empresa	Bolsas de Estudo
Fras-le — Caxias do Sul — RS	Oferece subsídio de 50%, em média, para educação em todos os níveis.[5]
GE — São Paulo	A GE subsidia a educação formal e paga até 70% da faculdade.[7], [8]
Genzyme — Rio de Janeiro	O laboratório de biotecnologia subsidia graduação, pós-graduação e idiomas.[8]
Gerdau — Porto Alegre — RS	No Grupo Gerdau, siderúrgica, com sede em Porto Alegre, há bolsas para cursos técnicos, graduação, pós-graduação e idiomas.[8] Há cursos técnicos para operadores de fábrica e MBAs no exterior para os executivos.[19]
Google do Brasil — São Paulo	Reembolso de até 100% do gasto com pós-graduação relacionada ao conteúdo do trabalho. Para o que não será usado no trabalho o reembolso é de 75%.[22]
Hotel Fazenda Fonte Colina Verde — São Paulo	Destina 18% do faturamento para treinamentos. Concede bolsas de estudo para graduação, pós e idiomas.[21]
Hospital Brasília — DF	Paga o ensino fundamental para os empregados de nível operacional, e cobre até 5% dos cursos de graduação. Para os gestores subsidia até 70% da pós-graduação.[8]
Hospital São Leopoldo — São Paulo	Incentiva o estudo dos empregados. Em 2008, 15% deles faziam algum curso técnico, de graduação ou pós-graduação, com apoio financeiro do hospital.[8]
HP — Barueri — SP	Oferece reembolso de 70% para cursos de graduação e pós-graduação.[2]
IBM Brasil — São Paulo	Em 2006, investiu US$ 7 milhões em treinamento de pessoal. Paga 75% do custo de qualquer curso que o empregado queira fazer desde que vinculado ao cargo. Isso vale para graduação, mestrado e idiomas.[1] e [19]
Iesa Óleo & Gás — Rio de Janeiro	Os benefícios contemplam também os terceirizados que correspondem a 40% do quadro. Alguns benefícios são estendidos também aos familiares; pais e mães têm direito a uma bolsa de 176 reais por filho para pagar a escola.[9]
Intelbras — São José/SC	Os funcionários possuem subsídio de 30% a 70% para formação e especialização.[9]

(continua)

Empresa	Bolsas de Estudo
KBH&C Tabacos – Vera Cruz – RS	Subsidia 50% da mensalidade do ensino médio à pós-graduação e idiomas e 50% para escola dos filhos dos funcionários.[7]
Laboratório Sabin – Brasília	Subsidia até 80% de qualquer tipo de curso, mesmo que não esteja ligado à função do beneficiado.[8]
Landis + Gyr – Curitiba – PR	A Landis + Gyr, fabricante suíça de equipamentos de medição de energia elétrica, oferece bolsa de estudo de 50%, subsídio para o estudo de filhos de funcionários até o nível superior.[7] e [9] Os profissionais com no mínimo um ano de casa recebem subsídios de 50% para o ensino médio, graduação, idiomas, cursos técnicos e pós-graduação. Em 2007, investiu 538.000 reais em educação corporativa.[8]
Lucent Technologies – Campinas – SP	Reembolsa até 80% para cursos de graduação, pós-graduação e idiomas.[4]
Magazine Luiza Franca – SP	O programa de bolsas de estudo cobre de 30% a 70% dos custos de cursos de ensinos fundamental, médio, graduação, pós-graduação e de idiomas. Caso o bolsista consiga boas notas e tenha poucas faltas, o percentual é elevado em 5% a cada semestre. As mães de crianças pequenas têm uma bolsa-auxílio para ajudar na educação e os filhos de qualquer idade com necessidades especiais recebem mensalmente 250 reais.[5], [7] e [8]
Mantecorp – Rio de Janeiro	Esse laboratório farmacêutico subsidia até 50% da graduação.[8]
Marcopolo – Caxias do Sul – RS	A empresa paga até 80% do custo da graduação, especialização e mestrado. O percentual é equivalente à média do aluno no curso. Banca o estudo de quem ainda não possui ensinos fundamental e médio.[2], [6]
Masa – Amazônia	Essa fabricante de plásticos injetados e de eletrônicos concede bolsas de estudo de 50% para cursos de graduação e de pós-graduação.[8]
Monsanto – São Paulo	Paga de 50% a 100% da mensalidade de cursos técnicos, de graduação, extensão e pós-graduação. Para idiomas o subsídio máximo é de 70%.[6]
Moura Dubeux – Pernambuco	Nessa empresa do ramo da construção e imobiliária os empregados com mais de 18 meses de casa têm direito a subsídios de 50% para cursos de pós-graduação, desde que ligados ao perfil dos negócios.[21]

(continua)

Empresa	Bolsas de Estudo
Multibras — São Paulo	Oferece bolsas de 50% do valor dos cursos de pós-graduação e de idiomas.[5]
Nasajon Sistemas — Rio de Janeiro	Subsidia até 80% da graduação e pós-graduação desde que ligada à área de atuação do empregado.[9]
Nestlé — São Paulo	Em 2002, gastou R$ 6,3 milhões em treinamento para os seus 13.110 funcionários.[18]
Nextel — São Paulo	Na Nextel, há subsídios para idioma e pós-graduação.[8]
Nívea — São Paulo	Essa empresa de cosméticos concede bolsas de estudo de 40% a 60% do valor dos cursos de graduação e de pós-graduação, desde que os funcionários tenham uma boa avaliação de desempenho e o curso seja relevante para a função.[8]
O Globo — Rio de Janeiro	O jornal carioca reembolsa 80% das despesas com os estudos dos funcionários e 70% das despesas dos dependentes.[1]
Oi — Rio de Janeiro	Subsidia até 70% dos cursos de graduação e até 80% da pós-graduação.[8]
Organon — São Paulo	Oferece bolsas de estudo de 50% a 100% para graduação e de 100% para idiomas.[5]
Ouro Fino Agronegócio — Cravinhos — SP	Na Ouro Fino Agronegócio, fabricante de produtos farmacêuticos para a saúde animal, os funcionários possuem ainda bolsas de estudo entre 30% e 100% do valor das mensalidades.[9]
Pão de Açúcar — São Paulo	Subsidia para todos os empregados, a partir dos seis meses de casa, 50% do valor da mensalidade com educação, inclusive mestrado e doutorado. Os 50% restantes podem ser financiados sem juros ou correção.[5]
Perkins — Curitiba — PR	Na Perkins, 53% dos operários e 47% dos administrativos recebem subsídio de 50% de cursos de ensinos fundamental e médio, técnicos, graduação, pós-graduação e idiomas. Muitos funcionários estudam inglês, francês, alemão, espanhol e sueco, buscando capacitar-se para as oportunidades globais de carreira que a empresa oferece.[8]

(continua)

Empresa	Bolsas de Estudo
Petroquímica Triunfo – Triunfo – RS	Subsídio de 90% para ensinos fundamental e médio, 50% para faculdade e pós-graduação e 80% para idiomas.[5] Em 2002, investiu R$ 830 mil em programas de treinamento e formação escolar, desenvolvimento de equipes e liderança, para os seus 255 empregados.[19]
Pharmacia – São Paulo	Oferece subsídio de 50% para graduação e 70% para pós-graduação.[5]
Plascar – SP	Essa empresa do ramo automotivo subsidia em até 80% os cursos de graduação, pós-graduação e línguas.[22]
Portal Educação – Mato Grosso do Sul	Subsidia até 70% dos custos com pós-graduação.[9]
Porto Seguro – São Paulo	Oferece reembolso de até 45% para cursos superiores e de idiomas.[4]
Randon – Caxias do Sul – RS	Subsidia, em média, 50% da educação em todos os níveis, inclusive pós-graduação e idiomas. Dependendo do caso, a bolsa pode chegar a 100%.[5]
Rede Amigão Saraiva – Paraíba do Sul – RJ	A rede com postos de gasolina no Rio de Janeiro e Espírito Santo oferece horário flexível para quem quer estudar e subsídios à graduação para o nível gerencial. Em 2009, 90% dos empregados tinham pelo menos ensino médio completo. Em 2004, eram apenas 40%.[9]
Redecard – São Paulo	Paga até 50% da mensalidade da graduação, especialização e cursos de inglês.[5]
Rhede – Aparecida de Goiânia – Goiás	Essa fabricante de transformadores elétricos oferece na empresa aulas de ensino médio. Subsidia de 10% a 100% das despesas com educação, até mesmo de cursos não atrelados ao negócio.[9]
RM Sistemas – Belo Horizonte – MG	Oferece subsídio de 50% para graduação e pós-graduação, para todos os empregados desde que tenham dois anos de casa.[5]
RTE Rodonaves – Ribeirão Preto – SP	Nessa empresa de transporte, com sede em Ribeirão Preto, SP, um dos programas mais importantes, num setor em que grande parte da mão de obra tem, tradicionalmente, baixo nível de instrução, é o incentivo para a conclusão do Ensino Fundamental. Mais de trezentas pessoas já fizeram o curso disponibilizado pela empresa, aumentando de 45% para 80% o índice de colaboradores com esse nível de formação.[9]

(continua)

Empresa	Bolsas de Estudo
Sama – Minaçu – Goiás	A Sama, que é a terceira maior lavra de amianto do mundo, paga bolsas de até 100% para ensino médio, graduação, pós-graduação e idiomas.[8]
Sazi – Farroupilha – RS	Concede reembolso de 20% a 100% até a pós-graduação.[9]
Schering-Plough Rio de Janeiro	Oferece subsídio de 50% a 100% de acordo com o interesse da empresa, para cursos superiores, pós-graduação e de idiomas.[5]
SENAI – SC	Concede bolsas de estudo para pós-graduação que podem chegar a 70% do valor do curso.[21] Anualmente, o SENAI de Santa Catarina investe R$ 2 milhões em treinamento.[22]
Serasa Experian – Serviços Diversos – São Paulo	A Escola Serasa, com aulas ministradas na sede da empresa, oferece cursos de ensinos fundamental, médio e pré-vestibular gratuitos, além de graduação em administração. Cursos de extensão e de idiomas têm subsídios de até 70%.[22]
Siemens Metering – Curitiba – PR	Os funcionários com filhos têm direito ao Probein, uma bolsa de estudo para as crianças até a universidade.[5]
Springer Carrier – Canoas – RS	Nesse fabricante de ar-condicionado, todos têm subsídio de 100% para os ensinos fundamental, médio, graduação e pós-graduação. Ao terminar o curso, cada empregado recebe o equivalente a 2.000 dólares em ações da empresa. Quem estuda recebe o transporte para a escola e a empresa ainda cede três horas semanais para que o empregado possa dedicar ao estudo.[7] e [8]
Syngenta – São Paulo	A empresa oferece material escolar para funcionários e dependentes, subsídio para graduação, pós e idiomas. Com a redução das vendas em 23%, de janeiro a junho de 2009, em relação ao mesmo período do ano passado, a verba para treinamento caiu de 5 milhões para 3 milhões de reais.[9]
Tenaris Confab – Pindamonhangaba – SP	Fabricante de tubos de aço, dá subsídio para cursos de idiomas e ensino médio. Cada funcionário recebe em média 70 horas de treinamento por ano.[8]
Tigre – Joinville – SC	Oferece bolsas de até 70% para cursos de graduação, pós-graduação e idiomas.[5]

(continua)

Empresa	Bolsas de Estudo
Todeschini – Bento Gonçalves – RS	Concede subsídios de até 80% para cursos técnicos, graduação e pós-graduação. Concede ainda bolsa integral para os ensinos fundamental e médio.[5]
Tortuga – São Paulo	Essa empresa, fabricante de insumos para ração animal, oferece cursos de alfabetização para adultos que ainda não completaram o Ensino Fundamental. Subsidia 70% da graduação e pós-graduação.[9]
Tecnisa – São Paulo	Essa empresa do ramo de construção civil subsidia 80% para cursos de pós-graduação, para quem tem mais de dois anos de casa.
3M – São Paulo	Subsídio de 80% para graduação e pós, desde que tenham relação com a função.[9]
TRW – Limeira – SP	Oferece subsídio de 50% a 100% para cursos de pós-graduação e idiomas.[5]
Tupy Fundições – Joinville – SC	Oferece bolsa de estudo de 50% para o ensino médio e graduação. Para o ensino fundamental e para a pós-graduação a bolsa é de 100%.[5]
U&M – Matias Barbosa – MG	Nas operações dessa empresa de mineração e construção há escolas de alfabetização gratuitas. A empresa concede bolsas de estudo que variam de 59% a 75%.[8]
UTC Engenharia – São Paulo	Concede bolsas de estudo para pós-graduação, com subsídio de 100% pago pela empresa.[19]
Vale do Rio Doce – Rio de Janeiro	Em 1999, a CVRD reembolsou parte dos gastos com educação dos seus empregados. Esses gastos totalizaram R$ 10,7 milhões.[33]
Volvo – Curitiba – PR	Oferece bolsas de estudo que vão do ensino fundamental ao doutorado, de 50% para cursos de qualquer nível e de 70% para idiomas. Oferece também bolsas para quem se propõe a estudar filosofia, metafísica e literatura. A empresa entende que ampliar os horizontes de conhecimentos dos funcionários é uma forma de ampliar seus próprios horizontes. Em 2008, investiu mais de 10 milhões de reais em programas de educação corporativa.[7], [8] e [9]
Weg – Jaraguá do Sul – SC	Cobre até 100% as despesas com os cursos de graduação, pós-graduação ou idiomas.[4]

(continua)

Unidade 6: Assistência à Educação dos Trabalhadores

Empresa	Bolsas de Estudo
Whirlpool Latin America – São Paulo	Incentiva os empregados a concluírem o ensino médio, apoiando-os na alimentação e flexibilizando o horário na época de provas. Subsidia a graduação e a pós-graduação.[9]
Xerox – Rio de Janeiro	Reembolsa 50% das despesas com os ensinos fundamental e médio, graduação e pós-graduação. Para curso de inglês a bolsa pode chegar a 100%.[4]
Zema – Araxá – MG	Essa empresa de comércio varejista oferece subsídios para graduação e pós-graduação que variam de 30% a 60% do valor da mensalidade.[21]

Unidade 7

Assistência a Diferentes Necessidades dos Trabalhadores

7.1. Seguro de Vida em Grupo

Oitenta por cento das empresas costumam oferecer esse benefício aos seus empregados. Doze por cento delas cobrem até 12 salários; 52% cobrem entre 13 e 24 salários; 26% cobrem entre 25 e 36 salários e 10% cobrem acima de 36.

É o terceiro benefício mais oferecido pelas empresas, talvez em função de seu baixo custo, especialmente naquelas onde a força de trabalho é relativamente jovem.

O benefício deve cobrir as necessidades e os riscos aos quais os funcionários e seus dependentes estão sujeitos, como, por exemplo, de morte e invalidez.

Para fazer face a esses riscos, as empresas contratam uma apólice coletiva de Seguro de Vida em Grupo. Esse seguro protege os trabalhadores e seus dependentes, nas hipóteses de morte ou invalidez parcial ou total. As empresas costumam pagar integralmente esse benefício cujo custo, em algumas situações, é muito baixo em relação aos demais benefícios.

Alguns conceitos básicos que o profissional de RH deve conhecer sobre seguro

Taxa: É a relação entre o capital segurado e o prêmio. Significa, por exemplo, quanto a empresa irá pagar de prêmio para cada mil reais de capital segurado.

Coberturas: São as obrigações que a seguradora assume com o segurado e/ou seus dependentes incluídos na apólice, especificadas em contrato, quando da ocorrência de um evento coberto.

Cobertura Básica: Garante aos beneficiários o pagamento do capital segurado contratado no caso de morte do segurado, qualquer que seja a causa da sua morte.

Coberturas Adicionais: Garantem o pagamento do capital segurado ao segurado ou seus beneficiários, nos casos de:

a) Indenização especial de morte por acidente.
b) Invalidez permanente total ou parcial por acidente.
c) Invalidez permanente total por doença.

Coberturas Opcionais:

- *Despesas médicas-hospitalares e odontológicas:* Garantem ao segurado o reembolso de despesas médicas, hospitalares e odontológicas efetuadas para seu tratamento, até o valor do capital segurado contratado para esta cobertura, sob orientação e prescrição de profissional médico habilitado, em caso de acidente pessoal.

- *Auxílio-funeral:* Garante o reembolso das despesas com funeral do segurado principal e/ou de seus familiares (desde que contratada), limitado ao capital segurado contratado para esta cobertura.

- *Cesta básica:* Em caso de falecimento do segurado, o beneficiário receberá todo mês, durante um determinado período (estabelecido no contrato), uma cesta básica.

- *Indenização por morte do cônjuge ou filho:* Pagamento ao segurado de uma indenização em caso de morte natural ou acidental do cônjuge ou filho.

Expressões e termos técnicos usados no mercado de seguros
(extraído do *site* da Bradesco Seguros – Dicionário de Seguro)

Apólice: É o instrumento do contrato de seguro pelo qual o segurado repassa à seguradora a responsabilidade sobre os riscos, estabelecidos nela, que possam advir. A apólice contém as cláusulas e condições gerais, especiais e particulares dos contratos e as coberturas especiais e anexos.

Aviso de Sinistro: É a comunicação da ocorrência de um sinistro que o segurado é obrigado a fazer ao segurador assim que seja do seu conhecimento. A omissão injustificada anula o contrato, se o segurador provar que, oportunamente avisado, lhe poderia ter sido possível evitar ou atenuar as consequências do sinistro.

Beneficiário: É a pessoa física ou jurídica a favor da qual é devida a indenização em caso de sinistro.

Capital Segurado: É a importância em dinheiro fixada na apólice, correspondente ao valor máximo estabelecido para o objeto do seguro.

Cobertura: Proteção conferida por um contrato de seguro ou de resseguro. Também empregada com o sentido de garantia, com a qual por vezes se confunde. Exemplo: Cobertura Básica ou Garantia Básica.

Dependente: É toda e qualquer pessoa física, assim considerada com relação a uma outra pessoa, conforme legislação do imposto de renda e/ou previdência social.

Estipulante de Seguro: É toda pessoa física ou jurídica que contrata seguro por conta de terceiros.

Prêmio: É a importância paga pelo segurado, ou estipulante, à seguradora em troca da transferência do risco a que ele está exposto. Em princípio, o prêmio resulta da aplicação de uma percentagem (taxa) à importância segurada. O prêmio deve corresponder ao preço do risco transferido à seguradora.

Risco: É o evento incerto ou de data incerta que independe da vontade das partes contratantes e contra o qual é feito o seguro. O risco é a expectativa de sinistro. Sem risco não pode haver contrato de seguro. É comum a palavra ser usada, também, para significar a coisa ou pessoa sujeita ao risco.

Segurado: É a pessoa física ou jurídica que, tendo interesse segurável, contrata o seguro em seu benefício pessoal ou de terceiros.

Segurado Dependente: É a pessoa que é incluída na apólice de seguro de vida em grupo em razão de possuir vínculo com o segurado principal, tais como cônjuges, filhos e enteados. No caso do cônjuge não se exige, necessariamente, que haja relação de dependência.

Segurado Principal: É o segurado que dá causa ao seguro de vida em grupo, por estar diretamente vinculado ao estipulante do seguro.

Seguradora: É uma instituição que tem o objetivo de indenizar prejuízos involuntários verificados no patrimônio de outrem, ou eventos aleatórios que não trazem necessariamente prejuízos, mediante recebimento de prêmios.

Seguro de Vida em Grupo: É um contrato temporário, geralmente por períodos anuais, e automaticamente renovável, pelo qual o segurador, numa mesma apólice denominada apólice-mestra, cobre o risco de morte de um grupo predeterminado de pessoas unidas entre si por interesse comum e/ou que mantenham vínculo com o estipulante.

Sinistralidade: Número de vezes que os sinistros ocorrem e seus valores. Mede a expectativa de perda, que é imprescindível para estabelecer o prêmio básico ou o custo puro de proteção.

Sinistro: Ocorrência do acontecimento previsto no contrato de seguro e que, legalmente, obriga a seguradora a indenizar.

Aspectos que o RH deve observar nas negociações desses benefícios:

1. O que deve ser considerado: "menor taxa"; "melhores coberturas" e "melhor prestação de serviços".

2. A taxa mensal decorrerá: do perfil da mão de obra (idades), do valor do capital segurado, das coberturas e do risco inerente a determinados ramos de atividade.

Algumas empresas que concedem seguro de vida em grupo

A **Dow**, subsidiária brasileira da Dow Chemical, com sede em São Paulo, oferece seguro de vida gratuito para funcionários e cônjuges.[1]

A **Weg** (SC) oferece seguros de vida, residencial e para automóveis.[7]

A **Springer Carrier**, em Canoas, RS, oferece seguro de vida.[7] e [8]

No laboratório farmacêutico **Asta Médica**, localizado em São Paulo, o seguro de vida é gratuito.[4]

A **Perkins**, subsidiária inglesa com fábrica em Curitiba, que produz motores a diesel e a gás, oferece seguro de vida.[8]

A **Landis + Gyr**, fabricante suíça de equipamentos de medição, com sede em Curitiba, oferece seguro de vida.[7], [8] e [9]

Na **Intelbras**, empresa de telecomunicações, com sede em São José, SC, os funcionários possuem seguro de vida.[9]

No **BankBoston**, com sede em São Paulo, todos os empregados têm direito ao seguro de vida em grupo. Em 2000, o banco contribuiu com R$ 570 mil para a manutenção desse benefício.[32]

Na **American Online**, provedora de Internet, com sede em Santo André, São Paulo, o seguro de vida dos funcionários é pago integralmente pela empresa.[4]

Na **GVT**, empresa operadora de telecom, com sede em Curitiba, a empresa pratica a flexibilização dos benefícios, permitindo ao funcionário escolher entre 24 opções do pacote de benefícios que inclui, entre outros, o seguro de vida.[9]

A **Caterpillar**, fabricante de máquinas para construção, que tem sede em Piracicaba, São Paulo, oferece seguro de vida e seguro contra acidentes.[7], (8) e (9)

7.2. Horário Flexível

Esse benefício consiste na flexibilidade dada ao empregado de entrar mais tarde e/ou sair mais cedo. Trata-se de uma tolerância dada a ele de chegar após o início normal de seu expediente ou de sair antes do término, desde que compense esse tempo não trabalhado.

É um benefício aplicável a empresas de qualquer porte e sua implantação não gera custos para elas.

Ele é muito importante, especialmente naquelas localidades onde é alta a possibilidade de o empregado chegar atrasado, ainda que involuntariamente, em função de engarrafamento do trânsito, blitz, Operação Lei Seca, entre outras.

Esse benefício torna o ambiente de trabalho mais flexível e as relações mais maduras e responsáveis.

Para a implantação dele o RH deve avaliar quais setores e cargos podem recebê-lo, já que alguns setores como os de produção nem sempre podem ter máquinas paradas. Alguns cargos também não podem ser contemplados com esse benefício, cabendo, portanto, ao RH compartilhar essa decisão com as demais áreas da empresa.

Um outro cuidado importante é acompanhar após a implementação do horário flexível se os empregados estão compensando as horas não trabalhadas pelas chegadas após o início do expediente e pelas saídas antecipadas. Se essa compensação não estiver sendo feita, só os empregados estarão sendo beneficiados com a introdução do benefício.

Pesquisa promovida pelo BCG/WFPMA, em 2007, envolvendo executivos da Argentina, Bolívia, Brasil, Colômbia, Costa Rica, República Dominicana, Equador, El Salvador, Guatemala, Jamaica, México, Panamá, Uruguai e Venezuela, apontou que 51% das empresas onde trabalham esses executivos ofereciam o horário flexível e que em 2015 esse benefício deve ser utilizado por 77% das empresas como forma de equilibrar o trabalho e a vida pessoal.[42]

Exemplos de algumas empresas que praticam Horários Flexíveis de Trabalho, facilitadores no equilíbrio entre trabalho e família: Algar, América Online (SP); Avaya (SP); Caterpillar (Piracicaba/SP); CPFL (Campinas/SP); Método; IBM; Predicta, empresa de comunicação, localizada em São Paulo[22]; Quintiles, empresa de serviços de saúde, em São Paulo; Senai/SC, Instituto Atlântico (Fortaleza); Union Carbide; Promon – engenharia e tecnologia; Oracle; Unimed do Vale do Taquari/RS[8]; Intelig/RJ; Avaya (Tecnologia da Informação – SP); Genzyme (laboratório farmacêutico/SP); Unimed do Vale do Taquari e do Vale do Rio Pardo, RS.

No **Instituto Itaú Cultural**, com sede em São Paulo, os empregados têm direito a horários flexíveis e a empresa reduziu a carga horária de 44 para 40 horas semanais sem redução salarial.[22]

Na **Dow**, indústria química, com sede em São Paulo, o funcionário escolhe a que horas deseja começar a trabalhar, entre 7 e 10 horas.[2]

A **Rede Amigão Saraiva**, com postos de gasolina no Rio de Janeiro e Espírito Santo, oferece horário flexível para quem quer estudar.[9]

Na **Promon** o horário flexível é permitido a todos os empregados e existe desde 1973.[8]

O **Grupo Morena Rosa**, indústria de vestuário no Paraná, também utiliza horário flexível.[7]

Na **Refap – Refinaria Alberto Pasqualini**, Porto Alegre, integrante da Petrobras, o horário é negociado para que o funcionário consiga estudar.[7]

Na **Promon**, os empregados possuem horário flexível desde 1973. [7], [8]

Na **HP Brasil** que tem sede em São Paulo, o horário flexível é para todos.[7], [8]

Na **Elma Chips**, empresa de produtos alimentícios, o horário de trabalho é flexível.[1]

Na unidade brasileira do laboratório alemão **Asta Médica**, com sede em São Paulo, o horário de trabalho é flexível. O funcionário pode iniciar o expediente às 9 horas, desde que cumpra as oito horas diárias.[5]

Uma pesquisa realizada pela matriz americana da **Johnson & Johnson** demonstrou que o absenteísmo entre as pessoas com jornada flexível é 50% menor do que as taxas médias convencionais. A mesma pesquisa revelou que 58% dos empregados ouvidos consideraram a "flexibilidade" muito importante em sua decisão de permanecer na empresa.

7.3. Compensação de Dias que Antecedem e Sucedem os Feriados

Alguns feriados são comemorados nas terças ou quintas-feiras. Quando isso acontece, algumas empresas decidem compensar as segundas e as sextas-feiras, a fim de proporcionar um descanso prolongado para os empregados e tornar mais produtivo o trabalho.

De posse do calendário do ano seguinte, o RH deve verificar a existência desses feriados e planejar a compensação, determinando os dias de início e término da mesma, bem como a duração diária. Para que a compensação não seja improdutiva é recomendável que ela seja de no mínimo vinte minutos por dia. Uma compensação de cinco minutos, por exemplo, não costuma funcionar.

Para o RH implantar essa compensação ele deve obter a autorização da diretoria, especialmente daqueles diretores responsáveis pelas áreas afins da empresa. Com eles o RH deve também verificar a época mais oportuna para a empresa iniciar essa compensação. Afinal, ela pode também beneficiar a empresa, coincidindo com o período de pico de trabalho da mesma.

Na **Herbarium**, empresa de pesquisa, produção e distribuição de medicamentos naturais, com sede em Colombo, Paraná, quando o feriado cai na quinta-feira os funcionários emendam.[4]

7.4. Teletrabalho — *Home-Office*

Com as facilidades tecnológicas atualmente disponíveis, tais como *smartphones*, *notebooks* com conexão à Web sem fio e *modems* de operadoras de celular que permitem conectar-se à Web, Internet, intranet, teleconferência, videoconferência, entre outras, os trabalhos em casa tornam-se cada vez mais viáveis, tanto para os que querem montar os seus próprios negócios, como para os que precisam levar trabalhos para serem concluídos em casa, ou ainda para aqueles que continuarão empregados, mas trabalhando parcial ou integralmente em suas casas.

Segundo a presidente da Sobratt – Sociedade Brasileira de Teletrabalho – o *boom* de infraestrutura Telecom no país permitiu que o número de trabalhadores que exercem suas atividades fora do escritório explodisse nos últimos anos, com ganhos de produtividade que variam entre 30% e 60% sobre a mão de obra de cada colaborador que é liberado para aderir ao teletrabalho.

O RH deve estar atento aos avanços tecnológicos, bem como às mudanças na demografia do quadro de pessoal, como, por exemplo, o envelhecimento da força de trabalho ou um maior número de funcionários com responsabilidades de família, que pode demandar medidas relativas à flexibilização da jornada de trabalho.

Temos que facilitar a conciliação do trabalho dos funcionários com suas outras responsabilidades, tais como com a educação de seus filhos (especialmente quando marido e mulher trabalham), com a sua própria educação, com os seus outros empregos etc.

Isso passa a ser mais relevante, agora que as mulheres fazem parte intensamente do mercado de trabalho, quando as famílias apresentam novas configurações, como a mulher ou o marido que cuida sozinho dos filhos, as mulheres ou homens solteiros com filhos para criar, os homens ou mulheres que vivem juntos com ou sem filhos para criar.

Várias empresas vêm adotando essa prática. Algumas buscando unicamente a redução de custos com a permanência de funcionários nas suas instalações (móveis, refeição, transporte, ar-condicionado etc.), outras procurando melhorar o equilíbrio entre vida profissional e familiar.

Segundo Andréa Musicó, coordenadora de seleção e treinamento da IBM, cerca de 70% dos colaboradores da empresa são elegíveis a trabalhar fora da empresa, como a partir de suas casas, por exemplo. Ainda segundo Andréa, a adoção do teletrabalho na IBM permitiu que funcionários antes sedentários encrontrassem tempo para ir à academia ou jovens mães pudessem passar mais horas com seus filhos. Na opinião de Andréa, se uma pessoa produz a partir de sua casa, ela economiza o tempo que gastaria no trânsito, fica livre das distrações do escritório e apresenta um nível menor de estresse, o que reflete em mais qualidade e produtividade.

A mesma pesquisa promovida pelo BCG/WFPMA, em 2007, mencionada no benefício Horário Flexível, apontou que, nesse ano, 15% das empresas ofereciam o teletrabalho e que em 2015 essa flexibilização deve ser utilizada por 71% das empresas como forma de equilibrar o trabalho e a vida pessoal.

De acordo com a pesquisa que dá origem ao Guia VOCÊ S/A – As Melhores Empresas para Você Trabalhar 2009, 69% das empresas avaliadas já promovem políticas de teletrabalho.[42]

Algumas empresas que adotam o teletrabalho segundo a Sociedade Brasileira de Teletrabalho e Teleatividades

AT&T; BT Global Service; Cisco; DELL; DuPont; Ernst & Young; HP; BM; Merrill Linch; Merck; Natura; Nortel; Polycom; Semco; Serpro; Shell; SonicWall; Symantec; Telejob; Ticket (G. Accor).

A **BASF do Brasil**, empresa química de origem alemã, que opera em 170 países, providencia também estrutura de *home office* para cargos em que existe a possibilidade de trabalhar em casa.[7]

A **General Electric** mantém no Brasil um programa de *home office*, há seis anos, por orientação da matriz americana. Apesar desse tempo, dos 6.650 empregados somente vinte deles utilizam o benefício. No Brasil, a empresa prefere incentivar mais a adoção de horários flexíveis e menos o teletrabalho, por entender que a ida ao escritório e o encontro com os colegas de trabalho aumentam a sensação de pertencimento à empresa, além do fato de que nem todas as pessoas gostam dessa forma de trabalho.[20]

Na **Cisco**, subsidiária da empresa americana de telecomunicações, com sede em São Paulo, além de ninguém ter mesa fixa nem sala, todos os funcionários contam com agendas flexíveis. Quem preferir pode trabalhar em casa.[9] Os funcionários têm toda a estrutura necessária para trabalhar de forma remota, como *laptops*, *smartphones* e acesso à rede interna da empresa.[22]

Na **Algar Telecom**, com sede em Uberlândia, MG, há um programa de *homme office*, implantado em 2009, que permitiu na primeira etapa que 160 pessoas trabalhassem em casa durante um ou dois dias por semana.[9]

Na **Unilever Brasil**, os funcionários podem trabalhar fora do escritório.[7] e [9]

Na **Avaya**, empresa especializada em implantar e gerenciar sistemas de relacionamento a clientes, 80% dos 400 funcionários que trabalham no Brasil desfrutam da possibilidade de fazê-lo a distância.

Segundo Cleber Morais, diretor-geral no Brasil da Avaya, a flexibilidade aumenta a satisfação e a produtividade da equipe e reduz significativamente os custos de manutenção de um escritório central. Aliás, essa organização desenvolve soluções para a implantação do teletrabalho nas empresas.[20]

A **BASF**, com sede em São Paulo, providencia estrutura de *home office* para cargos em que existe a possibilidade de trabalhar em casa.[7]

Na **DuPont**, subsidiária brasileira do grupo químico americano, cerca de 70% dos funcionários estão equipados para trabalhar tanto em casa quanto no escritório.[1]

O laboratório farmacêutico americano **Merck Sharp & Dohme**, conhecido no Brasil também como MSD, com sede em São Paulo, adota o *home office*. A empresa formalizou esse programa que já funcionava informalmente, em função de uma pesquisa interna que realizou em todas as suas unidades no mundo.

A pesquisa revelou que 65% dos profissionais contratados pela Merck nos últimos três anos usaram a flexibilidade como um fator decisivo para aceitar a oferta da companhia. Se na empresa o *home office* constitui uma estratégia de atração, representa também um motivo de retenção, pois, segundo a mesma pesquisa, 85% dos funcionários afirmaram que a flexibilidade é um fator importante para permanecerem na empresa e 68% afirmaram que, se não existisse, estariam mais propensos a ir embora.[20]

7.5. Férias Prolongadas. Gratificação Extra nas Férias. Concessão de um Meio Dia de Trabalho por Mês. Folga no Dia do Aniversário

Exemplos de empresas que concedem esses benefícios:

Os funcionários da **Petroquímica Triunfo** trabalham 20 minutos a mais por dia, em troca de 9 dias a mais de folga por ano para resolver assuntos pessoais. Eles quando saem de férias recebem um salário completo, em vez dos 33% exigidos por lei.[4]

Unidade 7: Assistência a Diferentes Necessidades dos Trabalhadores

Na **Algar**, com sede em Uberlândia, MG, o funcionário recebe uma gratificação extra de 66% do salário nas férias.[8]

Na **CPFL**, empresa de geração e distribuição de energia, com sede em Campinas, São Paulo, quem sai de férias recebe uma gratificação.[5]

Na **Caraíba Metais**, além do exigido por lei, os funcionários recebem gratificação de férias de mais dois terços do salário.[5]

Na **Accenture**, em São Paulo, as funcionárias, que são quase 2.000 na empresa, passaram a ter direito após a licença-maternidade a optar por ficar mais oito meses trabalhando metade do tempo em casa e a outra metade na companhia.[8] e [9]

Na **Visa Vale**, operadora de cartões de crédito, sediada em Barueri, SP, a cada dois meses pode-se escolher entre a tarde de sexta ou a manhã de segunda-feira para sair mais cedo ou chegar mais tarde. E, no mês de aniversário, cada funcionário tem direito a um dia de folga.[8]

Na **Intelig**, os empregados contam com o *Super Friday*, quando eles saem ao meio-dia às sextas-feiras. Contam ainda com o *Happy Day Off*, que é uma folga no dia do aniversário.[21]

Na **CTBC**, empresa de telecomunicação, com sede em Minas Gerais, nas férias os empregados recebem dois salários adicionais.[21]

Na **Odontoprev** – serviços de saúde, São Paulo, os funcionários que se destacam ganham dias de folga.[21]

Na **Y&R**, empresa de comunicação, com sede em São Paulo, os empregados recebem folga no dia do aniversário.[21]

Na **AstraZeneca**, empresa farmacêutica, com sede em São Paulo, nas vésperas de feriados o expediente vai até as 13 horas.[22]

Na **Focco**, fabricante de *software*, do Rio Grande do Sul, as folgas remuneradas também são uma forma que a empresa encontrou para valorizar o bom desempenho dos empregados.[22]

Na **Predicta**, empresa de comunicação, localizada em São Paulo, os empregados podem se ausentar por três dias do trabalho no semestre.[22]

No escritório de advocacia **Brasil, Salomão e Mathes**, em Ribeirão Preto, SP, com 161 funcionários, dos quais quase 100 são advogados, há folga no dia do aniversário.[9]

A **Arcelor Mittal Brasil**, BH, MG, concede aos empregados que voltam de férias dois terços extras de um salário.[8]

Na **CST – Companhia Siderúrgica de Tubarão** – na volta das férias os funcionários recebem um bônus equivalente a 2/3 do salário mensal.[1]

Na **Unilever Brasil**, os funcionários contam com folga no dia do aniversário.[7] e [9]

Na **Xerox do Brasil**, com sede no Rio de Janeiro, os empregados não trabalham no dia do aniversário.[7]

No laboratório farmacêutico **Asta Médica**, localizado em São Paulo, o funcionário pode estender a jornada de segunda a quinta-feira para folgar na sexta-feira.[4]

Na **Microsoft**, em São Paulo, as funcionárias têm a opção de trabalhar meio período em casa nos dois meses seguintes aos 120 dias da licença-maternidade.[7]

No **McDonald's**, no Brasil, a partir da média gerência, quem completa dez anos de casa passa a ter direito a mais 30 dias nas férias. Quem não o fizer em cinco anos perde o benefício. Nos meses de verão, os funcionários do escritório saem às 13 horas na sexta-feira, sem a necessidade de repor as horas não trabalhadas.[1]

A **Refap – Refinaria Alberto Pasqualini**, em Porto Alegre, integrante da Petrobras, oferece 66% de salário nas férias.[7]

No laboratório **Janssen-Cilag**, no verão, o expediente às sextas-feiras termina mais cedo.[7]

Na **Hoken International Company**, SP, uma vez por mês o expediente termina mais cedo, às 4 da tarde, é o *Hoken Day*.[7]

Na **HP Brasil**, que tem sede em SP, os funcionários têm direito ao *Happy Friday* – uma tarde de sexta-feira livre – a cada trimestre. A empresa utiliza o sistema de flexibilização de benefícios, tendo sido uma das pioneiras nele.[7] e [8]

Na mineradora **Samarco**, com sede em Belo Horizonte, MG, o adicional de férias é de 90% do salário para todos os funcionários.[1]

Na **Eurofarma**, laboratório nacional com sede em São Paulo, as empregadas futuras mamães podem tirar até 180 dias de licença-maternidade e ainda recebem, em suas casas, acompanhamento de um enfermeiro e nutricionista nos três primeiros meses de gestação.[7], [8] e [9]

Na **Quintiles**, empresa de serviços de saúde, com sede em São Paulo, os empregados que superam as expectativas no desenvolvimento de projetos são presenteados com um dia de folga.[22]

Na **RM Sistemas**, com sede em Belo Horizonte, Minas Gerais, diretores, gerentes, coordenadores e alguns técnicos têm direito a uma ajuda de custo de até 2.500 reais para viagens.[5]

Na filial brasileira da **IBM**, a partir dos vinte e cinco anos de trabalho na empresa, o funcionário passa a ter direito a cinco dias extras de férias por ano.[1]

7.6. Período Sabático

Segundo Herbert Steinberg, Período Sabático é o afastamento do trabalho inspirado por uma motivação íntima. Seu objetivo é a reavaliação da vida pessoal ou profissional. Não importa a duração, se é de meses ou anos, ou o formato. Pode ser uma viagem turística, um curso no exterior, trabalho voluntário, reclusão em casa. O que caracteriza um período sabático é o afastamento da rotina para rever rumos. O termo "sabático" vem do hebraico *shabbath*, e significa repouso. É o dia de recolhimento semanal dos judeus. No Antigo Testamento há referência ao ano sabático: um ano, a cada seis, em que a terra fica sem cultivo para depois iniciar um novo ciclo de fertilidade.

No laboratório farmacêutico **Lilly**, se o funcionário precisar, a empresa dá uma licença sem remuneração de até dois anos.[2]

Na **Unilever Brasil**, os funcionários podem tirar licença não-remunerada de até um ano com a garantia, em alguns casos, de ter o emprego de volta.[7]

7.7. Homenagem e Premiação por Tempo de Serviço na Empresa

O ser humano necessita celebrar, comemorar. E, nas empresas, nós temos diferentes motivos para isso. Um deles refere-se ao tempo de serviço que cada trabalhador dedica à sua empresa.

Trata-se de um benefício que visa reconhecer o tempo que o empregado dedicou à empresa. Muitas empresas concedem aos empregados um prêmio pelo tempo de casa, como forma de valorização, reconhecimento e comprometimento com elas.

Normalmente, essas homenagens e premiações contemplam os empregados que completam cinco anos ou mais de empresa. Geralmente, são homenageados os que completam 5, 10, 15, 20, 25, 30, 35, 40 anos de empresa. Quanto mais tempo o empregado tiver de empresa maior será o valor do prêmio.

O importante é que o RH não deixe passar em branco esse significativo rito de passagem, tão marcante na trajetória profissional de qualquer trabalhador. Cabe ao RH dar ciência dessas datas aos superiores hierárquicos desses trabalhadores, deixando que a homenagem seja prestada diretamente por cada um deles, a seu modo.

Para dar a devida importância a esse evento, é importante que o RH organize uma cerimônia para comemorar esse rito de passagem de forma solene. Nessa solenidade é essencial que os homenageados possam contar com a presença dos seus gestores, de alguns colegas de trabalho, de familiares, de representantes do RH e da diretoria da empresa. Em algumas empresas são organizados jantares ou coquetéis para o evento.

A premiação varia de empresa para empresa. Cada uma, em função de sua disponibilidade financeira, deverá decidir o tipo de premiação que fará. Essas premiações variam de presentes e viagens, até ajuda financeira. Também é muito comum a entrega de um broche que simboliza a homenagem

Na **AstraZeneca**, empresa farmacêutica, com sede em São Paulo, funcionários que completam 10, 20 e 30 anos de casa recebem *kits* e prêmios como jantares com direito a acompanhante e viagens.[22]

Na siderúrgica **Belgo-Mineira**, quem completa 10 anos de casa ganha um salário de prêmio. Depois, a cada 5 anos, recebe outro.[1]

No **Boehringer Ingelheim**, empresa farmacêutica com sede em São Paulo, há prêmio em dinheiro por tempo de casa.[22]

Na **Unimed Missões**, no Rio Grande do Sul, os empregados da administração recebem adicionais como triênio e prêmio por tempo de serviço.[22]

Na unidade brasileira do laboratório alemão **Asta Médica**, com sede em São Paulo, quem completa 25 anos de casa ganha uma megafesta, com direito a presentes e à presença da família.(5)

Na **Ale**, distribuidora de combustíveis, com sede em Natal, no Rio Grande do Norte, quem completa dez anos de casa recebe um prêmio equivalente a um salário.(21)

A **Odebrecht** tem por tradição homenagear anualmente os funcionários que completam vinte e cinco anos de trabalho em suas empresas. Em 2003, ela comemorou uma marca que poucas organizações conseguiram atingir, a milésima pessoa a completar 25 anos de empresa. Mil pessoas entre 1944 e 2003 completaram esse tempo de casa. Elas foram homenageadas na última capa da revista *Valor CARREIRA*, edição de outubro de 2003, que apresenta *As Melhores Empresas na Gestão de Pessoas*.(18)

Na **Arcelor Mittal Brasil**, Belo Horizonte, MG, os empregados que completam cinco anos de casa recebem automaticamente 5% de aumento. Completou 10 anos são 10% a mais no salário.(7) e (8)

A **Landis + Gyr**, fabricante suíça de equipamentos de medição, com sede em Curitiba, oferece presente para quem casa, tem filho ou faz aniversário de empresa. Em 2007, quase metade dos empregados tinha mais de dez anos de empresa.(9)

No **Grupo Pão de Açúcar**, com sede em São Paulo, os funcionários com dez anos de casa, e depois a cada quinquênio, ganham bônus de compra no valor de seus salários.(5)

No **Laboratório Sabin**, em Brasília, com cinco anos de casa o funcionário ganha um salário a mais; com dez, recebe um computador; com 15 anos, recebe uma viagem e com 20 anos, recebe um carro. As funcionárias recebem descontos em tratamentos de beleza e ajuda financeira para cuidar dos filhos. Todos os colaboradores recebem auxílio financeiro para casar, fazer o enxoval da criança e pagar babá. O laboratório recebe por mês 4.000 currículos de pessoas interessadas em trabalhar na empresa.(7) e (8)

No **Magazine Luiza**, com sede em Franca, São Paulo, quem completa 20 anos de casa escolhe um lugar do Brasil para visitar, podendo levar o cônjuge e os filhos. Mais dez anos e pode incluir os pais e os sogros.(6)

Na **Ambev**, maior cervejaria da América Latina, com sede em São Paulo, há o programa Reconhecer que reverencia os funcionários que completam 15, 20 e 25 anos de empresa. Os homenageados recebem uma grande festa que conta com a presença de familiares. Eles recebem um *pin* comemorativo e certificados alusivos ao programa.

Os que comemoram "bodas de prata" (vinte e cinco anos) recebem relógio, caneta e chaveiro do programa e ganham um salário a mais no mês em que completam o tempo de serviço.[14]

Na **Petroquímica Triunfo**, localizada no polo petroquímico de Triunfo, no Rio Grande do Sul, os funcionários que completam dez anos de empresa recebem 500 dólares ou uma viagem no valor de 1.200 reais.[4]

7.8. Carreira Internacional

Algumas empresas, especialmente as multinacionais, oferecem uma oportunidade para alguns de seus empregados participarem de uma experiência internacional. Essa vivência se dá pela participação do empregado em projeto desenvolvido em alguma subsidiária ou na própria matriz da empresa ou ainda sob a forma de estágio.

As empresas multinacionais possuem a vantagem de utilizar uma de suas unidades no exterior para abrigar o empregado contemplado com esse benefício. Isso não impede que uma empresa nacional também possa oferecê-lo. Uma alternativa é negociar esse estágio com algum fornecedor que tenha unidades no exterior. A relação comercial pesa nesse tipo de negociação.

Se a empresa dispõe de alguns talentos, é importante que esses empregados recebam uma remuneração diferenciada. É necessário que haja um reconhecimento da empresa em relação a eles. Essas medidas ajudam no processo de retenção desses profissionais especiais.

Uma outra estratégia que pode ser utilizada a fim de reforçar a retenção desses profissionais é oferecer-lhes uma oportunidade de participar de estágios ou projetos em outros países. Essa experiência pode representar uma oportunidade ímpar para o desenvolvimento e para a valorização desses empregados, tanto na própria empresa como também junto ao mercado de trabalho.

Para viabilizar a implementação desse tipo de benefício, convém lembrar que as indústrias mantêm o SENAI, e, para tanto, recolhem, mensalmente, em favor dele, a contribuição de 1% do total de suas folhas de salários pagos aos seus empregados, conforme determina o artigo 23 da Lei nº 5.107, de 13 de setembro de 1966. As empresas com mais de quinhentos empregados devem recolher, diretamente ao SENAI, a contribuição adicional correspondente a 0,2% do total de suas folhas de salários pagos aos seus empregados, conforme determina também o artigo anteriormente citado.

> Essa contribuição pode ser revertida às empresas contribuintes, sob a forma de bolsas de estudo para aperfeiçoamento profissional dos seus empregados, no Brasil e no exterior.

Na minha vivência de vinte e três anos como executivo de recursos humanos, percebi que inúmeros profissionais desconheciam isso e, portanto, não beneficiavam suas empresas com esse recurso financeiro externo.

A seguir, alguns exemplos de empresas que proporcionam o benefício aos seus empregados

Na **Schneider**, empresa francesa líder mundial na administração de eletricidade e especialista em produtos e serviços para distribuição elétrica, controle e automação industrial, localizada em São Paulo, existe o Programa Marco Polo, destinado a jovens com experiência entre três e cinco anos de trabalho e com alto potencial. Os escolhidos são enviados para passar até três anos desenvolvendo um projeto estratégico em uma das 190 unidades da empresa no exterior. Em 2008, a Schneider tinha 5 funcionários no exterior e 5 estrangeiros no Brasil. A empresa ainda conta com o Programa Félix, que permite formação no exterior aos jovens talentos identificados para ocupar cargos de liderança. Eles passam dez dias no exterior ao lado de colegas de outras nacionalidades desenvolvendo um projeto que possa trazer benefícios para a empresa. Posteriormente, ficam por seis meses se comunicando via Internet e teleconferência para desenvolvê-lo. A etapa final do programa inclui uma apresentação do projeto na França para a diretoria.[21]

Na **Microsoft**, que tem sede em São Paulo, quinze empregados foram trabalhar no exterior em 2007.[21]

Na **Volvo**, fabricante de caminhões e ônibus, com sede em Curitiba, o empregado tem oportunidade de trabalhar no exterior. Em dezembro de 2008, a empresa mantinha 45 empregados trabalhando fora do Brasil. De especialista ao presidente, todos têm a oportunidade de passar um tempo em outro país ampliando seus conhecimentos.[7], [8] e [9]

Na **Whirlpool Latin America**, fabricante da linha Brastemp e Cônsul, existe um programa de *job rotation international* que promove um rodízio entre os empregados pelo mundo todo.[9]

Na **Genzyme**, empresa de biotecnologia, com sede em São Paulo, os empregados têm possibilidade de fazer carreira internacional, candidatando-se às vagas abertas em outros países.[22]

Na **Kraft Foods**, empresa do ramo alimentício, no Paraná, os empregados contam com boas oportunidades para fazerem carreira internacional. São três programas que permitem que eles trabalhem, respectivamente, seis meses, 18 meses e três anos fora do país.[22]

No **Citi**, SP, quase todas as vagas são divulgadas na intranet, inclusive posições fora do Brasil.[7], [8]

Na **Caraíba Metais**, localizada no Polo Petroquímico de Camaçari, na Bahia, há estágios e treinamentos fora do país.[5]

Na **Nívea**, fabricante de cosméticos, com sede em São Paulo, em 2007 houve cinco idas de funcionários ao exterior.[8]

Na **Irizar**, fábrica de carrocerias de ônibus de luxo espanhola, com sede em Botucatu, SP, os treinamentos são constantes, tanto no Brasil quanto no exterior.[9]

Na **Monsanto**, empresa do ramo de *agrobusiness*, com sede em São Paulo, os empregados têm boas chances de viajar para algum dos 61 países onde ela está presente, a fim de participar de projetos, *workshops* e treinamentos, com boas chances de fazer carreira internacional.[22]

A **JBT FoodTech**, fabricante de máquinas, com sede em São Paulo, oferece, principalmente ao pessoal da área técnica, oportunidades de treinamento no exterior.[21]

Na **Novozymes**, empresa de biotecnologia, com sede em São Paulo, é possível candidatar-se a oportunidades de trabalho na matriz, na Dinamarca, e nas diversas subsidiárias. As viagens fazem parte da política de desenvolvimento da companhia. O período geralmente é de dois anos.[22]

No **Grupo Gerdau**, siderúrgica, com sede em Porto Alegre, todos os funcionários podem se candidatar às vagas nas empresas do grupo que funcionam no exterior.[1]

Na **Perkins**, subsidiária inglesa com fábrica em Curitiba que produz motores a diesel e a gás, muitos funcionários estudam inglês, francês, alemão, espanhol e sueco, buscando capacitar-se para as oportunidades globais de carreira que a empresa oferece.[8]

A **Prudential do Brasil** também oferece oportunidades de carreira no exterior.[8]

O mesmo acontece com a **Recofarma**, fabricante de concentrados da Coca-Cola Company, que tem como uma de suas estratégias de retenção a possibilidade de carreira internacional. Em 2007, dezessete profissionais, entre analistas e gerentes, saíram do país.[8]

Na **Basf**, empresa química de origem alemã, que opera em 170 países, há oportunidades de trabalho e de treinamento no exterior, principalmente para os gerentes.[7]

Na **Oracle**, com sede em São Paulo, existe a possibilidade de o funcionário trabalhar e treinar na sede no exterior.[5]

A **Ampla**, concessionária de energia, com sede em Niterói, RJ, investe no desenvolvimento dos seus gestores. Há quatro anos eles fazem sessões de *coaching* e participam de cursos no exterior.[9]

Na **DuPont**, os funcionários da sede, em Barueri, SP, podem fazer carreira no exterior.[1] e [9]

A **Accenture**, SP, proporciona cursos técnicos e treinamentos em algum dos 49 países onde atua.[7] e [8]

Na **Case New Holland – CNH**, sediada em Minas Gerais, todas as vagas abertas nos mais de 160 países são anunciadas internamente, e para disputá-las basta ter mais de um ano na função atual.[7]

Na **DNV**, empresa norueguesa, especializada em certificação e gerenciamento de riscos em engenharia, com sede no Rio de Janeiro, a possibilidade de carreira internacional também é um atrativo. A empresa conta com 300 escritórios em 100 países. Ela oferece um programa estruturado de treinamento que existe desde 1982 e que oferece cursos técnicos e gerenciais, no Brasil e no exterior, em parceria com instituições como o IMD, na Suíça.[9]

Na **U&M**, empresa com negócios em mineração e construção, com sede em Matias Barbosa, MG, e operações em Minas Gerais, Pará, Goiás, Maranhão,

Rio de Janeiro e uma mina de cobre em Chingola, em Zâmbia, alguns funcionários estão passando dois anos na África com a família e outros irão para períodos de seis meses, segundo um projeto que está sendo desenhado para proporcionar essa experiência de vida.[9]

Na **Tenaris Confab**, fabricante de tubos de aço, com sede em Pindamonhangaba, SP, os funcionários contam com a possibilidade de fazerem carreira no exterior. Anualmente, quatro funcionários são escolhidos pela matriz americana para fazer uma pós-graduação no exterior. Em 2008, trinta e cinco funcionários trabalhavam no exterior.[8]

Na **Siemens**, empresa do setor eletroeletrônico, o processo de recrutamento interno permite ao funcionário candidatar-se às vagas das empresas do grupo, espalhadas por 190 países.[7]

Em 2003, a **Nestlé** brasileira mantinha 45 funcionários no exterior.[18]

Na **Monsanto**, empresa fabricante de defensivos agrícolas, SP, o plano de carreira prevê a possibilidade de o empregado trabalhar fora do país em uma das unidades do grupo.[7] Em 2007, quatro executivos se beneficiaram com isso.[8]

Os empregados têm boas chances de viajar para algum dos 61 países onde a empresa está presente, a fim de participar de algum projeto.[22]

O **Janssen-Cilag**, laboratório, incentiva e possibilita carreira no exterior.[7]

Na **International Paper**, fábrica de papel, situada em Mogi-Guaçu, SP, as oportunidades de carreira são globais. A empresa conta com o People Council, composto por gerentes e diretores de cada área, que identifica os talentos na empresa e acompanha seu plano de desenvolvimento.[7]

Na **Hoken International Company**, SP, recentemente alguns gerentes que trabalhavam na sede da empresa em São José do Rio Preto foram enviados a Portugal.[7]

Na **GE**, por meio da Internet o empregado conhece as vagas abertas no mundo.[7] e [8]

Na **IBM**, toda vez que alguém é promovido a gerente é enviado à New Manager Leader School, em Miami, para um treinamento de uma semana, a fim de conhecer as políticas e filosofia gerenciais da empresa.[1]

Na **Electrolux**, maior fabricante de linha branca do país, com sede em Curitiba, os executivos interessados em trabalhar em qualquer uma das filiais da empresa espalhadas pelo mundo têm possibilidade de fazê-lo, bastando que se inscrevam no banco internacional de currículos da empresa. Para os gestores mais experientes, há cursos fora do país com pares da Electrolux do mundo e programas em parceria com a Harvard.[1], [8] e [9]

O **Grupo Gerdau**, com sede em Porto Alegre, oferece MBAs no exterior para os executivos.[19]

A **Coelce**, companhia energética do Ceará, oferece possibilidade de carreira internacional.[8]

Na subsidiária brasileira da **Coca-Cola**, com sede no Rio de Janeiro, é possível viajar para a sede da empresa com dois anos de casa. Mesmo que não seja para trabalhar lá, ela oferece condições para que os funcionários conheçam a matriz. O funcionário, estando em território americano, pode pegar o avião com o cônjuge e voar para Atlanta, com as passagens pagas pela empresa e ainda com mais 500 dólares para despesas de hospedagem e de alimentação.[1]

Na **BASF**, que tem sede em São Paulo e atua em cento e setenta países, há oportunidades para o empregado estudar fora, trabalhar em outro país ou fazer intercâmbio por tempo determinado.[8]

Na **Arcelor Mittal Brasil**, BH, MG, os *trainees* têm oportunidade de viajar para o exterior para um dos vinte e sete países onde a empresa atua. Os profissionais que se destacam nas suas funções participam de um *"pool de talentos"*, recebendo treinamento e prioridade de crescimento profissional.[7] e [8]

Na **Accor**, SP, os funcionários podem participar do processo de seleção para trabalhar em qualquer uma das unidades do grupo no mundo, por meio do programa Accor Jobs.[7] e [8]

A **Boehringer-Ingelheim**, empresa química e farmacêutica, localizada em São Paulo, possibilita aos seus colaboradores ter uma vivência internacional por um período de até doze meses. Nos últimos anos, dez profissionais de nível técnico e lideranças intermediárias viveram essa experiência, na matriz da empresa na Alemanha e em Portugal.[14]

Na unidade brasileira da multinacional americana **Cargill**, uma das maiores empresas em processamento e distribuição de produtos e serviços agrícolas e alimentícios, com sede em São Paulo, os funcionários têm a possibilidade de fazer carreira internacional, já que a empresa tem unidades em mais de 60 países.[7]

Na **Weg**, um dos maiores fabricantes do mundo de motores elétricos, com sede em Jaraguá do Sul, Santa Catarina, e que tem fábricas na Argentina, no México e na China, todos os dias nos classificados da intranet surgem vagas nos mais diversos departamentos, tanto no Brasil como no exterior, com preferência para quem trabalha na empresa.[19]

A **Dow**, indústria química e petroquímica, subsidiária brasileira da Dow Chemical, com sede em São Paulo, oferece a possibilidade de o funcionário inscrever-se para qualquer vaga nos 37 países onde a empresa atua, não podendo o chefe retê-lo. Além disso, a Dow patrocina ainda um serviço de recolocação para o cônjuge de quem vai trabalhar em outro país. Em 2000, quarenta e sete funcionários brasileiros trabalhavam na matriz ou nas filiais espalhadas pelo mundo.[1] e [4]

A **Telefônica Latinoamérica**, que tem operação no Brasil, através de seu programa Rotantes Internacionais, envia para outros países a cada ano cerca de cento e vinte jovens de alto potencial com alguma experiência na empresa. Segundo o diretor de RH da empresa, José Carlos Misiara, dessa experiência a empresa obtém um aumento do conhecimento desses jovens, aumenta o grau de retenção desses talentos e potencializa a troca construtiva de práticas bem-sucedidas.[42]

Segundo a Revista VOCÊ RH, 80% dos *trainees* da consultoria PRICEWATERHOUSECOOPERS espalhados em 44 países gostariam de trabalhar no exterior. Esse dado revela a importância que a experiência internacional representa para os jovens talentos.[42]

7.9. Venda de Produtos da Empresa

Muitas empresas comercializam seus produtos e serviços para os seus empregados. Nada mais justo que aquilo que o próprio trabalhador produz ele queira comprar. Esses produtos e serviços são disponibilizados a um custo mais vantajoso para os empregados. Tal prática visa também evitar a tentação de furto desses produtos, especialmente quando são produtos de pequeno porte. Por isso, a prática das revistas corporais existentes nas empresas. Os produtos e/ou serviços são vendidos algumas vezes a preço de custo ou com um bom desconto e são descontados em folha de pagamento.

A **Balaroti**, rede varejista de material de construção, com sede em Curitiba, oferece aos empregados descontos de até 40% nas lojas.[9]

Nas **Lojas Renner**, com sede em Porto Alegre, os funcionários recebem 15% de desconto nas lojas.[8]

Na **Herbarium**, empresa de pesquisa, produção e distribuição de medicamentos naturais, com sede em Colombo, Paraná, os funcionários podem comprar produtos da empresa com 40% de desconto.[4]

7.10. SEGURANÇA PESSOAL

Visa proporcionar ao funcionário e à sua família um padrão de segurança particular diferenciado. É um benefício geralmente oferecido a alguns diretores de empresas, em especial aos presidentes. Esse serviço pode ser prestado por algum funcionário do setor de segurança patrimonial da empresa ou por funcionários de empresas especializadas em segurança privada.

É um benefício muito utilizado para prevenir os riscos de sequestros, especialmente nas empresas localizadas em metrópoles ou cidades de alto risco. Costuma ser integralmente pago pela empresa.

Quando se trata de segurança de empresas contratadas, esses profissionais são habilitados e costumam portar armas. O registro da arma e das munições junto às autoridades competentes fica sob a responsabilidade dessas empresas. Algumas empresas disponibilizam esse serviço em tempo integral, outras somente para o deslocamento entre residência-empresa-residência, outras estendem o serviço para a proteção da residência.

A **Redecard**, empresa que presta serviço de filiação de estabelecimento para aceitação de cartões de crédito e administração do sistema de transação eletrônico, localizada em São Paulo, disponibiliza seguranças para a proteção de seus empregados nas proximidades da sede da empresa. Esse é um exemplo excepcional que estende o benefício a um nível não-executivo.[4]

7.10.1. Blindagem de Veículos

A blindagem de veículos é outro benefício oferecido pelas empresas voltado para a segurança de seus principais executivos. Em algumas cidades onde esses profissionais estão expostos a riscos de assaltos e sequestros, as empresas providenciam a blindagem de seus veículos. Infelizmente, as pesquisas apontam que esse benefício vem aumentando especialmente nas cidades do eixo Rio-São Paulo.

Pesquisa realizada pelo Hay Group no ano de 2007, envolvendo 113 empresas nacionais e multinacionais de diferentes setores, revelou que 44% das companhias possuem uma política de segurança para CEOs, contra 30% em 2004. O uso de veículo blindado é a principal maneira de os executivos se protegerem, variando de 84% para presidência a 67% para VPs e diretorias.

7.11. AUXÍLIO-FUNERAL

Esse benefício consiste na assistência prestada ao empregado ou à sua família na ocorrência de falecimentos, visando cobrir as despesas relativas ao sepultamento ou à cremação. Pode ser um benefício independente como pode ser também uma garantia ou cobertura complementar de um seguro de vida.

É concedido na iniciativa privada por mera liberalidade das empresas, embora em alguns ramos de atividade possa ser decorrência de um instrumento coletivo de trabalho (convenção coletiva, acordo coletivo ou sentença normativa). No serviço público tem previsão legal e geralmente corresponde a uma importância correspondente ao vencimento do servidor, que é paga à sua família.

Se a empresa concede o benefício, é natural que exija a comprovação do atestado de óbito, bem como das notas fiscais dos pagamentos efetuados.

7.12. ASSISTÊNCIA JURÍDICA

Algumas empresas oferecem esse benefício a fim de proporcionar segurança e tranquilidade aos seus empregados, apoiando-os na realização de alguns atos jurídicos de ordem pessoal, tais como locações, inventários, acidentes de trânsito, compra e venda de imóveis, divórcios, adoções, entre outros.

Essa assistência geralmente é gratuita e prestada através do serviço jurídico próprio da empresa ou de algum escritório contratado.

A empresa **Zema**, de Araxá, Minas Gerais, oferece assistência jurídica aos seus 2.917 funcionários.[7]

A **CPFL**, em Campinas, SP, oferece aos funcionários um programa de atendimento jurídico.[7], [8] e [9]

Na **VIVO**, com sede no Rio de Janeiro, o programa Vivo Amigo oferece apoio de psicólogo, advogados e economistas para orientação e esclarecimentos.[9]

Na **Souza Cruz**, com sede no Rio de Janeiro, os funcionários contam com um sistema de auxílio psicológico e jurídico.[7]

A **GVT**, empresa operadora de telecom, com sede em Curitiba, pratica a flexibilização dos benefícios, permitindo ao funcionário escolher entre 24 opções do pacote de benefícios que inclui assistência jurídica, psicológica, financeira e social.[9]

Na **Fras-le**, sede Caxias do Sul, fabricante de componentes para freios, os empregados têm assistência psicológica e jurídica.[7]

O **BankBoston**, no Brasil, utiliza mais de 20 programas voltados para os empregados, familiares e a comunidade em geral. No final de 2002, o PAP – Programa de Apoio Pessoal – foi ampliado com a assistência jurídica, proporcionada através de um escritório de advocacia contratado para ajudar a resolver problemas que preocupam e aborrecem, como separação, inventário, questões com aluguel, entre outros.[18]

Na **DuPont**, uma equipe de profissionais – psicólogos, psiquiatras, advogados e consultores financeiros –, está à disposição dos funcionários para ajudar a resolver problemas pessoais.[9]

Na **Dow**, indústria química e petroquímica, SP, em todas as unidades, há assistência psicológica, jurídica e financeira.[7], [8] e [9]

Na **Jost**, empresa do setor automotivo, do Rio Grande do Sul, a assistência jurídica auxilia os funcionários em questões como locações, inventários e acidentes de trabalho.[22]

A **BV Financeira**, que tem sede em São Paulo, possui um Programa de Apoio ao Colaborador – PAC, que oferece atendimento telefônico gratuito 24 horas, tanto para o empregado quanto para a família que atravessa algum tipo de dificuldade, seja psicológica, jurídica ou financeira.[19]

7.13. OUTPLACEMENT

Esse benefício dá ao empregado desligado da empresa um assessoramento relativo à sua recolocação profissional. É aplicável para cargos executivos, já que os profissionais que ocupam tais posições encontram uma maior dificuldade de recolocação, mantendo-se por mais tempo desempregados do que os demais.

O *outplacement* é um serviço prestado por algumas empresas que se especializam nessa assessoria de busca de uma nova ocupação profissional.

O texto a seguir foi extraído do portal de uma das empresas que desenvolvem de forma brilhante esse tipo de serviço. Trata-se da Lens & Minarelli, que atua desde 1982. Ele dá uma boa ideia de como o serviço é realizado:

> *Antes da demissão (com o RH e com quem vai demitir), são tratados aspectos como a elaboração para definição de políticas e procedimentos para demissão, treinamento e orientação a quem está sendo demitido, cuidados com a comunicação com os públicos internos e externos, além dos aspectos logísticos com a dispensa do colaborador.*
>
> *Durante (com quem vai demitir e com o demitido) – No momento da demissão é realizado o apoio imediato ao profissional demitido, a orientação em relação ao contato com pares, subordinados, saída da empresa e comunicação à família.*
>
> *Depois (com o demitido e o RH) – Assessoramento completo que permite ao ex-empregado conhecer melhor suas potencialidades, preservando sua autoestima, estruturando seu novo projeto de carreira e preparando-o para encontrar sua nova ocupação de forma rápida e eficaz.*
>
> *O serviço inclui ainda orientação financeira ao demitido, orientações atitudinais diante das situações que o ex-empregado irá enfrentar, superação do desconforto emocional nessa fase de transição, entendimento do mercado de trabalho, identificação das características do profissional que são desejadas pelo mercado de trabalho, como fazer* networking *e como prospectar os diferentes* players, *assessoramento logístico que vai desde a disponibilidade de um escritório com telefonistas, computadores, cartões de visita a informações de mercado.*
>
> *Esse benefício repercute positivamente junto aos demais colegas de trabalho, pois revela uma preocupação e um respeito da empresa com quem está sendo desligado.*
>
> *Apesar de ser um benefício exclusivo para quem ocupa cargos executivos, nada impede que o RH realize um trabalho de ajuda à recolocação a alguns profissionais de outros níveis hierárquicos, que tenham demonstrado um desempenho satisfatório, que tenham um certo tempo de empresa e que tenham sido desligados por razões financeiras (redu-*

ção de custos, extinção do setor de trabalho). Para esse grupo de profissionais a equipe de seleção poderia recomendá-los para as empresas com as quais ela mantém relações de ajuda para o preenchimento de suas vagas.

Observação: Consultem o portal www.lensminarelli.com.br

A **Dow Química**, com sede em São Paulo, quando passou pela fusão com a **União Carbide**, em 2001, preparou um pacote de benefícios para os que foram demitidos, que incluiu a extensão do plano médico por mais seis meses e *outplacement*. Além disso, cada ex-colaborador recebeu de cinco a doze salários.[5]

7.14. Concessão Temporária de Benefícios a Alguns Demitidos

Algumas empresas continuam oferecendo determinados benefícios aos ex-empregados, assim como fazem para os aposentados. A fim de minimizar temporariamente os efeitos da demissão, proporcionando um certo nível de segurança aos demitidos e seus familiares, elas mantêm por um determinado período de tempo a concessão de alguns benefícios. Geralmente essa concessão se dá por três meses em relação aos benefícios assistência médico-hospitalar e cesta básica.

Muitas vezes o empregado demitido fica prejudicado duplamente, com a perda do emprego e com a impossibilidade de ele ou de algum familiar fazer uma cirurgia que estava programada, por exemplo.

Esse prazo de concessão temporária de benefícios é estipulado em cada empresa, assim como os benefícios que serão continuados. É comum também as empresas concederem esse benefício somente àqueles funcionários que trabalham por um período mínimo de tempo ou então somente para profissionais de determinados níveis hierárquicos.

Em janeiro de 2009, a **Losango**, financeira do grupo HSBC, que tem sede no Rio de Janeiro, fechou 100 de suas 250 unidades do país, demitindo cerca de 500 funcionários. Os desligados receberam, além do valor da rescisão contratual, um salário e meio, dois meses de plano de saúde e assistência psicológica, jurídica e financeira. A empresa ainda ofereceu um serviço interno de recolocação para o pessoal de nível operacional e elaborou um caderno de currículos para encaminhar a potenciais empregadores.[9]

A **Ale**, distribuidora de combustíveis, com sede em Natal, RN, desembolsou 1 milhão de reais com a demissão de 40 funcionários por causa de uma reestruturação na sua área comercial. Além dos direitos normais de uma rescisão, os demitidos receberam um pacote com seguro de vida por um ano, plano médico de seis meses e bônus.[9]

A **Perkins Motores do Brasil**, subsidiária da fabricante inglesa de motores a gás e diesel, com sede em Curitiba, afetada pela crise do setor, teve que demitir quase 10% do quadro de empregados. Todavia, os demitidos receberam orientações sobre como preparar o currículo, fazer entrevista e alguns foram indicados a empresas da região.[9]

7.15. AUXÍLIO-CRECHE

Pesquisas apontam que cerca de 55% das empresas subsidiam integral ou parcialmente esse benefício.

7.15.1. Aspecto Legal

O artigo 400 da CLT – Consolidação das Leis do Trabalho – determina que as empresas ofereçam locais apropriados para a amamentação dos filhos das empregadas. Segundo o referido artigo, "Os locais destinados à guarda dos filhos das operárias, durante o período de amamentação, deverão possuir, no mínimo, um berçário, uma saleta de amamentação, uma cozinha dietética e uma instalação sanitária".

O artigo 389 da CLT, no seu parágrafo 1º determina que "os estabelecimentos em que trabalharem pelo menos *30 mulheres, com mais de 16 (dezesseis) anos de idade*, terão local apropriado onde seja permitido às empregadas guardar sob vigilância e assistência os seus filhos no período de amamentação".

Já o artigo 2º, no parágrafo 1º, da Portaria DNSHT nº 1, de 15 de janeiro de 1969, determina que o número de leitos no berçário deverá obedecer à proporção de *1 leito para cada 30 empregadas com idade entre 16 e 40 anos*.

Todavia, o parágrafo 2º do mesmo artigo 389 permite que esses berçários sejam supridos "por meio de creches distritais mantidas, diretamente ou mediante convênios, com outras entidades públicas ou privadas, pelas próprias empresas, em regime comunitário, ou a cargo do SESI, do SESC, da LBA ou de entidades sindicais".

Logo, se deduz que as empresas com mais de 30 empregadas com idade acima 16 anos poderão optar por uma das alternativas.

A mesma portaria expediu normas para instalação de berçários em locais de trabalho e para convênio com as creches distritais. São elas:

a) berçário com área mínima de 3m² por criança, devendo haver, entre os berços e entre estes e as paredes, a distância mínima de 0,50 cm;

b) saleta de amamentação provida de cadeiras ou bancos com encosto para que as mulheres possam alimentar seus filhos em adequadas condições de higiene e conforto;

c) cozinha dietética para o preparo de mamadeiras ou suplementos dietéticos para a criança ou para as mães;

d) o piso e as paredes deverão ser revestidos de material impermeável e lavável;

e) instalações sanitárias para uso das mães e do pessoal da creche.

Do convênio celebrado entre empresa e creche, são obrigatórias as seguintes cláusulas:

a) número de berços que a creche mantiver à disposição de cada estabelecimento, obedecendo à proporção de um leito para cada grupo de 30 empregadas entre 16 e 40 anos de idade;

b) comprovação de que a creche foi aprovada pela Coordenação de Proteção Materno-Infantil ou por órgãos estaduais competentes a quem cabe orientar e fiscalizar as condições materiais de instalação e funcionamento, bem como a habilitação do pessoal que nela trabalha.

A Portaria nº 3.296, de 3 de setembro de 1986, previu mais uma alternativa para as empresas, instituindo o sistema *reembolso-creche*.

Tal sistema permite o pagamento direto à empregada da importância por ela gasta em creche de sua livre escolha. Com isso, eliminou-se o problema da locomoção das crianças para as creches conveniadas distantes da empresa, minimizou-se o problema dos convênios "fantasmas" e trouxe uma vantagem financeira para a empresa que somente reembolsará a empregada mediante a utilização da creche, o que não ocorre quando a empresa celebra convênio com uma creche, tendo ela que assumir o pagamento de 1 leito para cada 30 mulheres com idade acima de 16 anos.

Para a empresa adotar o sistema de reembolso, necessita cumprir as seguintes exigências:

1) O reembolso deverá cobrir, integralmente, as despesas efetuadas com o pagamento da creche de livre escolha da empregada mãe, pelo menos até os seis meses de idade da criança.

2) O benefício deverá ser concedido a toda empregada mãe, independente do número de mulheres do estabelecimento.

3) As empresas deverão dar ciência às empregadas da existência do sistema, com afixação de avisos em locais visíveis e de fácil acesso.

4) O reembolso deverá ser efetuado até o terceiro dia útil da entrega do comprovante das despesas efetuadas com a manutenção da creche.

5) A implantação do sistema dependerá de prévia estipulação em acordo ou convenção coletiva.

6) As empresas deverão comunicar à Delegacia Regional do Trabalho a adoção do sistema, remetendo-lhe cópia do documento explicativo do seu funcionamento.

Algumas considerações devem ser feitas para melhor entendimento:

a) A Portaria 3.296/86 fala que o reembolso deverá ser concedido a toda empregada mãe, independente do número de mulheres do estabelecimento, entretanto é condição a prévia estipulação em acordo ou convenção coletiva. Assim, as empresas ainda que com menos de trinta empregadas maiores de dezesseis anos (art. 389, § 1º da CLT), se pertencentes à categoria profissional cuja convenção coletiva estipule como cláusula o auxílio, está obrigada ao cumprimento.

b) Fala a portaria em prévia estipulação em acordo ou convenção coletiva. Ora, se determinada convenção coletiva de certa categoria profissional não prevê o auxílio, isto não inibe as empresas à sua adoção, podendo a estipulação ser feita por meio de acordo coletivo (que é o acordo entre empresa e sindicato).

Ainda que com menos de trinta empregadas mulheres maiores de dezesseis anos, ainda que desobrigada face o disposto no art. 389, § 1º da CLT, pode a empresa (facultativamente) adotar o sistema mediante acordo coletivo que, uma vez celebrado, terá força de lei.

c) Assim, e em resumo, uma empresa com mais de trinta empregadas maiores de dezesseis anos, para efeito de cumprimento do art. 389, § 1º da CLT, terá a seu dispor uma gama de opções:

1ª) Manter no próprio estabelecimento local para a guarda e assistência dos filhos de suas funcionárias para amamentação até os seis meses de idade.

2ª) Celebrar convênio com creche distrital, se pertencente à categoria cuja convenção coletiva não preveja a cláusula reembolso-creche.

3ª) Celebrar acordo coletivo para adoção do sistema reembolso-creche se não pertencente a categoria cuja convenção não preveja a cláusula.

4ª) Entretanto, nunca poderá adotar o sistema de reembolso, sem prévia estipulação em acordo ou convenção coletiva.

5ª) Mesmo havendo previsão em acordo ou convenção coletiva, estará isenta do cumprimento da cláusula a empresa que possuir condição mais favorável, ou seja, berçário no próprio local de trabalho.

6ª) Constando da convenção coletiva, não haverá a necessidade de celebração de acordo coletivo, mas mesmo assim a empresa deverá comunicar à Delegacia Regional do Trabalho a adoção do sistema, remetendo-lhe cópia do documento explicativo do seu funcionamento, como determina o art. 3º da Portaria nº 3.296/86.

d) O inciso I do art. 1º da Portaria nº 3.296/86 dispõe que o reembolso-creche deverá cobrir integralmente as despesas efetuadas com o pagamento da creche de livre escolha da empregada mãe. Entretanto, as cláusulas de acordos e de convenções coletivas estão estatuindo uma importância fixa mensal. Assim, ainda que a empregada mãe não possua comprovantes das despesas efetuadas, terá direito ao reembolso.

e) Por fim, merece ser ressaltado que em razão do caráter substitutivo do preceito legal, bem como por ser meramente liberal e não remuneratório, o valor reembolsado não integrará a remuneração para quaisquer efeitos.

7.15.2. Alternativas Praticadas pelas Empresas

1. Creche na própria empresa

Essa é a alternativa menos usual porque exige a construção de uma creche, junto às dependências da empresa. Devido aos altos custos envolvidos as empresas acabam optando por alternativas. Pesquisas apontam que somente cerca de 9% utilizam essa alternativa.

A creche na empresa tem algumas vantagens e tem também desvantagens. A principal vantagem é que os filhos ficam próximos das mães, permitindo que elas possam amamentá-los.

Outra vantagem é que a empresa, por ser proprietária e responsável pela creche, passa a exercer um total controle sobre esse serviço, o que acaba refletindo positivamente no funcionamento dele.

Outra importante vantagem é que, sendo as funcionárias da creche também funcionárias da empresa, geralmente elas acabam tendo uma relação de amizade com as mães das crianças, refletindo positivamente na confiança das mães e no cuidado com as crianças.

A principal desvantagem dessa modalidade é que muitas vezes a creche acaba sendo um elefante branco. A empresa investe alta soma de dinheiro na sua instalação e na manutenção de um quadro técnico responsável pelo atendimento e, mesmo assim, ela muitas vezes não funciona.

Isso acontece por vários fatores. Primeiro porque, geralmente, a creche que fica nas dependências da empresa está longe da residência da funcionária mãe. Nesses casos, a funcionária sai de sua casa muito cedo para iniciar os seus serviços, e fica desencorajada a ter de acordar, arrumar e alimentar seu filho ainda mais cedo, tendo ainda que enfrentar conduções, muitas vezes cheias, sem contar o tempo de espera por elas. Isso tudo acaba desestimulando as funcionárias a utilizarem a creche da empresa.

Esse tipo de creche funciona melhor nas empresas que também concedem transporte para os seus empregados.

2. Convênio com alguma creche

Essa é a segunda forma mais praticada pelas empresas para atender principalmente às exigências legais. Pesquisas apontam que somente cerca de 15% utilizam essa alternativa. As empresas celebram convênios com creches, com base nas exigências legais, ou seja, reservando um leito para cada 30 funcionárias com mais de 16 anos de idade.

Na prática, as creches costumam estabelecer dois tipos de preço: um bastante módico apenas para celebrar o convênio e proteger legalmente a empresa. Nesses casos, trata-se de um "convênio-fantasma", já que as mães não utilizam a creche. Um outro preço bem mais alto é estipulado na hipótese de alguma criança ocupar algum leito.

3. Reembolso de despesas com creche

Essa é uma das alternativas mais eficazes, no tocante à guarda de filhos. Por essa razão é a mais utilizada. Pesquisas apontam que 76% utilizam essa alternativa.

O sistema de reembolso funciona bem porque permite às mães escolherem aquelas creches de sua confiança ou que atendam melhor às suas comodidades.

Nesses casos, as mães escolhem aquelas creches que sabem que funcionam bem, ou que ficam próximas de suas residências. Nesses casos, as crianças não são tão penalizadas com os deslocamentos de suas residências até as creches.

Essa opção exige um cuidado especial por parte das empresas. É que nas grandes cidades há falta de creches comunitárias, municipais. Por isso, muitas creches são particulares e cobram uma alta mensalidade. Como nessa alternativa as mães podem escolher as creches que melhor lhes convêm, a empresa corre o risco de elas optarem por creches muito caras. Para minimizar esse risco, as empresas devem adotar um valor-teto como limite de reembolso.

4. Mães-crecheiras

É comum as funcionárias deixarem seus filhos sob os cuidados de um filho mais velho, ou, então, sob a guarda de suas mães, irmãs, sogras ou até mesmo com vizinhas. Muitas das vezes esses cuidados não são gratuitos, tendo as funcionárias que pagar por eles.

Por causa disso e também por causa das desvantagens de retirar a criança do seu ambiente familiar, algumas empresas optam por "remunerar" essas pessoas conhecidas como mães-crecheiras ou babás. Para tanto, estabelecem um valor mensal a ser pago às funcionárias-mães, que deixam seus filhos nessas condições.

Apesar de serem poucas as empresas que praticam o subsídio às mães-crecheiras, essa atitude costuma ser vista com muita simpatia pelos empregados.

A Portaria MTb nº 670, de 20/08/97, deu nova redação ao inciso I da Portaria 3.296/86, passando este inciso a prever que o ressarcimento de gastos seria possível não só em relação a creche de livre escolha da empregada-mãe, mas também na contratação de outra modalidade de prestação de serviço dessa natureza, pelo menos até os seis meses de idade da criança, nas condições, prazos e valor estipulados em acordo ou convenção coletiva, sem prejuízo dos demais preceitos de proteção à maternidade.

Recomendo aqui ao RH consultar a assessoria jurídica da empresa ou do sindicato patronal quanto a essa modalidade de benefício, pois há divergências entre os juristas quanto à natureza desse pagamento; alguns entendem que ela é meramente indenizatória, enquanto outros a consideram remuneratória.

Seguem alguns exemplos de empresas relativos ao benefício auxílio-creche:

No **Laboratório Sabin** – laboratório de análises clínicas, com sede no Distrito Federal, eleita em 2008 como a melhor empresa para a mulher trabalhar –, oferece um auxílio financeiro para a compra de enxoval e um bônus mensal de meio salário mínimo até a criança completar um ano de idade. Todos os colaboradores recebem auxílio financeiro para casar, fazer o enxoval da criança e pagar babá.[9]

Na **Mantecorp**, um dos maiores laboratórios farmacêuticos do país, com sede no Rio de Janeiro, fundada em 2006, após 17 anos de *joint-venture* com a Shering-Plough, as gestantes recebem acompanhamento desde a confirmação da gravidez até o retorno ao trabalho. Elas recebem treinamento sobre aspectos de saúde e sociais. A empresa oferece um lactário que permite à mãe recolher o leite durante o expediente de trabalho. Ele é levado em embalagens térmicas na casa da colaboradora por uma equipe da empresa. Oferece ainda um auxílio-creche, com reembolso de um salário mínimo para filhos com até cinco anos de idade.[14]

Na **IBM Brasil**, com sede em São Paulo, as mães que amamentam podem sair diversas vezes ao dia para ficar com o bebê, com táxi pago pela empresa. Elas ainda recebem auxílio-creche integral nos primeiros seis meses do bebê e mais 500 reais por um ano e meio.[7]

A **Unilever Brasil** possui duas creches da empresa, de alto padrão e que atendem os filhos dos funcionários de até 3 anos de idade.[7] e [9]

A **Sanofi-Aventis**, laboratório farmacêutico, com sede em Suzano, na Grande São Paulo, oferece auxílio-creche para mães com crianças de até dois anos. Em 2007, a média salarial era de 4 mil reais.[7] e [9]

A **Plascar**, fabricante de peças plásticas para carros, com sede em Jundiaí, SP, oferece auxílio-creche.[7], [8] e [9]

A **Ampla**, empresa distribuidora de energia elétrica, com sede em Niterói, oferece auxílio-creche aos filhos das funcionárias, com idade entre quatro meses e seis anos incompletos. O benefício também é fornecido aos empregados do sexo masculino, desde que sejam viúvos ou separados legalmente e que tenham a guarda dos filhos.[36]

A **Ouro Fino Agronegócio**, fabricante de produtos farmacêuticos para a saúde animal, com sede em Cravinhos, SP, oferece auxílio-creche até a criança completar dois anos.[9]

A **Nextel**, com sede em São Paulo, oferece o auxílio-creche.[8]

O **Laboratório Medley**, com sede em São Paulo, oferece creche para 150 crianças com até seis anos. A empresa investiu R$ 500 mil na montagem da creche.[18]

As **Lojas Colombo**, varejo de eletrodomésticos e móveis, com sede em Farroupilha, RS, oferecem auxílio-creche para filhos de funcionários com até seis anos de idade.[8]

O **Grupo Gerdau**, siderúrgica, com sede em Porto Alegre, oferece auxílio-creche.[8]

Na **CTA – Continental Tobbacos Alliance**, em Venâncio Aires, RS, há uma creche na empresa onde as crianças têm aula de música e natação, pediatra, fonoaudiólogo e psicólogo e a empresa ainda paga 10% do valor dos remédios.[7] As aulas de natação são oferecidas em piscina térmica. A creche atende 150 crianças com até cinco anos de idade que contam ainda com atendimento médico e odontológico.[18]

Na **Embraco**, com sede em Joinville, SC, líder mundial na fabricação de compressores, os empregados contam com creche para os filhos de até 1 ano de idade.[8]

A **Arcelor Mittal Brasil**, BH, MG, oferece auxílio-creche.[7], [8]

A **Recofarma-Manaus**, empresa do ramo de bebidas, com sede no Amazonas, concede subsídio de 70% do valor das fraldas descartáveis para filhos de funcionários por doze meses. No nascimento, a empresa ainda deposita na conta do funcionário dois terços de um salário mínimo.[22]

No **Banco Real**, o auxílio-creche é concedido tanto para homens quanto para mulheres.[8]

Na filial brasileira da **IBM** as mães e pais viúvos ou separados com a custódia dos filhos têm direito ao plano creche até seis meses de idade. Os gastos com berçários, de livre escolha, são custeados integralmente pela empresa.[1]

Em 1996, a **Azaléia**, fabricante gaúcha de calçados, mantinha uma creche com capacidade para 800 crianças com até seis anos, funcionando 24 horas por dia.[1]

A **CVRD – Companhia Vale do Rio Doce**, com sede no Rio de Janeiro, mantém um programa de reembolso creche/maternal para assistência a filhos de empregadas até o 72º mês de idade da criança.[33]

A subsidiária brasileira da **Coca-Cola**, com sede no Rio de Janeiro, subsidia despesas com creche até os quatro anos de idade. Reembolsa gastos com fraldas descartáveis. Crianças com problemas mentais ou motores recebem tratamentos gratuitos. A empresa também se responsabiliza pelo pagamento de instituições de ensino especial.[1]

7.16. Preparação para a Aposentadoria

Esse rito de passagem deixa marcas em muitos trabalhadores. Alguns lembram com nostalgia dos momentos da ativa, outros não conseguem tirar da cabeça o apito da fábrica. Para quem não se prepara para "pendurar as chuteiras" esse rompimento de vínculo não só representa uma perda salarial, que para alguns é substancial, como também a perda de poder e de *status* que desfrutavam quando trabalhavam, como viagens, paparicos de secretárias, bajulações de subordinados, carros concedidos pelas empresas, entre outros. O sentimento de falta de contribuição, de utilidade, também pode afetar os trabalhadores. Outro aspecto importante é a perda dos benefícios, em especial o do plano de saúde.

Conscientes disso, algumas empresas organizam um programa a fim de preparar psicológica e financeiramente o empregado para o seu período de afastamento. Nesses programas são debatidas as alternativas de uma nova opção financeira ou de renda. Questões como abertura de pequenos negócios, incursão pela área acadêmica, investimentos e aplicações financeiras, a intensificação da convivência familiar fazem parte dessa programação. Temas relacionados à saúde e à sexualidade também são objeto dessa conscientização. A preparação psicológica para o ócio é uma das etapas especiais desses programas.

Uma forma como algumas empresas tratam esse desafio é preparar gradualmente essa "ruptura". Elas permitem que os empregados aposentados permaneçam na empresa, não mais na condição de empregados mas sim na de consultores. Elas aproveitam a experiência desses profissionais na preparação de seus sucessores ou até mesmo como um *staff* para a solução de determinados problemas que exigem a *expertise* deles. Essa última alternativa é muito utilizada nas chamadas empresas de conhecimento que demandam o *know-how* de alguns profissionais altamente especializados. Esse é um jeito de o empregado acumular, temporariamente, uma renda adicional e de se preparar para o seu afastamento definitivo da empresa.

Existem consultores especializados no trato desse tema. O SESC, especialmente em São Paulo, realiza um trabalho extraordinário em relação aos aposentados.

Seguem alguns exemplos de empresas que desenvolvem esses programas:

A **Carbocloro**, indústria química, com sede em Cubatão, São Paulo, oferece vários cursos preparatórios, dois anos antes de os empregados se aposentarem. Eles recebem orientações psicológicas, de carreira e de finanças pessoais. No primeiro ano de aposentadoria, a empresa ainda paga 100% do plano de saúde.[7], [8] e [9]

A **WEG**, de Santa Catarina, proporciona aos empregados um programa de preparação para a aposentadoria.[7]

A **Visteon**, fabricante de autopeças, com sede em Guarulhos, SP, oferece programa de preparação para a aposentadoria.[18]

Na **Randon**, fabricante de carrocerias e vagões ferroviários, com sede em Caxias do Sul, RS, os funcionários são preparados psicológica e financeiramente para se aposentar, com três anos de antecedência, através do programa Novos Caminhos.[8] e [9]

Na **Plascar**, fabricante de peças plásticas para carros, com sede em Jundiaí, SP, existe um programa de preparação para aposentadoria, que começa dois anos antes da saída do empregado.[7], [8] e [9]

A **Marcopolo**, com sede em Caxias do Sul, RS, oferece preparação para aposentadoria.[7]

Na **Iesa Óleo & Gás**, com sede no Rio de Janeiro, os aposentados têm a possibilidade de permanecer trabalhando na empresa, como consultores.[9]

A **Embraco**, com sede em Joinville, SC, líder mundial na fabricação de compressores, oferece programa de preparação para aposentadoria com duração de dois anos, para quem tem mais de 53 anos.[8]

A **Eletronorte**, em Tucuruí, Pará, oferece também um programa para preparação para a aposentadoria.[8] e [9]

Na **Dow**, indústria química e petroquímica, SP, os benefícios são extensivos aos dependentes, mesmo depois de o funcionário se aposentar.[7], [8] e [9]

Na **CPFL**, em Campinas, São Paulo, o projeto NOVO TEMPO prepara os profissionais e suas famílias para a aposentadoria ou para o período pós-carreira, como preferem chamar, três anos antes.[7]

A **Cargill**, fornecedora de produtos agrícolas, com sede em São Paulo, é uma das pioneiras em programas de preparação para aposentadoria.[9]

UNIDADE 8 Assistência ao Lazer dos Trabalhadores

8.1. Grêmio

Algumas empresas mantêm grêmios ou clubes de campo, com estrutura de lazer, para os funcionários e seus dependentes. Nessas instalações as empresas oferecem campos de futebol, quadras de futebol de salão ou tênis, piscinas, churrasqueiras, salão de festas etc. Esses espaços funcionam como clubes que muitos funcionários, especialmente os de baixa renda, não teriam como frequentar.

É muito importante que a administração de RH estimule a criação de grêmios ou de associações de funcionários, mesmo que a empresa não disponha de espaço para instalar uma sede. O grêmio ou a associação funcionam como uma extensão das atividades sociais promovidas pela área de RH.

Com a arrecadação de fundos vindos das mensalidades que os funcionários descontam em folha de pagamento em favor do grêmio, e de outras fontes de receita, como aluguel do espaço para empregados e terceiros, doações das empresas, o grêmio é capaz de realizar uma enorme agenda de atividades, como jogos, gincanas, bailes, excursões, todas muito importantes para promover o lazer e a integração dos funcionários.

Os grêmios constituem um poder informal das empresas. Quando bem administrados, costumam revelar talentos de seus empregados, quanto à gestão financeira do grêmio, bem como quanto à organização de suas agendas sociais. Tais demonstrações podem expor o talento desses colaboradores à direção da empresa.

O grêmio pode funcionar informalmente apenas dando suporte às realizações de atividades sociais do RH de uma empresa, como também pode funcionar com personalidade jurídica. Nesse caso, o grêmio constitui uma entidade, uma sociedade civil sem fins lucrativos, com o objetivo de promover ações voltadas para o lazer dos empregados da empresa. Como tal, deve manter seus registros, sua contabilidade e demais obrigações de uma empresa do gênero.

Na **Embraco**, com sede em Joinville, SC, líder mundial na fabricação de compressores, os empregados contam com um centro de lazer com quadras e academia de ginástica, instalado numa área de 83.000 metros quadrados.

8.2. ACADEMIA DE GINÁSTICA, ALUGUEL DE SÍTIOS PARA FESTAS, ALUGUEL DE CLUBES OU CAMPOS DE FUTEBOL, TÍTULO DE CLUBES, COLÔNIA DE FÉRIAS

Exemplos de empresas que mantêm Academias/Aulas de Ginástica (especialmente para a coluna), onde os funcionários podem zelar pela boa forma física, fazendo sessões de ginástica e relaxamento: Xerox; Medley; Monsanto; TRW; Schering-Plough; Cargill; RM Sistemas (ginástica laboral e massagem mensal antiestresse); Banco Real; Algar. Semanalmente, massagistas atendem funcionários mais estressados: HP; ABB; Ache; BankBoston; Bristol-Myers Squibb.

Na **American Online**, provedora de Internet, com sede em Santo André, São Paulo, os funcionários fazem ginástica laboral diariamente e, duas vezes por semana, massagem relaxante. A empresa aluga uma quadra de futebol e um espaço para boliche. Mantém ainda na sede um barzinho para *happy hour* dos funcionários.[4]

No laboratório farmacêutico **Asta Médica**, localizado em São Paulo, há ginástica e dança de salão na fábrica e no escritório.[4]

No **Citi**, o maior banco privado do mundo em ativos, os funcionários têm direito ao *free-choice*, uma verba mensal de 2% do salário para ser aplicada em atividades voltadas à qualidade de vida, como massagens, academia e estética.[8]

A **GE** oferece o benefício *Health by Numbers*, que incentiva as pessoas a perder peso, parar de fumar e fazer exercícios.[8]

Na **Intelig**, os funcionários contam com sessões de *shiatsu*, ioga, aeroboxe, ginástica localizada, RPG e até lipoescultura. Além da sala para atividades físicas, a empresa criou o Espaço Equilibrar, para descanso e relaxamento dos empregados durante o expediente.[21]

Na **Herbarium** – farmacêutica – Paraná, os empregados contam com espaço de lazer, sessões de massagens e musculação terapêutica para evitar lesões.[21]

A **Caterpillar**, fabricante de máquinas para construção, que tem sede em Piracicaba, São Paulo, oferece clube com piscina, quadras, estrutura de lazer e calendário esportivo e cultural.[14]

A **DuPont**, em São Paulo, desde 2006 conseguiu reduzir de 29% para 13% a parcela de empregados acima do peso. Isso foi possível porque a empresa realiza *check-ups* que permitem mapear seus empregados e agir sobre os pontos críticos.[9]

Na **Iesa Óleo & Gás**, do Rio de Janeiro, a campanha antitabaco já reduziu de 11% para 4% o número de fumantes na empresa. Ela oferece um programa de qualidade de vida que inclui ginástica laboral, *shiatsu* e equipes de corrida.[9]

Na **Xerox do Brasil**, com sede no Rio de Janeiro, os empregados têm academia, salão de cabeleireiro e manicure.[7]

A **Volvo**, instalada em Curitiba, possui uma associação chamada Vicking, ao lado da fábrica, com 134.000 metros quadrados, com campo de futebol, ginásio, quadras, academia, massagem, ioga, capoeira, além de churrasqueiras e muita área verde.[7], [8] e [9]

A **Visteon**, fabricante de autopeças, que tem sede em Guarulhos, SP, possui um centro esportivo e oferece ginástica laboral a cada início de jornada de trabalho.[18]

O **Unibanco** oferece colônia de férias e 50% de desconto no cinema.[7]

Na **Springer Carrier**, em Canoas, RS, os funcionários realizam ginástica laboral.[7] e [8]

A **Serasa Experian** promove caminhada uma vez por semana, ginástica laboral e oferece ainda massagem. Na sede, há aulas de música, circo, academia, biblioteca, espaço para orações e uma área arborizada para lazer. [8] e [9]

A **Sanofi-Aventis**, laboratório farmacêutico, com sede em Suzano, na Grande São Paulo, oferece academia, área de lazer adaptada para receber portadores de necessidades especiais, com banheiros e elevador próprios, salão de jogos, campo de futebol, churrasqueira, uma ampla área verde e um lago.[7] e [9]

Na **Refap – Refinaria Alberto Pasqualini**, Porto Alegre, integrante da Petrobras, todos têm direito a *shiatsu*.[7]

Na **Promon**, os empregados e acompanhantes recebem aulas de dança de salão.[7] e [8]

A **Petrobras Distribuidora** oferece aulas de ioga e *tai-chi-chuan*.[18]

Na **Ouro Fino Agronegócio**, fabricante de produtos farmacêuticos para a saúde animal, com sede em Cravinhos, SP, os funcionários possuem academia de ginástica, campo de futebol, quadra de tênis e até lago de pesca na sede.[9]

Na **Natura**, com sede em Cajamar, na Grande São Paulo, há um clube onde os funcionários podem fazer ginástica na hora da refeição. Na sede, há uma alameda de serviços para facilitar a vida dos funcionários, com locadora de vídeos, farmácia, correio, sapataria e posto bancário. A empresa ainda oferece salão de beleza com manicure e cabeleireiro.[7]

A empresa **Móveis Gazin**, com sede em Douradina, no Paraná, oferece ginástica laboral e uma associação com piscina e chalés.[9]

A **Marcopolo**, que tem sede em Caxias do Sul, RS, oferece sede campestre com práticas esportivas que incluem desde boliche feminino até pingue-pongue.[7]

O laboratório **Janssen-Cilag** oferece colônia de férias.[7]

Na **Fras-le**, sede Caxias do Sul, fabricante de componentes para freios, os empregados têm piscina, campos de futebol, academia.[7]

A **Faber-Castell**, com sede em São Carlos, São Paulo, possui um campo de futebol do tamanho do Maracanã.[18]

Na **CTA – Continental Tobbacos Alliance**, em Venâncio Aires, RS, os empregados dispõem de um clube dentro da fábrica, com seis piscinas, lago com pedalinho, quadras de esporte, bosque com 23 churrasqueiras, bar e salão para festas. O clube custou à empresa R$ 2 milhões.[18]

A Associação Atlética Tupy, da **Fundição Tupy**, que tem sede em Joinville, Santa Catarina, oferece ótima infraestrutura, com quadras, campo de futebol, quiosques, academia de ginástica e restaurante.[5]

A **Eurofarma**, laboratório nacional com sede em São Paulo, oferece academia de ginástica, cobrando do funcionário um valor simbólico de 1 kg de alimento não perecível. Há acompanhamento com *personal trainer* e nutricionista, alimentação diferenciada para quem precisa e salão de beleza com 70% dos serviços subsidiados.[7], [8] e [9]

A **Embratel**, com sede no Rio de Janeiro, possui uma área de musculação, sessões de massagens e *shiatsu* para reduzir o estresse do dia a dia.[18]

Na **Embraco**, com sede em Joinville, SC, líder mundial na fabricação de compressores, os empregados contam com um centro de lazer com piscina, quadras de vôlei, basquete e futebol, dois ginásios cobertos, churrasqueiras, restaurante, boliche eletrônico e academia de ginástica, instalado numa área de 83.000 metros quadrados.[8] e [1]

A **Eletronorte**, em Tucuruí, Pará, oferece clubes esportivos, academia, ginástica laboral e cuidados com ergonomia.[8] e [9]

Na sede da **DuPont**, há uma pista e um grupo de corrida monitorado e nas outras cinco fábricas há locais para a prática de esportes.[9]

Na **Dow**, indústria química e petroquímica, SP, em todas as unidades há massagistas e ainda ginástica laboral.[7], [8] e [9]

A **JBT**, em Araraquara, São Paulo, tem quadras de tênis para ajudar o pessoal a cuidar da forma física.[22]

Na **Byofórmula**, farmacêutica, com sede em São Paulo, os empregados dispõem de convênios com academias de ginástica.[21]

Na sede da **AON**, consultoria de seguros e benefícios, há uma sala de descompressão, para quem estiver estressado, que pode ser usada durante o expediente, com três ambientes com música para relaxar, fazer uma massagem, ler jornais, revistas e até mesmo para tirar um cochilo.[7] e [9]

Na **Albras**, fabricante de alumínio, com sede em Barcarena, Pará, os empregados têm um clube, com academia de ginástica.[8]

Na mineradora **Rio Tinto**, no Mato Grosso do Sul, existem duas áreas de lazer com salão de jogos e TV a cabo. A empresa aluga quadra e campo de futebol uma vez por semana para os funcionários praticarem esportes.[22]

O **BankBoston**, com sede em São Paulo, inaugurou em 2000 uma academia própria, para atividades físicas, dotada de modernos equipamentos e assessoria especializada em *fitness*, para facilidade dos mais de 2.500 funcionários da administração central. O banco firmou também convênios com academias para atender o pessoal das agências.[32]

Unidade 9 Assistência à Habitação dos Trabalhadores

Apesar de a habitação ser uma necessidade essencial é, infelizmente, ainda um sonho dos trabalhadores. Quando analisamos os benefícios que as empresas oferecem não é comum encontrarmos o atendimento dessa necessidade humana, talvez por se tratar de um bem extremamente oneroso.

Convênio com Lojas de Material de Construção

As empresas mantêm diversos convênios, com óticas, com drogarias, por exemplo, mas se esquecem de fazer o mesmo com as lojas de material de construção, para que o trabalhador possa realizar as necessárias melhorias habitacionais, como transformar em alvenaria (ainda que parcialmente) um imóvel de madeira; pintar; ampliar, reformar etc. Logo, fica aí uma sugestão para os profissionais de RH.

Um benefício poderia ser a celebração de convênios com lojas de material de construção que permitam aos funcionários descontos nas compras de materiais ou o pagamento através de descontos na folha de pagamento. Outra alternativa seria conceder empréstimos especiais aos empregados (como já falamos anteriormente), ou seja, com valores maiores e com maior prazo, para pagamento de material de construção e serviços.

Financiamento de Imóveis

Um benefício que o RH das empresas poderia oferecer aos empregados seria o respeito ao financiamento para compra de imóveis. Esse financiamento pode ser da própria empresa, que é uma situação raríssima, ou através de um agente financeiro. A orientação dada por um representante de uma instituição financeira já constitui um importante serviço prestado pelo RH.

Atualmente o governo federal possui o programa Minha Casa Minha Vida que o RH pode incentivar, repassando para os empregados as regras desses financiamentos, que visam construir moradias para os trabalhadores de baixa renda, priorizando famílias com renda de até 3 salários mínimos, mas que também beneficiam as que têm renda de até 10 salários mínimos.

Construção de Moradias

Outro benefício ainda mais importante é a construção de moradias para os empregados. Esse é mais comum em empreendimentos cujas instalações ficam em áreas afastadas e que exigem que os trabalhadores residam próximo ao local de trabalho. Para isso, algumas empresas criam as vilas operárias.

Fiança

Algumas empresas enfrentam a escassez de mão de obra local especializada para o atendimento de suas necessidades. Nesses casos elas são obrigadas a contratar técnicos e gestores vindos de outros estados. Essas situações geram tanta demanda para esses profissionais que muitas vezes as empresas acabam tendo que ajudá-los. Trata-se da locação de imóveis que exige a figura do fiador. Portanto, um benefício importante nesses casos é a empresa assumir essa fiança, evitando que o profissional recém-contratado tenha que passar o constrangimento e/ou a dificuldade de arrumar na cidade um fiador.

Uma alternativa utilizada por algumas empresas para ajudar na questão da moradia de alguns funcionários é a carta de fiança. Ela é dada como garantia, especialmente nos casos de locação de imóveis. É concedida para ocupantes de cargos-chave. Geralmente esse tipo de benefício é usado quando a empresa transfere algum empregado para outra região ou quando contrata um empregado vindo de outro município, ou, principalmente, de outro estado. Nesses casos o empregado pode não conhecer ou não ter relação de parentesco com alguém que possua imóveis na região onde ele está começando a trabalhar, o que acaba dificultando a locação de um imóvel. Nesses casos, algumas empresas atuam como fiadoras.

Pagamento do Aluguel Residencial

Uma modalidade de benefício que atende à necessidade de habitação é o pagamento do aluguel residencial. É um benefício que contempla geralmente altos executivos, que se transferem, temporariamente, para outras cidades, estados ou países. Esse tipo de ajuda costuma cobrir também despesas com condomínio e IPTU.

Uma pesquisa realizada pelo Hay Group, em 2007, envolvendo 113 empresas nacionais e multinacionais de diferentes setores, revelou que o auxílio-moradia, que em 2004 era oferecido aos funcionários em 10% das empresas pesquisadas, hoje atinge apenas 2%, e ainda assim é restrito aos CEO/Presidentes. Nas empresas que concedem, o benefício refere-se a pagamento ou reembolso integral/parcial do aluguel da residência.

Financiamento de Material de Construção

Um benefício importante diz respeito ao financiamento para compra de imóveis. É importante que a área de RH busque alternativas junto às instituições financeiras, relativas às linhas de crédito para compra de material de construção e de imóveis e divulgue junto aos funcionários.

A seguir, alguns exemplos de benefícios voltados para a habitação dos trabalhadores praticados por algumas empresas:

A **Movelar**, fabricante de móveis, localizada em Linhares, no Espírito Santo, financia terrenos para os empregados.[4]

A empresa **Embalagens Jaguaré**, fabricante de caixas de papelão, com sede em Barueri, São Paulo, construiu casas para seus funcionários, ao identificar que alguns moravam em lugares sem condições de saúde e higiene. A empresa entrou com o material de construção que ela comprou em condições vantajosas e repassou o valor com desconto em vinte e quatro parcelas. Forneceu ainda transporte e lanche. A partir daí, os próprios funcionários se reuniram e construíram as casas dos colegas. Vinte casas já foram construídas.[9]

A **Eletronorte**, em Tucuruí, no Pará, oferece moradia e escola gratuita para filhos de funcionários.[8] e [9]

Na **Copesul**, localizada no Polo Petroquímico de Triunfo, no Rio Grande do Sul, existe um plano de financiamento da casa própria.[1]

Na mineradora **Samarco**, com sede em Belo Horizonte, MG, há um plano habitacional atraente, para financiamento da casa própria em 100 meses sem juros.[1]

O **BankBoston**, com sede em São Paulo, oferece o crédito imobiliário aos funcionários que querem adquirir sua casa própria, com condições de pagamento e taxas de juros diferenciadas.[34]

A **Copacol – Cooperativa Agroindustrial Consolata**, sediada em Cafelândia, Paraná, investiu na construção de trezentas moradias para os seus empregados. A maioria deles viaja muitos quilômetros para chegar à empresa, porque mora em cidades próximas. No primeiro ano as casas são alugadas e depois os empregados podem comprá-las a preço mais baixo, com financiamento da própria empresa.[8]

UNIDADE 10 Benefícios Concedidos pelo SESI, SESC, SEST e Sindicatos

10.1. INSTITUIÇÕES DE SERVIÇOS E BENEFÍCIOS PARA OS TRABALHADORES

Uma excelente alternativa que as empresas possuem para ampliar ou iniciar a oferta de benefícios para seus empregados é a utilização dos serviços externos. Existem algumas instituições que são mantidas pelos empresários e que têm por objetivo oferecer serviços e benefícios para os trabalhadores de um determinado segmento econômico. É o caso do SESI – Serviço Social da Indústria – que é mantido pelas indústrias. Elas recolhem mensalmente um valor de suas folhas de pagamento e repassam para o SESI. Outra instituição é o SESC – Serviço Social do Comércio – que da mesma forma é mantido pelos empresários do comércio. Outra instituição é o SEST – Serviço Social do Transporte – que é custeado pelas empresas de transporte.

O SESI foi criado em 1º de julho de 1946, através do Decreto-lei nº 9.403, assinado pelo Presidente Gaspar Dutra, que atribuiu à Confederação Nacional da Indústria – CNI, a criação, direção e organização do SESI. Ele é uma entidade de direito privado, mantida e administrada pela indústria, com o objetivo de melhorar a qualidade de vida do industriário e de seus dependentes. Suas atividades sempre incluíram a prestação de serviços em saúde, educação, lazer, cultura, nutrição e promoção da cidadania.

Atualmente, o SESI atua nos vinte e seis estados brasileiros e no Distrito Federal, representando assim um importante aliado do RH das empresas no desenvolvimento dos seus programas sociais, tanto em parceria como em complementaridade.

O SESC foi criado no dia 13 de setembro de 1946, através do Decreto-lei nº 9.853, que autorizou a Confederação Nacional do Comércio a criar o Serviço Social do Comércio – SESC. Ele está presente em todas as capitais do País e em cidades de pequeno e médio portes. Em muitas delas, é a única alternativa da população para serviços de educação, saúde, cultura, esporte, turismo, lazer e assistência.

São os seguintes os serviços que o SESC oferece aos trabalhadores do comércio de bens e serviços e à comunidade em geral: Creche, Educação Infantil, Ensino Fundamental, Educação de Jovens e Adultos, Pré-vestibular, Medicina Preventiva e de Apoio, Odontologia, Nutrição, Cinema, Teatro, Música, Artes Plásticas, Dança, Artesanato, Biblioteca, Esporte, Ação Comunitária e Assistência Especializada.

O SEST – Serviço Social do Transporte – é uma entidade civil, com personalidade jurídica de direito privado sem fins lucrativos, criada em 14 de setembro de 1993, pela Lei nº 8.706/93, e organizada pela Confederação Nacional do Transporte – CNT.

O Serviço Social do Transporte – SEST e o Serviço Nacional de Aprendizagem do Transporte – SENAT, assim como o Instituto de Desenvolvimento do Transporte – IDT, são entidades componentes do Sistema CNT.

Para que o SEST possa prestar todos os serviços de educação, saúde, esporte e lazer aos trabalhadores em transporte, transportadores autônomos e aos seus dependentes legais, a Lei nº 8.706, de 14 de setembro de 1993, e os Decretos 1.007, de 13 de dezembro de 1993 e 1.092, de 21 de março de 1994, determinam que a contribuição destinada às entidades seja obrigatória devendo ser arrecadada pelas empresas de transporte rodoviário, locação de veículos, transporte de valores, distribuição de petróleo e pelos transportadores rodoviários autônomos.

A alíquota é comum para todos os contribuintes (empresas e autônomos) e é constituída de 1,5% para o SEST e 1% para o SENAT. Portanto, as empresas recolhem mensalmente aplicando a alíquota (2,5%) sobre o montante bruto da folha de pagamento. Também devem recolher os valores retidos dos transportadores rodoviários que lhes prestam serviços.

As contribuições são arrecadadas com o preenchimento de GFIP e GPS e fiscalizadas pela Secretaria da Receita Federal do Brasil – RFB.

Os transportadores autônomos que prestam serviços a pessoa física recolhem de forma trimestral, aplicando a alíquota (2,5%) sobre o salário-base de contribuição do INSS. O recolhimento é feito diretamente ao SEST/SENAT, através de boletos bancários, que podem ser adquiridos em qualquer uma das unidades destas entidades, localizadas em todo o país.

O SEST oferece cursos presenciais e a distância, palestras e uma gama de serviços para os profissionais do setor de transportes.

10.2. ALGUNS BENEFÍCIOS OFERECIDOS PELO SESI

Alimentação

No campo da alimentação, as ações realizadas vão desde o fornecimento de refeições a alunos da rede escolar do SESI, à orientação nutricional a empresas e à oferta de cursos de culinária visando oferecer condições para que o trabalhador aumente a renda familiar. O SESI oferece também assessoria na instalação de cozinhas e refeitórios industriais e treinamentos de qualificação profissional para o serviço de alimentação coletiva.

Ainda nesse campo, as ações realizadas pelo SESI-SP vão desde o fornecimento de refeições a alunos da sua rede escolar à orientação nutricional aos trabalhadores de empresas e à população em geral, e cursos de culinária do programa "Alimente-se Bem" e de culinária tradicional e artesanal. Realiza, também, cursos de qualificação profissional para trabalhadores que atuam em área de alimentação coletiva.

O SESI Minas Gerais oferece o serviço de Administração de Cozinhas para empresas que possuem infraestrutura para produzir internamente as refeições. Oferece ainda Refeições Transportadas para empresas que possuem apenas estrutura para distribuição das refeições. Oferece também serviço de refeições individuais embaladas (marmitex) entregues no local que a empresa definir.

Ainda no campo da alimentação o SESI em Minas Gerais oferece os seguintes serviços:

- Lanchonetes para empresas.

- Atendimento a reuniões: como extensão de contratos, atendimento às solicitações de alimentação em reuniões e *coffee-breaks*.

- Cozinhas executivas: Atende tanto as áreas operacionais como as áreas executivas das empresas.

Educação

O SESI oferece Educação Infantil, Ensino Fundamental, Ensino Médio e formação de jovens e adultos, contribuindo para a formação integral dos trabalhadores da indústria e seus dependentes legais.

Com metodologia própria, os programas de Educação Básica são desenvolvidos nas Escolas SESI – Rio de Janeiro. Os programas também são realizados nas Classes Anexas, salas de aula implantadas pelo SESI a partir de demandas de empresas e instituições em locais que estas indiquem, com o objetivo de levar a escola até o aluno.

As Classes Anexas são administradas pela Escola SESI mais próxima da sua empresa. As responsabilidades do SESI-RJ são:

- Diagnosticar a escolaridade dos funcionários.
- Sensibilizá-los quanto à importância de concluírem seus estudos.
- Matricular os alunos e selecionar e contratar os docentes.
- Capacitar os docentes com frequência.
- Fornecer os módulos educacionais, os livros didáticos ou as apostilas.
- Organizar os processos administrativos.
- Dar assessoria pedagógica sistemática.
- Emitir declarações e certificados de conclusão.

À empresa parceira cabe somente:

- Ceder o espaço físico.
- Organizar a parte mobiliária e o material didático de apoio.
- Ressarcir o SESI-RJ dos custos operacionais.

O SESI/SP, por meio do Programa de Alfabetização Intensiva – PAI – e da Educação a Distância – Novo Telecurso – Ensinos Fundamental e Médio, implanta cursos nas Escolas SESI, empresas, entidades e comunidades, e, também, realiza treinamentos a docentes e orientadores de aprendizagem.

As bibliotecas escolares do SESI São Paulo estão organizadas com a finalidade de interagir com a equipe docente no desenvolvimento de atividades pedagógicas, facilitando, integrando e dinamizando o processo de ensino e aprendizagem. Busca a formação de cidadãos reflexivos, orientando professores e alunos para a pesquisa escolar e o prazer pela leitura. Na biblioteca, os alunos são orientados para localizar, selecionar e interpretar informações com criticidade, desenvolvendo sua autonomia na utilização de recursos informacionais.

No total são 81 unidades ativas no Estado de São Paulo, e 17 Unidades em processo de implantação, com acervo informatizado de aproximadamente 5 mil volumes, divididos em:

- Obras de Referência (enciclopédias, dicionários, atlas e almanaques).
- Conhecimento geral.
- Obras pedagógicas.
- Literatura infanto-juvenil.
- Hemeroteca.
- Videoteca.
- Periódicos (jornais e revistas).

Saúde

No campo da saúde, o SESI realiza trabalhos focados na atuação preventiva com diferentes atividades prestadas aos trabalhadores da indústria e seus dependentes. Dependendo da cidade onde esteja instalada a empresa, o SESI conta com consultórios médicos e unidades odontológicas.

As ações do SESI-Rio de Janeiro no setor de saúde estão centradas no exercício da prevenção, com propostas para a melhoria da qualidade de vida dos trabalhadores e da sociedade. Dentro desse conceito, o SESI-RJ oferece serviços nas áreas de Saúde Ocupacional, Odontologia e Esporte e Lazer.

Todos os usuários possuem o Cartão de Saúde do Trabalhador, alinhado com os propósitos do Cartão Nacional de Saúde do governo federal. O sistema informatizado do SESI-RJ, com prontuário eletrônico, alimentado por um banco de dados com 2,1 milhões de beneficiários, permite a transmissão dos dados para que o paciente tenha seu histórico médico em tempo real e possa ser atendido pela equipe médica em qualquer das unidades do SESI-RJ no estado, com rapidez e qualidade.

Na área de Saúde Assistencial, o SESI-RJ oferece atendimento médico e odontológico em clínicas básicas e especializadas, além de grande variedade de exames de apoio diagnóstico. O Programa de Saúde Ocupacional do SESI-RJ abrange ações de Medicina e Segurança do Trabalho, com profissionais altamente qualificados e equipamentos de última geração. Suas ações podem ser desenvolvidas tanto nas unidades do SESI-RJ (rede fixa e unidades móveis) quanto na própria empresa contratante.

Check-up para Executivos

O SESI-RJ oferece aos empresários a possibilidade de realizar exames clínicos e radiológicos em únicos dia e local.

Além de evitar muitos deslocamentos, a iniciativa também poupa o tempo do participante – que tem a oportunidade de detectar ou prevenir possíveis enfermidades. O check-up do SESI-RJ abrange as seguintes especialidades: cardiologia, ginecologia, oftalmologia, otorrinolaringologia e urologia.

Os exames incluídos no check-up são: audiometria, colpocitologia oncócita (preventivo), eletrocardiografia (eletrocardiograma), ergometria (teste ergométrico ou de esteira), exames laboratoriais, radiologia e espirometria.

Prevenção Odontológica Escolar

Voltada aos alunos das escolas do SESI-SP, orienta sobre a importância da saúde bucal. Os atendimentos estimulam a prática correta da escovação e da higienização como procedimentos indispensáveis para o fortalecimento da estrutura dental.

O programa realiza ainda o trabalho complementar de aplicação de flúor. A atividade é realizada em todos os alunos a partir dos 7 anos de idade, a cada semestre.

Laboratório de Toxicologia Industrial

O SESI São Paulo realiza análises toxicológicas em amostras de sangue e urina de trabalhadores expostos a produtos químicos e em amostras ambientais para quantificar os riscos de danos à saúde. A confiabilidade dos resultados é assegurada pela participação sistemática em controles interlaboratoriais de qualidade – nacionais e internacionais. Oferece às empresas análises toxicológicas para verificação de possíveis exposições ocupacionais dos trabalhadores, e para o cumprimento da legislação referente à Norma Regulamentadora 7.

Esporte e Lazer

O SESI oferece aos trabalhadores da indústria e à comunidade em geral ações educativas, culturais, artísticas, esportivas, sociais e de cidadania, sempre com a intenção de melhorar a qualidade de vida dos usuários.

O programa de Esporte e Lazer do SESI-RJ tem como objetivo melhorar a qualidade de vida dos trabalhadores e de suas famílias, levando um estilo de vida mais ativo e saudável, baseado em cinco pilares: atividade física, alimentação saudável, comportamento preventivo contra fatores de risco, relacionamento saudável e gerenciamento do estresse.

No SESI os usuários e seus dependentes podem participar de atividades de iniciação esportiva (aulas de ginástica, danças, lutas, natação, voleibol, basquetebol, futsal, futebol de campo, hidroginástica etc.) e de atividades de recreação.

Ginástica na Empresa

O SESI-RJ oferece o Programa SESI Ginástica na Empresa, com o propósito de promover a prática da atividade física, contribuindo com a adoção de um estilo de vida ativo, a socialização, a melhoria de vida dos trabalhadores e o fortalecimento da indústria.

O SESI São Paulo, através de 52 Centros de Atividades (CATs), oferece aos trabalhadores da indústria e à comunidade em geral ações educativas, culturais, artísticas, esportivas, sociais e de cidadania, sempre com a intenção de melhorar a qualidade de vida dos usuários.

O SESI de Pernambuco oferece uma colônia de férias em Tamandaré, no litoral sul do estado, que dispõe de toda uma infraestrutura de hospedagem, lazer e eventos com: piscina; *playground*; salão de jogos; churrasqueira; salas de TV; sauna; restaurante; campo de futebol; quadra de voleibol; auditório para realização de seminários, reuniões e atividades afins. As unidades de hospedagem possuem chalés e apartamentos.

Sociocultural

O SESI oferece atividades como artesanato, artes plásticas, música, exposição de artes, entre outras.

O Programa de Cultura do SESI Rio de Janeiro desenvolve projetos nas seguintes áreas: Literatura, Música, Cinema, Artes Cênicas, Cultura Popular e Arte Contemporânea.

Terceira Idade

O SESI oferece programas com atividades específicas para o público acima dos 55 anos. Oferece cursos, palestras, encontros e grupos de convivência. Tem como objetivo a melhoria da qualidade de vida desta população por proporcionar diversão, recreação e lazer, estimular o interesse pelas atividades físicas, esportivas, socioculturais e turísticas, além de estimular novas amizades e relacionamentos.

Cinema

O SESI oferece mostras de cinema, visando formar plateia para a arte cinematográfica e facilitar o acesso do trabalhador industrial às produções do cinema.

10.3. ALGUNS BENEFÍCIOS OFERECIDOS PELO SESC

Saúde

Serviço de vacinação, atendimento médico em diversas especialidades, serviços de exames complementares, laboratório de análises clínicas, radiografias odontológicas, eletrocardiografia e ergometria.

Desde sua criação, o SESC tem a saúde como uma das suas prioridades. Diante da gravidade dos problemas em saúde que os trabalhadores do comércio de bens e serviços apresentavam na época de sua criação, a entidade, nos primeiros tempos, adotou uma ação eminentemente curativa para combater os males que assolavam sua clientela: a tuberculose, por exemplo, acometia 25% dos comerciários; o acompanhamento pré-natal das gestantes era praticamente inexistente; e as condições em que se davam os partos eram bastante precárias. Dispensários e maternidades foram então construídos, tornando-se as marcas iniciais do trabalho do SESC em saúde.

Com a expansão da rede pública hospitalar o SESC reduziu sua ação em saúde curativa, dedicando-se mais à medicina de apoio e à de caráter preventivo. A instituição adotou essa diretriz por entender que a solução dos problemas de saúde de sua clientela passava, obrigatoriamente, pela disseminação de informações que estimulassem a criação de hábitos voltados para a prevenção e consequente preservação da saúde.

Mas a ação do SESC nesse setor não se limita hoje à medicina preventiva e de apoio. Saúde bucal e nutrição são outros dois campos em que a instituição está presente de forma intensa e expressiva. Tanto num como noutro, a preocupação com a disseminação de conhecimentos que contribuam para a redução dos problemas dentários e de nutrição marca a atuação do SESC.

Saúde também está totalmente relacionada à alimentação. Além de milhões de refeições balanceadas, servidas em seus 101 restaurantes e 239 lanchonetes, o SESC faz da educação nutricional uma ação constante, orientando sua clientela a optar por uma alimentação saudável.

Cultura

Uma das formas de atuação do SESC nesse campo é estimular a produção artístico-cultural. Ao criar espaços para a manifestação dessa produção, a instituição pretende oferecer condições de aperfeiçoamento do fazer cultural brasileiro, de melhoria do nível intelectual da sua clientela e da população em geral e o fortalecimento da identidade nacional – fatores essenciais para o processo de desenvolvimento.

O SESC também procura atender às necessidades de lazer cultural de sua clientela e da população em geral, sensível para o fato de que, além do pensamento e da reflexão, as necessidades de integração social, liberação de emoções, entretenimento e diversão são fundamentais para o desenvolvimento do ser humano.

Assim, o SESC procura respeitar o desejo de simples divertimento, mas sem que isso seja apenas a ocupação de tempo livre com prática consumista, reiterativa e evasiva. Ao contrário, o usufruir do lazer cultural contribui, também, para uma alteração na qualidade do agir e pensar, tornando mais complexos os níveis de exigência.

Teatro, música, artes plásticas, literatura e cinema são as linguagens artísticas da cultura que o SESC utiliza como meios para o alcance desses objetivos.

As atividades culturais do SESC são realizadas através de ações que incluem teatro, cinema, música, dança, palestras, seminários, debates e oficinas. Procura-se, com estas linhas de trabalho, permitir à clientela e ao público em geral o acesso a espetáculos artísticos de qualidade e participação de um processo de reflexão sobre as artes enquanto o tempo livre é ocupado em um lazer cultural que satisfaça o desejo de diversão e entretenimento.

Para permitir essa oferta de lazer, o SESC possui uma ampla rede de salas de espetáculos, adequadas para teatro, cinema, vídeo e auditórios.

Por acreditar que "quem não lê, mal fala, mal ouve e mal vê", o SESC implantou uma rede de 194 bibliotecas em seus centros de atividades, além de 66 salas de leitura. O objetivo é facilitar o acesso ao livro. Os municípios que não possuem centros de atividades do SESC recebem o serviço de bibliotecas móveis. Um acervo diversificado de literatura e livros didáticos procura atender aos diferentes gostos literários e possibilitar à clientela a realização de pesquisas e estudos.

As bibliotecárias, além de cuidarem e organizarem o acervo das bibliotecas, orientam os estudantes em suas pesquisas escolares.

A instalação de computadores nas bibliotecas tem permitido o acesso à Internet. Com isso, os usuários se incorporam ao mundo digital.

Lazer

O SESC dá grande ênfase ao lazer, pois constatou sua importância para a recuperação física e psíquica dos desgastes que as pessoas sofrem nas relações do trabalho, da família e dos grupos sociais de que fazem parte. Por esta razão, visando prestar um atendimento de qualidade ao trabalhador do comércio de bens e serviços, a instituição procurou, ao longo das últimas décadas, dotar suas unidades operacionais de equipamentos e espaços adequados ao lazer.

Ao invés de ver no lazer um objeto de consumo, um fim em si mesmo, o SESC procura em suas ações proporcionar à clientela experiências que, além de possibilitarem a recuperação física e mental, melhorem a qualidade de vida e atendam à necessidade de participação, solidariedade e integração sociocultural.

Assistência

São muitos os serviços e auxílios indiretos do SESC. Todos têm o objetivo de contribuir para a valorização do trabalhador do comércio de bens e serviços e de sua família, bem como para sua integração na comunidade. Várias ações, individualizadas e em grupo, procuram soluções para problemas específicos do indivíduo e da comunidade.

No Trabalho com Grupos, as ações têm o propósito de desenvolver grupos sociais, como pais, aposentados, empregados, crianças, jovens, adultos e idosos. O atendimento à terceira idade é um exemplo do que o SESC tem feito na área da assistência.

Pioneiro no Brasil, o programa trabalha a autoestima dos participantes, integra-os, socializa-os, e dá a eles mais autonomia. Esses resultados são alcançados através da participação do idoso em vários programas e atividades, onde o SESC oferece-lhe cursos especialmente estruturados para atualizar seus conhecimentos, atividades com crianças e adolescentes, música, artes plásticas, cursos, concursos, exposições, seminários e visitas culturais.

O SESC também participa ativamente, através das unidades fixas e móveis, de ações comunitárias, realizadas em conjunto com as comunidades, que possibilitam sua integração e participação na sociedade.

O Mesa Brasil SESC ataca simultaneamente dois graves problemas: o desperdício de alimentos e a fome. A entidade serve de ponte entre empresas que têm alimentos sobrando e instituições sociais que precisam deles para dar de comer a quem tem fome ou se alimenta de modo insuficiente.

E a Assistência Especializada presta serviços técnicos e auxílios indiretos, individualizados, para obtenção de documentos (inventário, registro de nascimento e casamento, documento de identidade, procurações, aposentadoria, pensão alimentícia), financiamento de utilidades, de serviços e bolsas de estudo.

Educação

Educação de Jovens e Adultos

Desde 1973, o SESC vem envidando esforços na perspectiva de contribuir para a efetivação do direito à educação e para a melhoria da qualidade de vida, centrando sua ação socioeducativa junto aos jovens e adultos trabalhadores, maiores de 15 anos, desde a Alfabetização até o Ensino Médio, em quinze estados do país (Acre, Amazonas, Amapá, Bahia, Ceará, Mato Grosso do Sul, Goiás, Minas Gerais, Paraíba, Paraná, Pernambuco, Rio Grande do Norte, Santa Catarina, Sergipe e Tocantins e no Distrito Federal).

10.4. ALGUNS BENEFÍCIOS OFERECIDOS PELO SEST

Educação

Considerando as necessidades de atualização profissional e educação permanente do trabalhador, o SEST/SENAT produziu uma importante e ampla gama de cursos presenciais e a distância e palestras que representam um marco de excelência, através da educação continuada, contemplando a multiplicidade de funções e atividades que exerce o Setor de Transporte e produzindo avanços conceituais relativos às transformações em curso no trabalho e na segurança dos profissionais do setor.

O compromisso com a construção da cidadania requer uma prática educacional voltada à compreensão da realidade social e dos direitos e responsabilidades em relação à vida. Com esta preocupação, o SEST/SENAT incorporou em suas ações de educação temas transversais que permeiam com naturalidade as matérias trabalhadas durante os cursos: princípios éticos, defesa da cidadania, defesa do meio ambiente, incentivo ao voluntariado, respeito às minorias, entre outras.

Atento às necessidades dos profissionais do setor de transporte o SEST/SENAT desenvolveu cursos de nível técnico: Curso Técnico em Logística e Curso Técnico em Transporte Rodoviário de Passageiros. Eles vêm suprir uma lacuna na formação técnica para os profissionais do setor de transportes.

Consultas Médicas

Visando à qualidade de vida e à redução dos acidentes e doenças relacionadas ao trabalho, por meio de ações de promoção, prevenção e recuperação da saúde, as Unidades do SEST/SENAT oferecem aos trabalhadores em transporte, transportadores autônomos, seus dependentes e à comunidade em geral médicos e profissionais de saúde de várias especialidades, tais como: cardiologia, clínica geral, fisioterapia, ginecologia, medicina do trabalho, oftalmologia, pediatria e psicologia.

Considerando ainda a necessidade de uma abordagem em prol da saúde mental dos trabalhadores, outra especialidade que está sendo implantada é a do atendimento psicológico. O objetivo é ofertar tratamento adequado aos trabalhadores com sintomas de abuso de bebidas alcoólicas, rebites, anfetaminas e/ou drogas ou mesmo outros distúrbios mentais. Além do tratamento por meio de sessões terapêuticas o SEST/SENAT estará ampliando a prestação de serviços nesta especialidade nas unidades e empresas do setor, com ações de caráter presencial como, por exemplo, palestras.

Os investimentos do SEST/SENAT na área de saúde são constantes e buscam a melhoria dos serviços, como contratação de especialistas em diversas especialidades, aquisição de equipamentos modernos e especialização nos procedimentos mais complexos. Os atendimentos que necessitam de uma investigação mais apurada sobre diagnósticos patológicos são encaminhados às clínicas e laboratórios conveniados.

Consultas Odontológicas

As Unidades do SEST/SENAT propiciam aos trabalhadores em transporte, transportadores autônomos, seus dependentes e à comunidade em geral procedimentos básicos como prevenção e dentística, educando os usuários para manter a saúde bucal. Oferece ainda serviços de cirurgia, dentística, endodontia, odontopediatria, ortodontia, periodontia, prevenção, prótese e radiologia.

Dicas de Saúde

Em busca da melhoria da qualidade de vida do profissional do transporte, de sua família e da comunidade, o SEST/SENAT trabalha em ações preventivas na área de saúde.

O foco em prevenção se justifica por ser amplamente conhecido que prevenir, identificando fatores de risco ou mesmo o diagnóstico precoce, é a melhor medida para curar as doenças e para reduzir custos com a saúde.

Para alcance desse objetivo, dentre outras atividades já desenvolvidas na área de saúde, o SEST/SENAT divulga periodicamente informações importantes para a sua saúde, abordando temas, como, por exemplo: estresse, alcoolismo, hipertensão, ginástica laboral, obesidade, tabagismo, alimentação saudável, doenças sexualmente transmissíveis, câncer de próstata, entre outros.

Esporte, Lazer e Cultura

As modalidades de recreação e atividades esportivas caracterizam-se pela interação, convívio social e informalidade. Propiciam aos frequentadores das Unidades do SEST/SENAT atividades que causam prazer e bem-estar. Entre elas destacam-se:

- Futebol (de campo e de salão).
- Natação.
- Hidroginástica.
- Basquete.
- Voleibol.
- Capoeira.
- Artes marciais.
- Ginástica (aeróbica e localizada).

As áreas para esporte e lazer das Unidades do SEST/SENAT, localizadas nos grandes centros urbanos e nas principais capitais do País, possuem campos de futebol, quadras polivalentes, *playgrounds*, salas de jogos, piscinas (infantil e adulta), churrasqueiras, restaurante ou lanchonete e áreas verdes. E, para o conforto dos usuários dessas áreas, as Unidades também dispõem de vestiários com chuveiros e armários.

Oficinas de Arte, Qualificação e Renda

O SEST/SENAT realiza o programa "Oficinas SEST/SENAT – Arte, Qualificação e Renda". As oficinas têm como objetivo apresentar técnicas de diversas atividades artísticas para que trabalhadores em transportes, seus familiares e a comunidade tenham uma nova prática de lazer, na forma de uma atividade lúdica, ou mesmo uma nova fonte alternativa de renda.

Pelo incentivo que dá ao desenvolvimento artístico em todos os sentidos, o programa espera oferecer oportunidades para que expressões artísticas sejam reveladas e aprimoradas gerando, além da capacitação técnica, uma possível complementação da renda familiar.

O programa contempla mais de 100 modalidades de oficinas, dentre elas: música, jardinagem, teatro, danças, confeitaria, pintura, culinária, artesanato, cabeleireiro, embalagens, *biscuit*, paisagem, serigrafia etc.

Visando expandir o conhecimento do leitor sobre alguns dos serviços realizados pelo SESI, SESC e SEST recomendo a leitura dos *sites* dessas instituições.

10.5. Alguns Benefícios Oferecidos pelos Sindicatos

Vale ressaltar que alguns benefícios não são concedidos de forma espontânea pelas empresas mas, sim, por imposição sindical.

Graças à representatividade de alguns sindicatos e à capacidade de negociação de seus dirigentes, alguns benefícios são conquistados pela classe trabalhadora. Quanto mais forte for um determinado sindicato mais benefícios receberão os trabalhadores pertencentes à essa categoria profissional.

São exemplos de benefícios concedidos por exigência sindical: anuênios, quinquênios, estabilidade de emprego, redução da jornada de trabalho, assistência jurídico-trabalhista, piso salarial, reajuste salarial, aumento por produtividade, entre outros.

Esses benefícios são negociados nas datas-base de cada categoria econômica/profissional e estão expressos nas respectivas convenções ou acordos coletivos de trabalho.

Unidade 11 — Benefícios Concedidos pelo Estado Através da Previdência Social

(textos extraídos do *site* da Previdência Social em 14 de março de 2010)

11.1. APOSENTADORIA POR IDADE

Têm direito ao benefício os trabalhadores urbanos do sexo masculino a partir dos 65 anos e do sexo feminino a partir dos 60 anos de idade. Os trabalhadores rurais podem pedir aposentadoria por idade com cinco anos a menos: a partir dos 60 anos, homens, e a partir dos 55 anos, mulheres.

Para solicitar o benefício, os trabalhadores urbanos inscritos a partir de 25 de julho de 1991 precisam comprovar 180 contribuições mensais. Os rurais têm de provar, com documentos, 180 meses de atividade rural.

Os segurados urbanos filiados até 24 de julho de 1991 devem comprovar o número de contribuições exigidas de acordo com o ano em que implementaram as condições para requerer o benefício, conforme tabela definida pela Previdência. Para os trabalhadores rurais, filiados até 24 de julho de 1991, será exigida a comprovação de atividade rural no mesmo número de meses constantes na referida tabela. Além disso, o segurado deverá estar exercendo a atividade rural na data de entrada do requerimento ou na data em que implementou todas as condições exigidas para o benefício, ou seja, idade mínima e carência.

> *Observação:* O trabalhador rural (empregado e contribuinte individual), enquadrado como segurado obrigatório do Regime Geral de Previdência Social (RGPS), pode requerer aposentadoria por idade no valor de um salário mínimo, até 31 de dezembro de 2010, desde que comprove o efetivo exercício da atividade rural, ainda que de forma descontínua, em número de meses igual à carência exigida. Para o segurado especial não há limite de data.

Segundo a Lei nº 10.666, de 8 de maio de 2003, a perda da qualidade de segurado não será considerada para a concessão de aposentadoria por idade, desde que o trabalhador tenha cumprido o tempo mínimo de contribuição exigido. Nesse caso, o valor do benefício será de um salário mínimo, se não houver contribuições depois de julho de 1994.

Nota: A aposentadoria por idade é irreversível e irrenunciável: depois que receber o primeiro pagamento, ou sacar o PIS e/ou o Fundo de Garantia (o que ocorrer primeiro), o segurado não poderá desistir do benefício. O trabalhador não precisa sair do emprego para requerer a aposentadoria.

11.2. APOSENTADORIA POR INVALIDEZ

Benefício concedido aos trabalhadores que, por doença ou acidente, forem considerados pela perícia médica da Previdência Social incapacitados para exercer suas atividades ou outro tipo de serviço que lhes garanta o sustento.

Não tem direito à aposentadoria por invalidez quem, ao se filiar à Previdência Social, já tiver doença ou lesão que geraria o benefício, a não ser quando a incapacidade resultar no agravamento da enfermidade.

Quem recebe aposentadoria por invalidez tem que passar por perícia médica de dois em dois anos. Quem não o fizer terá o benefício suspenso. A aposentadoria deixa de ser paga quando o segurado recupera a capacidade e volta ao trabalho.

Para ter direito ao benefício, o trabalhador tem que contribuir para a Previdência Social por no mínimo 12 meses, no caso de doença. Se for acidente, esse prazo de carência não é exigido, mas é preciso estar inscrito na Previdência Social.

11.3. APOSENTADORIA POR TEMPO DE CONTRIBUIÇÃO

Pode ser integral ou proporcional. Para ter direito à aposentadoria integral, o trabalhador homem deve comprovar pelo menos 35 anos de contribuição e a trabalhadora mulher, 30 anos. Para requerer a aposentadoria proporcional, o trabalhador tem que combinar dois requisitos: tempo de contribuição e a idade mínima.

Os homens podem requerer aposentadoria proporcional aos 53 anos de idade e 30 anos de contribuição (mais um adicional de 40% sobre o tempo que faltava em 16 de dezembro de 1998 para completar 30 anos de contribuição).

As mulheres têm direito à aposentadoria proporcional aos 48 anos de idade e 25 de contribuição (mais um adicional de 40% sobre o tempo que faltava em 16 de dezembro de 1998 para completar 25 anos de contribuição).

A perda da qualidade de segurado não será considerada para a concessão da aposentadoria por tempo de contribuição, conforme estabelece a Lei nº 10.666, de 8 de maio de 2003. O trabalhador terá, no entanto, que cumprir um prazo mínimo de contribuição à Previdência Social. Os inscritos a partir de 25 de julho de 1991 devem ter, pelo menos, 180 contribuições mensais. Os filiados antes dessa data têm de seguir a tabela progressiva.

A aposentadoria por tempo de contribuição é irreversível e irrenunciável: a partir do primeiro pagamento, o segurado não pode desistir do benefício. O trabalhador não precisa sair do emprego para requerer a aposentadoria.

Valor do Benefício por Tempo de Contribuição

Para aposentadoria integral, será de 100% do salário de benefício. Para aposentadoria proporcional, de 70% do salário de benefício, mais 5% a cada ano completo de contribuição posterior ao tempo mínimo exigido.

O salário de benefício dos trabalhadores inscritos até 28 de novembro de 1999 corresponderá à média dos 80% maiores salários de contribuição, corrigidos monetariamente, desde julho de 1994.

Para os inscritos a partir de 29 de novembro de 1999, o salário de benefício será a média dos 80% maiores salários de contribuição de todo o período contributivo. Nos dois casos será aplicado o fator previdenciário.

11.4. APOSENTADORIA ESPECIAL

Benefício concedido ao segurado que tenha trabalhado em condições prejudiciais à saúde ou à integridade física. Para ter direito à aposentadoria especial, o trabalhador deverá comprovar, além do tempo de trabalho, efetiva exposição aos agentes físicos, biológicos ou associação de agentes prejudiciais pelo período exigido para a concessão do benefício (15, 20 ou 25 anos).

A comprovação será feita em formulário do Perfil Profissiográfico Previdenciário (PPP), preenchido pela empresa com base em Laudo Técnico de Condições Ambientais de Trabalho (LTCA), expedido por médico do trabalho ou engenheiro de segurança do trabalho.

O PPP, instituído pela IN/INSS/DC nº 090/03, incluirá informações dos formulários SB-40, DISES BE – 5235, DSS 8030 e DIRBEN 8030, que terão eficácia até 30 de outubro de 2003. A partir de 1º de novembro de 2003, será dispensada a apresentação do LTCAT, mas o documento deverá permanecer na empresa à disposição da Previdência Social.

A empresa é obrigada a fornecer cópia autêntica do PPP ao trabalhador em caso de demissão.

Para ter direito ao benefício, o trabalhador inscrito a partir de 25 de julho de 1991 deverá comprovar no mínimo 180 contribuições mensais. Os inscritos até essa data devem seguir a tabela progressiva. A perda da qualidade de segurado não será considerada para concessão de aposentadoria especial, segundo a Lei nº 10.666/03.

Observação: A caracterização e a comprovação do tempo de atividade sob condições especiais obedecerão ao disposto na legislação em vigor na época da prestação do serviço.

As regras de conversão de tempo de atividade sob condições especiais em tempo de atividade comum constantes deste artigo aplicam-se ao trabalho prestado em qualquer período.

11.5. Auxílio-Doença

Benefício concedido ao segurado impedido de trabalhar por doença ou acidente por mais de 15 dias consecutivos. No caso dos trabalhadores com carteira assinada, os primeiros 15 dias são pagos pelo empregador, exceto o doméstico, e a Previdência Social paga a partir do 16º dia de afastamento do trabalho. Para os demais segurados, inclusive o doméstico, a Previdência paga o auxílio desde o início da incapacidade e enquanto a mesma perdurar. Em ambos os casos, deverá ter ocorrido o requerimento do benefício.

Para ter direito ao benefício, o trabalhador tem de contribuir para a Previdência Social por, no mínimo, 12 meses. Esse prazo não será exigido em caso de acidente de qualquer natureza (por acidente de trabalho ou fora do trabalho) ou de doença profissional ou do trabalho. Para concessão de auxílio-doença é necessária a comprovação da incapacidade em exame realizado pela perícia médica da Previdência Social.

Terá direito ao benefício sem a necessidade de cumprir o prazo mínimo de contribuição e desde que tenha qualidade de segurado quando do início da incapacidade o trabalhador acometido de tuberculose ativa, hanseníase, alienação mental, neoplasia maligna, cegueira, paralisia irreversível e incapacitante, cardiopatia grave, doença de Parkinson, espondiloartrose anquilosante, nefropatia grave, doença de Paget em estágio avançado (osteíte deformante), síndrome da imunodeficiência adquirida (AIDS), contaminação por radiação (comprovada em laudo médico) ou hepatopatia grave.

O trabalhador que recebe auxílio-doença é obrigado a realizar exame médico periódico e, se constatado que não poderá retornar para sua atividade habitual, deverá participar do programa de reabilitação profissional para o exercício de outra atividade, prescrito e custeado pela Previdência Social, sob pena de ter o benefício suspenso.

Não tem direito ao auxílio-doença quem, ao se filiar à Previdência Social, já tiver doença ou lesão que geraria o benefício, a não ser quando a incapacidade resulta do agravamento da enfermidade.

Quando o trabalhador perde a qualidade de segurado, as contribuições anteriores só serão consideradas para concessão do auxílio-doença se, após nova filiação à Previdência Social, houver pelo menos quatro contribuições que, somadas às anteriores, totalizem no mínimo, a carência exigida (12 meses).

O auxílio-doença deixa de ser pago quando o segurado recupera a capacidade e retorna ao trabalho ou quando o benefício se transforma em aposentadoria por invalidez.

Valor do Benefício

- Corresponde a 91% do salário de benefício.

- O segurado especial (trabalhador rural) terá direito a um salário mínimo, se não contribuiu facultativamente.

- O salário de benefício dos trabalhadores inscritos até 28 de novembro de 1999 corresponderá à média dos 80% maiores salários de contribuição, corrigidos monetariamente, desde julho de 1994.

- Para os inscritos a partir de 29 de novembro de 1999, o salário de benefício será a média dos 80% maiores salários de contribuição de todo o período contributivo.

11.6. AUXÍLIO-ACIDENTE

Benefício pago ao trabalhador que sofre um acidente e fica com sequelas que reduzem sua capacidade de trabalho. É concedido para segurados que recebiam auxílio-doença. Têm direito ao auxílio-acidente o trabalhador empregado, o trabalhador avulso e o segurador especial. O empregado doméstico, o contribuinte individual e o facultativo não recebem o benefício.

Para concessão do auxílio-acidente não é exigido tempo mínimo de contribuição, mas o trabalhador deve ter qualidade de segurado e comprovar a impossibilidade de continuar desempenhando suas atividades, por meio de exame da perícia médica da Previdência Social.

O auxílio-acidente, por ter caráter de indenização, pode ser acumulado com outros benefícios pagos pela Previdência Social, exceto aposentadoria. O benefício deixa de ser pago quando o trabalhador se aposenta.

Para pedir auxílio-acidente, o trabalhador não precisa apresentar documentos, porque eles já foram exigidos na concessão do auxílio-doença.

Pagamento: a partir do dia seguinte em que cessa o auxílio-doença.

Valor do benefício: corresponde a 50% do salário de benefício que deu origem ao auxílio-doença corrigido até o mês anterior ao do início do auxílio-acidente.

11.7. PENSÃO POR MORTE

Benefício pago à família do trabalhador quando ele morre. Para concessão de pensão por morte, não há tempo mínimo de contribuição, mas é necessário que o óbito tenha ocorrido enquanto o trabalhador tinha qualidade de segurado.

Se o óbito ocorrer após a perda da qualidade de segurado, os dependentes terão direito a pensão desde que o trabalhador tenha cumprido, até o dia da morte, os requisitos para obtenção de aposentadoria, concedida pela Previdência Social.

Nota: De acordo com a Instrução Normativa INSS/DC nº 96 de 23/10/2003, o irmão ou o filho maior inválido farão jus à pensão, desde que a invalidez concluída mediante exame médico pericial seja anterior à data do óbito do segurado, e o requerente não tenha se emancipado até a data da invalidez.

Para os relativamente incapazes ocorre prescrição de acordo com o disposto no art. 3º e inciso I do art. 198 do Código Civil, a contar da data em que tenham completado dezesseis anos de idade e, para efeito de recebimento de parcelas de pensão por morte desde o óbito do instituidor, o requerimento do benefício deve ser protocolado até trinta dias após ser atingida a idade mencionada, independentemente da data em que tenha ocorrido o óbito.

Ou, ainda, que seja comprovada a incapacidade permanente ou temporária dentro do período de graça (tempo em que o trabalhador pode ficar sem contribuir e, mesmo assim, não perder a qualidade de segurado).

A comprovação deve ser por parecer da perícia médica da Previdência Social, com base em atestados ou relatórios médicos, exames complementares, prontuários ou documentos equivalentes.

O benefício deixa de ser pago quando o pensionista morre, quando se emancipa ou completa 21 anos (no caso de filhos ou irmãos do segurado) ou quando acaba a invalidez (no caso de pensionista inválido).

A pensão poderá ser concedida por morte presumida nos casos de desaparecimento do segurado em catástrofe, acidente ou desastre. Serão aceitos como prova do desaparecimento: Boletim de Ocorrência da Polícia, documento confirmando a presença do segurado no local do desastre, noticiário dos meios de comunicação e outros.

Nesses casos, quem recebe a pensão por morte terá de apresentar, de seis em seis meses, documento sobre o andamento do processo de desaparecimento até que seja emitida a certidão de óbito.

Valor do Benefício

Corresponde a 100% do valor da aposentadoria que o segurado recebia no dia da morte ou que teria direito se estivesse aposentado por invalidez.

Se o trabalhador tiver mais de um dependente, a pensão por morte será dividida igualmente entre todos. Quando um dos dependentes perder o direito ao benefício, a sua parte será dividida entre os demais.

A pensão por morte deixada por trabalhadores rurais é de um salário mínimo.

11.8. SALÁRIO-MATERNIDADE

As trabalhadoras que contribuem para a Previdência Social têm direito ao salário-maternidade nos 120 dias em que ficam afastadas do emprego por causa do parto.

O benefício foi estendido também para as mães adotivas.

O salário-maternidade é concedido à segurada que adotar uma criança ou ganhar a guarda judicial para fins de adoção:

- se a criança tiver até um ano de idade, o salário-maternidade será de 120 dias;

- se tiver de um ano a quatro anos de idade, o salário-maternidade será de 60 dias;

- se tiver de quatro anos a oito anos de idade, o salário-maternidade será de 30 dias.

Para concessão do salário-maternidade, não é exigido tempo mínimo de contribuição das trabalhadoras empregadas, empregadas domésticas e trabalhadoras avulsas, desde que comprovem filiação nesta condição na data do afastamento para fins de salário-maternidade ou na data do parto.

A contribuinte facultativa e a individual têm que ter pelo menos dez contribuições para receber o benefício. A segurada especial receberá o salário-maternidade se comprovar no mínimo dez meses de trabalho rural. Se o nascimento for prematuro, a carência será reduzida no mesmo total de meses em que o parto foi antecipado.

Considera-se parto o nascimento ocorrido a partir da 23ª semana de gestação, inclusive natimorto.

Nos abortos espontâneos ou previstos em lei (estupro ou risco de vida para a mãe), será pago o salário-maternidade por duas semanas.

A trabalhadora que exerce atividades ou tem empregos simultâneos tem direito a um salário-maternidade para cada emprego/atividade, desde que contribua para a Previdência Social nas duas funções.

O salário-maternidade é devido a partir do oitavo mês de gestação (comprovado por atestado médico) ou da data do parto (comprovado pela certidão de nascimento).

A partir de setembro de 2003, o pagamento do salário-maternidade das gestantes empregadas passou a ser feito diretamente pelas empresas, que são ressarcidas pela Previdência Social. As mães adotivas, contribuintes individuais, facultativas e empregadas domésticas terão de pedir o benefício nas agências da Previdência Social.

Em casos comprovados por atestado médico, o período de repouso poderá ser prorrogado por duas semanas antes do parto e ao final dos 120 dias de licença.

Valor do Benefício

Para a segurada empregada:

- quem tem salário fixo receberá o valor integral da remuneração mensal;
- quem tem salário variável receberá o equivalente à média salarial dos seis meses anteriores;
- quem recebe acima do teto salarial de Ministro do Supremo Tribunal Federal terá o salário-maternidade limitado a esse teto, segundo a Resolução nº 236/02 do Supremo Tribunal Federal, de 19 de julho de 2002.

A trabalhadora avulsa receberá o equivalente ao último mês de trabalho, observado o teto de Ministro do Supremo Tribunal Federal.

Para a empregada doméstica o salário-maternidade é equivalente ao último salário de contribuição, observados os limites mínimo e máximo do salário de contribuição para a Previdência Social. A trabalhadora rural tem direito a um salário mínimo.

A contribuinte individual e a facultativa têm direito ao equivalente a 1/12 da soma dos 12 últimos salários de contribuição apurados em um período de no máximo 15 meses, observado o limite máximo dos benefícios.

11.9. SALÁRIO-FAMÍLIA

Benefício pago aos trabalhadores com salário mensal de até R$ 710,08, para auxiliar no sustento dos filhos de até 14 anos incompletos ou inválidos. (*Observação:* São equiparados aos filhos, os enteados e os tutelados que não possuem bens suficientes para o próprio sustento).

De acordo com a Portaria nº 77, de 12 de março de 2008, o valor do salário-família será de R$ 24,23, por filho de até 14 anos incompletos ou inválido, para quem ganhar até R$ 472,43. Para o trabalhador que receber de R$ 472,44 até R$ 710,08, o valor do salário-família por filho de até 14 anos incompletos ou inválido será de R$ 17,07.

Têm direito ao salário-família os trabalhadores empregados e os avulsos. Os empregados domésticos, contribuintes individuais, segurados especiais e facultativos não recebem salário-família.

Para a concessão do salário-família, a Previdência Social não exige tempo mínimo de contribuição.

Atenção: O benefício será encerrado quando o(a) filho(a) completar 14 anos.

UNIDADE 12 Pesquisa de Benefícios

Assim como as empresas devem acompanhar o valor dos salários praticados pelo mercado, também devem monitorar as práticas das outras empresas da região onde esteja instalada, em termos de gestão de benefícios.

Para tanto, a área de recursos humanos e, em especial, os profissionais que atuam na área de gestão de benefícios devem comprar as pesquisas sobre benefícios que algumas empresas comercializam ou usar as que eles mesmos podem fazer.

A título de sugestão, segue um modelo:

PESQUISA SOBRE GESTÃO DE BENEFÍCIOS

1. Informações sobre a empresa pesquisada:

Empresa: _____

Endereço: _____

Cidade: _____

Estado: _____ CEP: _____

Nome do responsável pelas informações:

_____

Cargo: _____

E-mail: _____ Telefone: _____

Preencha os campos abaixo, se os dados do endereço e o nome do responsável pelo recebimento das informações forem diferentes do informado acima.

Nome: _____

Cargo: _____

Cidade: _____

Estado: _____ CEP: _____

E-mail: _____ Telefone: _____

2. Origem do Capital da Empresa:

Nacional: _____

Estrangeiro: _____

Se estrangeiro, especifique: _____

3. Data-base da Categoria: _____

4. Administração de Salários:

4.1. Quantos salários sua empresa paga por ano? _____

4.2. Planos de Incentivo:

Assinalar com um "x" nos espaços correspondentes

Cargo	Bônus/ Gratificação	PLR	Stock Options	Prêmios Especiais (individuais)	Prêmios Especiais (em grupo)
Presidente					
Diretores					
Gerentes					
Supervisores					
Administrativos					
Operacionais					
Força de Vendas					

4.3. Em quais critérios se baseia a concessão dos planos e incentivo?

A - Resultado da Empresa.

B - Resultado do Departamento.

C - Resultado do Setor.

D - Resultado do Empregado.

Mencionar a letra nos espaços correspondentes:

Cargo	Bônus/ Gratificação	PLR	Stock Options	Prêmios Especiais (individuais)	Prêmios Especiais (em grupo)
Presidente					
Diretores					
Gerentes					
Supervisores					
Administrativos					
Operacionais					
Força de Vendas					

4.4. O que o pagamento de bônus estabelece quanto a:

4.4.1. Para qual nível/cargo prevê um valor mínimo a ser pago, mesmo quando as metas não são atingidas.

_____

_____

4.4.2. Nº de parcelas durante o ano em que é pago o bônus:

_____

_____

4.4.3. Sua empresa utiliza o conceito de bônus target *(bônus a ser pago em caso de alcance de 100% das metas)?*
Sim ( )
Não ( ) Se não, descreva de que forma ele é determinado.

_____

_____

5. Assistência Médica

5.1. Sua empresa possui plano?

A - Não possui.
B - Sim, sem livre escolha (escolha direcionada: convênios e serviços credenciados).
C - Sim, livre escolha (não há rede credenciada).
D - Sim, misto (livre escolha e rede credenciada).

Marque com um "x" no espaço correspondente.

Atividade Ocupacional	A	B	C	D
Presidente				
Diretores				
Gerentes				
Supervisores				
Administrativos				
Operacionais				
Força de Vendas				

5.2. O plano de assistência médica é administrado:
Pela própria empresa ( )
Por Terceiros ( ). Se for por terceiros, especifique:

_____

5.3. A cobertura do plano de assistência médica inclui:
   Somente os empregados: Sim ( ) Não ( )
   Os empregados e seus dependentes: Sim ( ) Não ( )
   Empregados, e seus dependentes e agregados: Sim ( ) Não ( )
   Aposentados: Sim ( ) Não ( )

5.3.1. Caso a assistência médica seja exclusiva para os empregados, a empresa oferece a opção de eles pagarem a diferença para a inclusão de seus dependentes?
   Sim ( ) Não ( )

5.4. Acomodação para internações hospitalares:
   Enfermaria: Sim ( ) Não ( )
   Elegíveis? Sim ( ) Não ( )
   Quarto particular: Sim ( ) Não ( )
   Elegíveis? Sim ( ) Não ( )

5.4.1. A empresa permite que os empregados paguem a diferença para a mudança do tipo de acomodação?
   Sim ( ) Não ( )

5.5. Custo médio mensal para o grupo familiar: R$ _____

5.6. Percentual do custo médio mensal pago pelos empregados:
   Enfermaria: _____ %
   Quarto particular: _____ %

5.7. Custo médio da assistência médica por usuário: R$ _____

6. Assistência Odontológica
   Não possui ( )
   Possui ( )
   Própria ( )
   Credenciada ( )

6.1. Cobertura do plano de assistência odontológica:
   Só para os empregados ( )
   Empregados e dependentes ( ) Inclui agregados: Sim ( ) Não ( )
   Aposentados ( )

6.2. Custo médio mensal para o grupo familiar: R$ _____

Unidade 12: Pesquisa de Benefícios

6.3. Percentual do custo médio mensal pago pelos empregados:
_____ %

6.4. Custo médio da assistência odontológica por usuário: R$ _____

6.5. Indicar o tipo de tratamento dado:
Restaurações ( )   Cirurgias ( )   Tratamentos de Canal ( )
Periodontia ( )   Ortodontia ( )   Próteses ( )   Aparelhos ( )
Outro: _____

7. Check-up
Níveis Elegíveis:
Assinalar com um "x" nos espaços correspondentes:

Atividade Ocupacional	
Presidente	
Diretores	
Gerentes	
Supervisores	
Administrativos	
Operacionais	
Força de Vendas	

Periodicidade: _____
Subvenção da empresa em percentual: _____ %
Realizado em que empresa? _____
Custo médio mensal: R$ _____

8. Assistência Farmacêutica

8.1. A empresa fornece algum tipo de assistência na compra de medicamentos?
Sim ( )   Não ( )

8.2. Se fornece, de que maneira é fornecido?
Desconto no preço dos medicamentos dado por determinadas drogarias. ( )
Desconto no preço dos medicamentos dado por determinadas drogarias e ainda com desconto em folha de pagamento. ( )
Desconto em folha de pagamento sem desconto no preço dos medicamentos. ( )
Empresa subsidia o pagamento integral dos medicamentos. ( )
ou parcial ( ) _____ %
Outra: _____

8.3. Quanto à cobertura:

Medicamentos só com prescrição médica? Sim ( ) Não ( )
Perfumaria? Sim ( ) Não ( )
Extensivo a dependentes? Sim ( ) Não ( )
Aposentados? Sim ( ) Não ( )

8.4. Subvenção da empresa em percentual: _____ %
Somente para medicamentos para doenças especiais? Explique:
_____

9. Seguro de Vida em Grupo

9.1. A empresa oferece esse benefício? Sim ( ) Não ( )

9.2. Todos os empregados recebem o benefício? Sim ( ) Não ( )
Quem recebe? _____
Aposentados ( )

9.3. Prêmio (valor mensal pago pelo seguro):
Subvenção da empresa em percentual: _____%
Contribuição do empregado em percentual: _____%

9.4. Taxa:
Quanto (em percentual) o valor do prêmio, pago mensalmente pela empresa, representa do valor do capital segurado? _____%
Ou seja, quanto custa o plano (valor do prêmio) para cada R$ 1.000,00 de capital segurado? R$ _____

9.5. Coberturas:
Morte natural: Sim ( ) Não ( )
Morte acidental: Sim ( ) Não ( )
Invalidez permanente total por acidente: Sim ( ) Não ( )
Invalidez total por doença: Sim ( ) Não ( )
Morte de cônjuge: Sim ( ) Não ( )
Morte de filho: Sim ( ) Não ( )
Outra. Especificar:
_____

9.6. Capital segurado:
Uniforme ( )   Múltiplo salarial ( )
Quantas vezes o salário mensal? _____
Limite do capital segurado? R$ _____
Por faixa salarial ( )   Livre escolha ( )
Para que cargos? _____

9.7. A empresa dá cobertura aos aposentados?
Sim ( ) Em que condições? _____
Não ( )

10. Complemento do Auxílio-doença

10.1. A empresa concede o benefício? Sim ( ) Não ( )
Níveis Elegíveis:
Assinalar com um "x" nos espaços correspondentes:

Atividade Ocupacional	
Presidente	
Diretores	
Gerentes	
Supervisores	
Administrativos	
Operacionais	
Força de Vendas	

10.2. Qual o prazo máximo para pagamento? _____

10.3. Qual é o nível de complementação, em percentual do salário, que o empregado receberá ao ficar afastado pela Previdência Social?
Indicar nos espaços correspondentes o percentual do salário.

Atividade Ocupacional	%
Presidente	
Diretores	
Gerentes	
Supervisores	
Administrativos	
Operacionais	
Força de Vendas	

10.4. A complementação varia com o tempo de empresa?
Sim ( ) Explique: _____
Não ( )

10.5. Quem paga o benefício?
Empresa ( )   Previdência privada ( )

11. Empréstimos

11.1. A empresa concede empréstimos aos seus empregados?
Sim ( )   Não ( )

11.1.1. A empresa concede empréstimos aos aposentados?
Sim ( )   Não ( )

11.2. A empresa possui uma política formal que normatize o benefício?
Sim ( )   Não ( )

11.3. Sobre o valor do empréstimo incidem juros e/ou correção monetária?
Sim ( )   Não ( )

11.4. Elegibilidade ao empréstimo:
Despesas médicas/odontológicas: Sim ( )   Não ( )
Reforma/melhoria habitacional: Sim ( )   Não ( )
Acidentes: Sim ( )   Não ( )
Despesas escolares: Sim ( )   Não ( )
Aquisição de automóvel: Sim ( )   Não ( )
Aquisição de bens imóveis: Sim ( )   Não ( )
Emergências pessoais: Sim ( )   Não ( )
Dívidas: Sim ( )   Não ( )
Outras: _____

11.5. Quem concede o empréstimo? (Assinale com um "X")
Empresa   ( )
Previdência privada   ( )
Cooperativa de crédito   ( )
Convênio com instituição financeira ( )

11.6. A empresa exige um tempo mínimo de casa para conceder o empréstimo?
Sim ( ) Quanto tempo? _____
Não ( )

11.7. Valor máximo concedido, em múltiplos do salário mensal:

_____

11.8. Prazo máximo para pagamento? _____
11.9. Existe prazo de carência entre um empréstimo e outro?
Sim ( )   Qual? _____
Não ( )

12. Assistência à Educação

12.1. A empresa oferece esse benefício?
Sim ( )   Não ( )
Por mera liberalidade da empresa ( )   Por exigência sindical ( )

12.2. A empresa possui uma política formal sobre esse benefício?
Sim ( )   Não ( )

12.3. Beneficiários:
Só para empregados ( )   Empregados e dependentes ( )

12.4. Elegibilidade (pode apresentar mais de uma resposta):
Todos os empregados ( )
De acordo com o tempo de serviço ( ) especificar o tempo:

_____

De acordo com a necessidade do cargo ( )
De acordo com o nível do cargo ( )
Outro motivo ( ) favor explicar:

_____

12.5. Cobertura:
12.5.1. Subsídio para matrícula e mensalidades

Curso	Sim	Não	% de Subsídio	Limite Mensal
Ensino Fundamental				
Ensino Médio				
Ensino Profissionalizante				
Ensino Superior				
Pós-Graduação				
Idiomas				

12.5.2. Subsídio para compra de material escolar:
Sim ( )   Não ( )
% de subsídio: _____   Até o limite de R$ _____

13. Auxílio-creche

13.1. A empresa oferece esse benefício?
Sim ( )   Não ( )
Por mera liberalidade da empresa ( )   Por exigência sindical ( )

13.2. A empresa possui uma política formal sobre esse benefício?
Sim ( )   Não ( )

13.3. Beneficiários:
Empregadas com filho ( )   Empregados com filho ( )

13.4. Tipo de plano:
Livre escolha (reembolso) ( )   % de subsídio ( ) _____
Até o limite de R$ _____
Convênio com creches ( )
Creche na empresa ( )
Mãe-crecheira/Auxílio-babá ( )   % de subsídio ( ) _____
Até o limite de R$ _____

13.5. Cobertura:
Até 6 meses ( )   Até 1 ano ( )   Até 2 anos ( )   Até 3 anos ( )
Até 4 anos ( )   Até 5 anos ( )   Até 6 anos ( )   Até 7 anos ( )
Outra idade-limite: _____

14. Alimentação

14.1. A empresa oferece esse benefício?
Sim ( )   Não ( )
Por mera liberalidade da empresa ( )   Por exigência sindical ( )

14.2. A empresa possui uma política formal sobre esse benefício?
Sim ( )   Não ( )

14.3. Beneficiários:
Só para empregados   ( )
Empregados e terceiros ( )

14.4. Tipo de programa (pode assinalar mais de uma resposta):
Restaurante na empresa ( )   Administração própria ( )
Administrado por: _____
Vale-refeição   ( )
Vale-alimentação   ( )
Cesta básica   ( )
Cooperativa de consumo   ( )

14.5. Restaurantes na empresa (Assinale com um "X")
Não há restaurante na empresa ( )
Um para todos os empregados ( )
Um exclusivo para funcionários administrativos ( )
Um exclusivo para funcionários de cargos executivos ( )
Outra alternativa: _____

14.6. Restaurante na empresa (Serviços):
14.6.1. Café da manhã:
Todos os empregados ( ) Custo/dia: R$ _____
% pago pela empresa _____
Empregados da fábrica/loja ( ) Custo/dia: R$ _____
% pago pela empresa _____
Outros: _____ Custo/dia: R$ _____
% pago pela empresa _____

14.6.2. Lanche:
Todos os empregados ( ) Custo/dia: R$ _____
% pago pela empresa _____
Empregados da fábrica/loja ( ) Custo/dia: R$ _____
% pago pela empresa _____
Outros: _____ Custo/dia: R$ _____
% pago pela empresa _____

14.6.3. Almoço/Janta:
Todos os empregados ( ) Custo/dia: R$ _____
% pago pela empresa _____
Empregados da fábrica/loja ( ) Custo/dia: R$ _____
% pago pela empresa _____
Outros: _____ Custo/dia: R$ _____
% pago pela empresa _____

14.7. Vale-refeição:
Percentual do custo do vale-refeição pago pela empresa: _____ %
Valor diário do vale-refeição: R$ _____
Data da última revisão do valor: _____
Fornecedor do vale-refeição: _____

14.8. Vale-alimentação:
Percentual do custo do vale-alimentação pago pela empresa: _____ %
Valor do vale-alimentação: R$ _____
Data da última revisão do valor: _____
Fornecedor do vale-alimentação: _____

14.9. Cesta básica
Percentual do custo da cesta básica pago pela empresa: _____ %
Valor da cesta básica: R$ _____
Data da última revisão do valor: _____
Fornecedor da cesta básica: _____
Entregue na empresa: Sim ( ) Não ( )
Entregue na residência dos empregados: Sim ( ) Não ( )

15. Transporte

15.1. A empresa oferece esse benefício?
Sim ( ) Não ( )

15.2. A empresa possui uma política formal sobre esse benefício?
Sim ( ) Não ( )

15.3. Tipo de benefício:
Vale-transporte ( )
Transporte coletivo (ônibus/vans/kombis) ( )
Cota mensal para pagamento de combustível ( )
Reembolso/Km rodado ( )
Carro ( )
Estacionamento ( )

15.4. Vale-transporte:
Existe limite de distância para a concessão desse benefício?
Sim ( ) Qual? _____
Não ( )

15.5. Transporte coletivo:
Beneficiário: _____
Ônibus fretados ( )   próprios ( )
Vans fretadas ( )   próprias ( )
Subvenção da empresa em percentual: _____ %
Contribuição do empregado em percentual: _____ %
Outra: _____

15.6. Carro:
Beneficiário: _____
Subvenção da empresa em percentual: _____ %
Contribuição do empregado em percentual: _____ %

15.6.1. Forma de concessão do carro (Assinale com um "X"):
Alugado ( )   Leasing ( )   Carro financiado ( )

15.6.2. Modelo-padrão do carro:
   Presidente: _____
   Diretor: _____
   Gerente: _____
   Outro: _____

15.6.3. Prazo de troca do carro:
   Presidente: _____
   Diretor: _____
   Gerente: _____
   Outro: _____

15.6.4. Combustível:
   Pago integralmente pela empresa: Sim ( )   Não ( )
   Pago pelo empregado: Sim ( )   Não ( )
   Subvenção parcial: _____

15.6.5. Manutenção:
   Paga integralmente pela empresa: Sim ( )   Não ( )
   Paga pelo empregado: Sim ( )   Não ( )
   Subvenção parcial: _____

15.6.6. Licenciamento:
   Pago integralmente pela empresa: Sim ( )   Não ( )
   Pago pelo empregado: Sim ( )   Não ( )
   Subvenção parcial: _____

15.6.7. Seguro:
   Pago integralmente pela empresa: Sim ( )   Não ( )
   Pago pelo empregado: Sim ( )   Não ( )
   Subvenção parcial: _____

15.6.8. Existe opção de compra do carro na troca do veículo?
   Sim ( ) Para que nível? _____
   Não ( )

15.7. Reembolso de combustível:
   Beneficiário: _____
   Cota mensal de _____ litros/mês.
   Reembolso de R$ _____/km rodado.

15.8. Estacionamento:
   Beneficiário: _____
   Subvenção da empresa em percentual: _____ %
   Contribuição do empregado em percentual: _____ %

16. Habitação

16.1. A empresa oferece esse benefício?
   Sim ( ) Não ( )

16.2. A empresa possui uma política formal sobre esse benefício?
   Sim ( ) Não ( )

16.3. Elegibilidade:
   Todos os empregados ( )
   Executivos   ( )
   Operários   ( )
   Outros: _____

16.4. Forma de benefício (Assinalar com um "X" nos espaços correspondentes):

Beneficiário	Ajuda de Aluguel	Imóvel da Empresa	Fiança
Presidente			
Diretores			
Gerentes			
Administrativos			
Operacionais			
Força de Vendas			
Todos os Empregados			

17. Cartão de Crédito

17.1. A empresa oferece esse benefício?
   Sim ( ) Não ( )

17.2. A empresa possui uma política formal sobre esse benefício?
   Sim ( ) Não ( )

17.3. Elegíveis:
   Presidente ( ) Diretores ( ) Gerentes ( )
   Outros: _____

17.4. A anuidade do cartão é paga pela empresa?
   Sim ( ) Não ( )

17.5. É permitido efetuar despesas particulares?
   Sim ( ) Não ( )

17.6. O cartão é internacional?
   Sim ( ) Não ( )

18. Clube
18.1. A empresa oferece esse benefício?
Sim ( ) Não ( )
18.2. A empresa possui uma política formal sobre esse benefício?
Sim ( ) Não ( )
18.3. Quem é elegível ao benefício?
_____

18.4. O título da empresa é utilizado pelo funcionário?
Sim ( ) Não ( )
18.5. O título do clube é doado ao executivo?
Sim ( ) Não ( )

19. Empregados Domésticos
19.1. A empresa oferece esse benefício?
Sim ( ) Não ( )
19.2. A empresa possui uma política formal sobre esse benefício?
Sim ( ) Não ( )
19.3. Quem é elegível ao benefício?
_____

19.4. Forma de concessão do benefício:
Empregado contratado e registrado pela empresa ( )
Empregado contratado e pago pelo executivo e reembolsado pela empresa ( )
Percentual de reembolso: _____%
19.5. Funções do empregado:
Motorista ( )
Cozinheira/Copeira ( )
Faxineira ( )
Segurança ( )
Outra: _____

20. Previdência Privada
20.1. A empresa oferece esse benefício?
Sim ( ) Não ( )
20.2. Tipo de entidade utilizada:
Fechada própria ( )
(restrita aos empregados da empresa ou do grupo empresarial)
Fechada, multipatrocinada ( )
(patrocinada por empresas sem vínculo acionário)
Aberta ( )
(sem restrição, permitindo a adesão de qualquer pessoa)

Plano oferecido a todos os funcionários ( )
Plano oferecido apenas a um grupo restrito de funcionários ( )
Indicar: _____
Plano Informal sem uso de uma entidade financeira para acumular recursos para o pagamento dos benefícios ( )

20.3. Tipo de plano:

20.3.1. Benefício definido ( )
Nível de benefício (renda mensal vitalícia) em percentual do salário no momento da aposentadoria (incluindo o benefício pago pelo INSS): _____ %
Há contribuição dos empregados? Sim ( ) Não ( )
Se sim, que percentual do custo é pago? _____ %
Contribuição da empresa (em % da folha de salários): _____ %
Número de benefícios por ano 12 ( ) 13 ( ) outro: _____

20.3.2. Contribuição definida (o benefício depende da acumulação das contribuições e do retorno dos investimentos) ( )
Nível esperado de benefício (renda mensal vitalícia), em percentual do salário no momento da aposentadoria (incluindo o benefício pago pelo INSS); _____ %
Há contribuição dos empregados? Sim ( ) Não ( )
Se sim, que percentual do custo é pago? _____ %
Contribuição da empresa (em % da folha de salários): _____ %
Número de contribuições por ano 12 ( ) 13 ( ) outro: _____

20.4. Tipos de benefícios concedidos pelo plano
Aposentadoria (tempo de serviço, idade, especial): Sim ( ) Não ( )
Invalidez: Sim ( ) Não ( )
Complemento do auxílio-doença: Sim ( ) Não ( )
Pensão por morte: Sim ( ) Não ( )
Pecúlio por morte: Sim ( ) Não ( )
Seguro de vida em grupo: Sim ( ) Não ( )
Auxílio-funeral: Sim ( ) Não ( )
Empréstimos aos participantes: Sim ( ) Não ( )
Outros ( ) Indicar: _____

20.5. Elegibilidade:

20.5.1. Aposentadoria normal (por idade, tempo de contribuição, tempo de empresa)
Idade mínima dos homens: _____
Tempo de serviço dos homens: _____
Idade mínima das mulheres: _____
Tempo de serviço das mulheres: _____
Tempo mínimo de trabalho na empresa: _____

Unidade 12: Pesquisa de Benefícios

20.5.2. Aposentadoria antecipada
(anterior ao previsto na aposentadoria normal, com redução de valores)
Idade mínima dos homens: _____
Tempo de serviço dos homens: _____
Idade mínima das mulheres: _____
Tempo de serviço das mulheres: _____
Tempo mínimo de trabalho na empresa: _____

20.5.3. Aposentadoria postergada (posterior ao previsto na aposentadoria normal)
Idade mínima dos homens: _____
Tempo de serviço dos homens: _____
Idade mínima das mulheres: _____
Tempo de serviço das mulheres: _____
Tempo mínimo de trabalho na empresa: _____

20.5.4. Invalidez
Idade mínima dos homens: _____
Tempo de serviço dos homens: _____
Idade mínima das mulheres: _____
Tempo de serviço das mulheres: _____
Tempo mínimo de trabalho na empresa: _____

20.5.5. Pensão por morte
Idade mínima dos homens: _____
Tempo de serviço dos homens: _____
Idade mínima das mulheres: _____
Tempo de serviço das mulheres: _____
Tempo mínimo de trabalho na empresa: _____

20.6. No desenho do Plano de Previdência Privada, a remuneração variável (bônus, comissão, prêmio, hora-extra, 13º etc.) integra o salário para cálculo da contribuição e benefícios?
Sim ( ) Não ( )

20.7. Condições de elegibilidade para ingresso no plano:

20.7.1. Tempo de empresa:
Não é exigido ( ) _____ anos ( )

20.7.2. Nível hierárquico: Especificar: _____

20.7.3. Nível salarial:
Não fixado ( )
Entre _____ e _____ ( )
Outro critério _____ ( )

Unidade 13 Auditoria

Assim como acontece com a folha de pagamento, a gestão de benefícios também requer um rígido controle por envolver uma parcela significativa dos custos de pessoal.

Cabe, portanto, à principal liderança de RH a responsabilidade pela auditoria permanente dos pagamentos e descontos desses gastos. Esse mesmo controle deve ser compartilhado com a Contabilidade da empresa, com a Auditoria Interna e/ou Externa, a fim de evitar erros, descumprimento das políticas e normas dos benefícios, ou mesmo a fraude cometida por algum empregado envolvido no controle dos mesmos.

No tocante à assistência financeira existem várias formas de ajuda, onde a empresa empresta dinheiro a alguns colaboradores. O pagamento desses valores deve ser objeto de controle. Um empréstimo pode ser feito a um empregado sem que seja descontado posteriormente. O desconto pode ter o prazo dilatado, contrariando as normas que regem esse tipo de empréstimo. Um empregado inelegível, segundo as normas, pode ser contemplado por algum tipo de ajuda financeira.

Outro ponto de controle fundamental na gestão de benefícios refere-se ao cruzamento que o RH e/ou a Contabilidade devem fazer sobre o pagamento das faturas.

A empresa recebe uma fatura do plano de saúde, por exemplo, no valor de R$ 100.000,00, e em seguida a área de RH providencia o pagamento à operadora do plano de saúde. Todavia, ao controlar o total descontado na rubrica "plano de saúde" observa-se um valor de R$ 96.800,00. Logo se percebe um erro ou uma fraude. Pode ser que ao relacionar os empregados a serem descontados, o responsável por essa operação tenha esquecido de lançar algum nome de um ou de alguns empregados beneficiados. Pode também não ter feito esse lançamento de má-fé.

Isso também se aplica aos pagamentos efetuados aos diferentes fornecedores de diversos benefícios, como, por exemplo, auxílio-farmácia, vale-refeição, vale-alimentação, cesta básica, seguro de vida, auxílio-creche, entre outros. Os fornecedores podem receber o valor integral de suas faturas sem que o correspondente valor tenha sido descontado dos empregados. Consequentemente, esses fornecedores não terão qualquer motivo para reclamar, embora a empresa esteja sendo lesada.

No caso do vale-transporte, além do controle sobre os descontos deve existir também uma auditoria sobre os itinerários indicados pelos empregados. Existem empresas de consultoria que fazem esse tipo de serviço, quando ele não é feito pelo próprio órgão emissor dos vales.

No caso da assistência à educação, a empresa pode estar reembolsando as despesas de um empregado, sem descontar dele a parte relativa a uma determinada disciplina que está sendo cursada por ele ter sido reprovado na mesma.

O reembolso por quilometragem pode ser objeto de um pagamento a maior. No caso da venda de produtos da empresa aos empregados pode haver omissão no desconto de algum empregado. No caso da concessão temporária do plano de saúde ou de cesta básica para alguns funcionários demitidos o prazo pode ser dilatado em relação ao que estabelece a norma da empresa.

Enfim, existem várias possibilidades de erro ou mesmo de fraude na administração dos benefícios, por implicar uma vantagem financeira indireta para os trabalhadores. Sendo assim, é indispensável que essa despesa considerável da empresa seja objeto de um acompanhamento, primeiro pela área de recursos humanos e, segundo, pela área financeira, para que esse investimento na qualidade de vida dos trabalhadores não represente um dissabor à empresa concedente.

Questões para Revisão da Matéria

1. Comente a relação existente entre Riscos e Necessidades Humanas com a administração de Benefícios Sociais.
2. Comente sobre uma tendência atual relativa à concessão de benefícios.
3. Indique dois benefícios concedidos legalmente e três espontâneos.
4. Cite três vantagens para a empresa conceder benefícios aos seus empregados, e duas vantagens para os funcionários.
5. Quais são as três fontes de custeio de um plano de benefícios?
6. Comente sobre as três formas de concessão dos benefícios pelas empresas.
7. Comente, dando exemplos, os três modelos de gestão dos benefícios.
8. Conceitue Benefícios Sociais.
9. Indique três fatores de avaliação de um plano de benefícios.
10. Quais são os três benefícios mais onerosos para as empresas?
11. Por que as empresas devem refletir bem sobre a implantação de um benefício?
12. Quais são os benefícios usualmente mais oferecidos pelas empresas?
13. Por que razão os funcionários devem participar do custeio de um benefício?
14. Por que em algumas empresas os benefícios são administrados pela área de Administração de Cargos e Salários?
15. Comente sobre um benefício em que há a participação do Estado no seu custeio.
16. Como são classificados os benefícios?
17. Que lei e decreto dão sustentação legal ao benefício alimentação?

18. Para uma empresa que utiliza os incentivos do PAT, qual é o valor máximo que ela pode cobrar por uma refeição?
19. Qual é a diferença e quais são as consequências entre pré-pagamento e pós-pagamento de um plano de assistência médica?
20. Ao contratarmos um plano de seguro de vida em grupo, o que devemos levar em conta?
21. Qual a diferença entre cooperativa de crédito e cooperativa de consumo?
22. Qual a diferença entre salário-educação e auxílio-educação?
23. Qual é a forma mais bem aceita pelas funcionárias mães com relação ao auxílio-creche? Por quê?
24. Para a concessão de empréstimos pessoais, quais são os principais critérios a serem adotados pelas empresas?
25. Quais as vantagens que os empregados têm para utilizarem o transporte da empresa?
26. Que critérios as empresas utilizam para definir os trajetos dos seus transportes coletivos?
27. De quais alternativas uma empresa dispõe para oferecer assistência médica aos seus funcionários e dependentes?
28. Quais são as coberturas oferecidas por um plano de assistência médica?
29. Quais são os fatores que afetam o custo da assistência médica?
30. Quais são os fatores que interferem nos reajustes determinados pelas operadoras de saúde?
31. Comente três medidas que uma empresa pode adotar para manter ou reduzir custos com a assistência médica de seus funcionários e dependentes.
32. Quais são todas as alternativas que as empresas têm para cumprir a obrigação em relação à guarda dos filhos de suas funcionárias? De todas, qual é a mais eficaz?
33. Quais são todas as modalidades de assistência financeira que as empresas praticam?
34. Por que podemos afirmar que a cooperativa de crédito constitui a "redenção" financeira dos trabalhadores de baixa renda?

35. Quais são todas as opções que uma empresa tem para conceder auxílio-transporte aos seus funcionários?
36. Quais são todas as opções que uma empresa tem para oferecer assistência à educação dos seus funcionários?
37. Por que a implantação do benefício Complemento do Auxílio-Doença é financeiramente interessante para a empresa?
38. O que a legislação impõe às empresas sobre creche?
39. Qual é o cuidado que a empresa deve tomar para não ter ônus financeiros, com a implantação do benefício Complemento do Auxílio-Doença?
40. Que funcionários mais se beneficiam com a concessão do benefício Previdência Privada ou Complementar?
41. Quais são os dois critérios mais utilizados pelas empresas para a definição do valor do "capital segurado" no benefício Seguro de Vida em Grupo?
42. Dê exemplos de dois benefícios classificados como Supletivos.
43. O que você entende por Benefícios Flexíveis?
44. Como podem ser flexibilizados os benefícios?
45. Justifique a importância do axioma utilizado na administração de benefícios.
46. Quais são todas as opções que uma empresa tem para oferecer assistência à alimentação dos seus funcionários?
47. Comente duas premissas usualmente consideradas na administração de benefícios.
48. Cite dois exemplos de benefícios concedidos normalmente para cargos executivos.
49. Quais são as vantagens e as desvantagens de uma creche na própria empresa?
50) João foi contratado para iniciar o RH de uma empresa que, historicamente, sempre apresentou restrições com os gastos com o seu quadro de pessoal, tanto assim que só oferecia os benefícios obrigatórios por lei. João convenceu o presidente da empresa a implantar o benefício "assistência médica hospitalar". Se você estivesse no cargo ocupado por João, de que forma implantaria esse benefício? Aponte quatro medi-

das prioritárias que facilitariam a absorção dos custos desse novo benefício.

51) Marcos trabalhava numa empresa de transporte e tinha sua mãe de 76 anos como agregada de seu plano de saúde empresarial e pagava por isso R$ 170,00 por mês. Após vários anos de trabalho Marcos foi demitido sem justa causa. Sua mãe teve um aneurisma e precisou de cuidados médicos constantes, pois perdeu parcialmente os movimentos dos membros inferiores. Infelizmente, no auge do seu tratamento médico, com a demissão de Marcos, o convênio dela foi cancelado. Marcos procurou a operadora que o informou que a sua mãe teria que migrar para um plano individual, submetendo-se a um novo período de carência e o preço subiria para R$ 800,00. Pergunta-se: a atitude da operadora foi legal? Qual é o procedimento correto?

52) Explique para que serve o complemento do auxílio-doença. Explique quando o trabalhador passa a ter esse direito. Explique como podemos implantá-lo sem que esse benefício represente um custo adicional para as empresas.

53) "Depois que fizemos o convênio com a cooperativa, melhorou muito para o pessoal, pois o juro dos empréstimos é baixo. É uma das melhores coisas que o sindicato fez. Os trabalhadores fazem empréstimo pra tudo na Metalcred, pra pagar dívidas, limpar o nome, quitar o cartão de crédito, reformar a casa. Os trabalhadores sempre pediam vale e agora não pedem mais. Fora isso, na Metalcred também dá pra fazer poupança." Esse é o depoimento de uma empregada de um sindicato metalúrgico de São Paulo. Pergunta-se: Que órgãos fazem parte da gestão de uma cooperativa de crédito? Quantos empregados são necessários para constituí-la?

54) O RH deve adotar algumas medidas para que a empresa não seja percebida pelos empregados como uma instituição financeira que pode socorrê-los em qualquer situação em que se encontrem. Explique quatro dessas medidas que podem ser empregadas para a concessão de empréstimos.

55) O presidente da empresa consultou José, responsável pelo RH, sobre as vantagens que ela e os empregados teriam com a implantação da previdência privada. Aponte três dessas vantagens e responda se esse benefício também é vantajoso para quem recebe o salário mínimo. Justifique.

56) Ao implantar a assistência médica ambulatorial na empresa você contrataria um médico de que especialidade? Justifique sua resposta.

57) Manoel trabalha numa empresa que não tem plano de saúde e foi surpreendido com a internação de seus dois filhos. Para piorar a sua situação ele bateu com o carro que dirigia, que ficou muito avariado. Ele precisa de R$ 4.000,00 para pagar suas despesas. Seu salário é de R$ 3.000,00. Se você trabalhasse na área de Benefícios, como você faria para ajudá-lo da forma mais favorável para ele?

58) Em 25/11/2008, o Prefeito de Blumenau, Santa Catarina, declarou estado de calamidade pública na cidade, devido a enchentes. Milhares de pessoas ficaram desabrigadas e cento e trinta e cinco morreram no Estado. Um funcionário que perdeu o terreno e a casa procurou o RH pedindo ajuda. O que você faria, sendo gestor de Benefícios dessa empresa?

59) Indique cinco benefícios tradicionalmente concedidos relacionados à assistência ao transporte e cinco relacionados à alimentação dos trabalhadores.

60) Para reduzir ou manter os custos da Assistência Médica, o RH pode adotar várias providências. Aponte quatro delas.

61) Indique dois importantes fatores que tradicionalmente justificam os reajustes dos planos de saúde.

62) Comente sobre dois fatores que oneram os custos da Assistência Médica de uma empresa.

63) Que regra geral a empresa deve utilizar quanto aos empréstimos? Indique três critérios que o RH deve adotar para tornar o funcionário elegível ao empréstimo.

64) Quais são as diferenças entre os benefícios financeiros Doação e Empréstimo Especial.

65) Qual é a principal falha do RH quanto ao benefício Adiantamento Quinzenal de Salário e qual é a principal vantagem desse benefício para o funcionário?

66) Dos benefícios (PPR; Participação nos Lucros; Distribuição de Ações e Gratificação Anual) qual deles compromete mais os empregados com o resultado de médio e longo prazos da empresa? Justifique.

67) Comente sobre mais um benefício, de natureza financeira, além dos anteriormente mencionados.

68) Explique o que se entende por Pequeno Risco e Grande Risco, na linguagem da Assistência Médica.

69) Foram apresentados vários critérios utilizados pelas empresas para fornecerem o benefício Creche. Indique os dois melhores e justifique a sua indicação.

70) Que critérios as empresas utilizam para definir o valor do Capital Segurado?

71) Que vantagem uma empresa tem implantando um grêmio, como pessoa jurídica?

72) Qual é o principal argumento do RH para convencer o empresário a implantar o benefício Seguro de Vida em Grupo?

73) Indique seis colunas usadas habitualmente nos jornais internos.

74) Quais são os dois objetivos de um jornal interno, administrado pelo RH?

75) Por que razão a creche instalada na própria empresa funciona como um "elefante branco"?

76) Indique quatro benefícios utilizados pelas empresas, relacionados ao transporte dos funcionários.

77) O presidente da empresa pediu ao José, responsável pela área de Benefícios, que apresentasse uma alternativa para conceder ajuda aos gerentes relacionada à cobertura de despesas com combustível, já que a empresa não tinha como contemplá-los com carros. Considerando os dados abaixo, qual dos benefícios José deveria recomendar, proporcionando um custo menor para a empresa? Justifique.

Dados:

- A empresa conta com quatro gerentes: Walker, Célio, Celso e Paulo.
- Walker percorre 1.200 km no percurso casa/trabalho/casa; Célio percorre 700 km; Celso 300 e Paulo 900.
- O custo médio do litro do combustível (gasolina/álcool) corresponde a R$ 2,50.
- Uma alternativa seria conceder para cada um 200 litros de combustível por mês. A outra alternativa seria adotar o reembolso por quilômetro rodado.

Anexo   Legislação do Empréstimo Consignado (Lei nº 10.820)

Lei nº 10.820, de 17 de dezembro de 2003 — DOU de 18/12/2003

Alterada pela Lei nº 10.953, de 27 de setembro de 2004 — DOU de 28/09/2004

Dispõe sobre a autorização para desconto de prestações em folha de pagamento, e dá outras providências.

O PRESIDENTE DA REPÚBLICA: *Faço saber que o Congresso Nacional decreta e eu sanciono a seguinte Lei:*

Art. 1º Os empregados regidos pela Consolidação das Leis do Trabalho — CLT, aprovada pelo Decreto-lei nº 5.452, de 1º de maio de 1943, poderão autorizar, de forma irrevogável e irretratável, o desconto em folha de pagamento dos valores referentes ao pagamento de empréstimos, financiamentos e operações de arrendamento mercantil concedidos por instituições financeiras e sociedades de arrendamento mercantil, quando previsto nos respectivos contratos.

§ 1º O desconto mencionado neste artigo também poderá incidir sobre verbas rescisórias devidas pelo empregador, se assim previsto no respectivo contrato de empréstimo, financiamento ou arrendamento mercantil, até o limite de trinta por cento.

§ 2º O regulamento disporá sobre os limites de valor do empréstimo, da prestação consignável para os fins do *caput* e do comprometimento das verbas rescisórias para os fins do § 1º deste artigo.

Art. 2º Para os fins desta lei, considera-se:

I – empregador, a pessoa jurídica assim definida pela legislação trabalhista;

II – empregado, aquele assim definido pela legislação trabalhista;

III – instituição consignatária, a instituição autorizada a conceder empréstimo ou financiamento ou realizar operação de arrendamento mercantil mencionada no caput do art. 1º;

IV – mutuário, empregado que firma com instituição consignatária contrato de empréstimo, financiamento ou arrendamento mercantil regulado por esta lei; e

V – verbas rescisórias, as importâncias devidas em dinheiro pelo empregador ao empregado em razão de rescisão do seu contrato de trabalho.

§ 1º Para os fins desta lei, são consideradas consignações voluntárias as autorizadas pelo empregado.

§ 2º No momento da contratação da operação, a autorização para a efetivação dos descontos permitidos nesta lei observará, para cada mutuário, os seguintes limites:

I – a soma dos descontos referidos no art 1º desta lei não poderá exceder a trinta por cento da remuneração disponível, conforme definida em regulamento; e

II – o total das consignações voluntárias, incluindo as referidas no art. 1º, não poderá exceder a quarenta por cento da remuneração disponível, conforme definida em regulamento.

Art. 3º Para os fins desta lei, são obrigações do empregador:

I – prestar ao empregado e à instituição consignatária, mediante solicitação formal do primeiro, as informações necessárias para a contratação da operação de crédito ou arrendamento mercantil;

II – tornar disponíveis aos empregados, bem como às respectivas entidades sindicais, as informações referentes aos custos referidos no § 2º deste artigo; e

III – efetuar os descontos autorizados pelo empregado em folha de pagamento e repassar o valor à instituição consignatária na forma e no prazo previstos em regulamento.

§ 1º É vedado ao empregador impor ao mutuário e à instituição consignatária escolhida pelo empregado qualquer condição que não esteja prevista nesta lei ou em seu regulamento para a efetivação do contrato e a implementação dos descontos autorizados.

§ 2º Observado o disposto em regulamento e nos casos nele admitidos, é facultado ao empregador descontar na folha de pagamento do mutuário os custos operacionais decorrentes da realização da operação objeto desta lei.

§ 3º Cabe ao empregador informar, no demonstrativo de rendimentos do empregado, de forma discriminada, o valor do desconto mensal decorrente de cada operação de empréstimo, financiamento ou arrendamento, bem como os custos operacionais referidos no § 2º deste artigo.

§ 4º Os descontos autorizados na forma desta lei e seu regulamento terão preferência sobre outros descontos da mesma natureza que venham a ser autorizados posteriormente.

Art. 4º A concessão de empréstimo, financiamento ou arrendamento mercantil será feita a critério da instituição consignatária, sendo os valores e demais condições objeto de livre negociação entre ela e o mutuário, observadas as demais disposições desta lei e seu regulamento.

§ 1º Poderá o empregador, com a anuência da entidade sindical representativa da maioria dos empregados, sem ônus para estes, firmar, com instituições consignatárias, acordo que defina condições gerais e demais critérios a serem observados nos empréstimos, financiamentos ou arrendamentos que venham a ser realizados com seus empregados.

§ 2º Poderão as entidades e centrais sindicais, sem ônus para os empregados, firmar, com instituições consignatárias, acordo que defina condições gerais e demais critérios a serem observados nos empréstimos, financiamentos ou arrendamentos que venham a ser realizados com seus representados.

§ 3º Uma vez observados pelo empregado todos os requisitos e condições definidos no acordo firmado segundo o disposto no § 1º ou no § 2º deste artigo, não poderá a instituição consignatária se negar a celebrar empréstimo, financiamento ou arrendamento mercantil.

§ 4º Para a realização das operações referidas nesta lei, é assegurado ao empregado o direito de optar por instituição consignatária que tenha firmado acordo com o empregador, com sua entidade sindical, ou qualquer outra instituição consignatária de sua livre escolha, ficando o empregador obrigado a proceder aos descontos e repasses por ele contratados e autorizados.

§ 5º No caso dos acordos celebrados nos termos do § 2º deste artigo, os custos de que trata o § 2º do art. 3º deverão ser negociados entre o empregador e a entidade sindical, sendo vedada a fixação de custos superiores aos previstos pelo mesmo empregador nos acordos referidos no § 1º deste artigo.

§ 6º Poderá ser prevista nos acordos referidos nos §§ 1º e 2º deste artigo, ou em acordo específico entre a instituição consignatária e o empregador, a absorção dos custos referidos no § 2º do art. 3º pela instituição consignatária.

§ 7º É vedada aos empregadores, entidades e centrais sindicais a cobrança de qualquer taxa ou exigência de contrapartida pela celebração ou pela anuência nos acordos referidos nos §§ 1º e 2º, bem como a inclusão neles de cláusulas que impliquem pagamento em seu favor, a qualquer título, pela realização das operações de que trata esta lei, ressalvado o disposto no § 2º do art. 3º.

Art. 5º O empregador será o responsável pelas informações prestadas, pela retenção dos valores devidos e pelo repasse às instituições consignatárias, o qual deverá ser realizado até o quinto dia útil após a data de pagamento, ao mutuário, de sua remuneração mensal.

§ 1º O empregador, salvo disposição contratual em sentido contrário, não será corresponsável pelo pagamento dos empréstimos, financiamentos e arrendamentos concedidos aos mutuários, mas responderá sempre, como devedor principal e solidário, perante a instituição consignatária, por valores a ela devidos, em razão de contratações por ele confirmadas na forma desta lei e seu regulamento, que deixarem, por sua falha ou culpa, de serem retidos ou repassados.

§ 2º Na hipótese de comprovação de que o pagamento mensal do empréstimo, financiamento ou arrendamento foi descontado do mutuário e não foi repassado pelo empregador à instituição consignatária, fica ela proibida de incluir o nome do mutuário em qualquer cadastro de inadimplentes.

§ 3º Caracterizada a situação do § 2º deste artigo, o empregador e os seus representantes legais ficarão sujeitos à ação de depósito, na forma prevista no Capítulo II do Título I do Livro IV do Código de Processo Civil.

§ 4º No caso de falência do empregador, antes do repasse das importâncias descontadas dos mutuários, fica assegurado à instituição consignatária o direito de pedir, na forma prevista em lei, a restituição das importâncias retidas.

TEXTO ANTERIOR:

~~Art 6º. Os titulares de benefícios de aposentadoria e pensão do Regime Geral de Previdência Social poderão autorizar os descontos referidos no art. 1º nas condições estabelecidas em regulamento, observadas as normas editadas pelo Instituto Nacional do Seguro Social – INSS.~~

Art 6º. Os titulares de benefícios de aposentadoria e pensão do Regime Geral de Previdência Social poderão autorizar o Instituto Nacional do Seguro Social – INSS a proceder aos descontos referidos no art. 1º desta lei, bem como autorizar, de forma irrevogável e irretratável, que a instituição financeira na qual recebam seus benefícios retenha, para fins de amortização, valores referentes ao pagamento mensal de empréstimos, financiamentos e operações de arrendamento mercantil por ela concedidos, quando previstos em contrato, nas condições estabelecidas em regulamento, observadas as normas editadas pelo INSS (*Lei nº 10.953, de 27 de setembro de 2004 – DOU de 28/09/2004*).

§ 1º Para os fins do *caput*, fica o INSS autorizado a dispor, em ato próprio, sobre:

I – as formalidades para habilitação das instituições e sociedades referidas no art. 1º;

II – os benefícios elegíveis, em função de sua natureza e forma de pagamento;

III – as rotinas a serem observadas para a prestação aos titulares de benefícios em manutenção e às instituições consignatárias das informações necessárias à consecução do disposto nesta lei;

IV – os prazos para o início dos descontos autorizados e para o repasse das prestações às instituições consignatárias;

V – o valor dos encargos a serem cobrados para ressarcimento dos custos operacionais a ele acarretados pelas operações; e

VI – as demais normas que se fizerem necessárias.

§ 2º Em qualquer circunstância, a responsabilidade do INSS em relação às operações referidas no *caput* deste artigo restringe-se à (**Nova Redação** – *Lei nº 10.953, de 27 de setembro de 2004 – DOU de 28/09/2004*):

I – retenção dos valores autorizados pelo beneficiário e repasse à instituição consignatária nas operações de desconto, não cabendo à autarquia responsabilidade solidária pelos débitos contratados pelo segurado; e (**Acrescido** – *Lei nº 10.953, de 27 de setembro de 2004 – DOU de 28/09/2004*);

II – manutenção dos pagamentos do titular do benefício na mesma instituição financeira enquanto houver saldo devedor nas operações em que for autorizada a retenção, não cabendo à autarquia responsabilidade solidária pelos débitos contratados pelo segurado. (**Acrescido** – *Lei nº 10.953, de 27 de setembro de 2004 – DOU de 28/09/2004*).

§ 3º É vedado ao titular de benefício que realizar qualquer das operações referidas nesta lei solicitar a alteração da instituição financeira pagadora, enquanto houver saldo devedor em amortização. (**Nova Redação** – *Lei nº 10.953, de 27 de setembro de 2004 – DOU de 28/09/2004*).

TEXTO ANTERIOR:

§ 2º. Em qualquer hipótese, a responsabilidade do INSS em relação às operações referidas no caput restringe-se à retenção dos valores autorizados pelo beneficiário e repasse à instituição consignatária, não cabendo à autarquia responsabilidade solidária pelos débitos contratados pelo segurado.

§ 3º. É vedado ao titular de benefício que realizar operação referida nesta Lei solicitar a alteração da instituição financeira pagadora enquanto houver saldo devedor em amortização.

§ 4º É facultada a transferência da consignação do empréstimo, financiamento ou arrendamento firmado pelo empregado na vigência do seu contrato de trabalho quando de sua aposentadoria, observadas as condições estabelecidas nesta lei.

§ 5º Os descontos e as retenções mencionados no *caput* deste artigo não poderão ultrapassar o limite de 30% (trinta por cento) do valor dos benefícios. (**Nova Redação** – *Lei nº 10.953, de 27 de setembro de 2004 – DOU de 28/09/2004*).

§ 6º A instituição financeira que proceder à retenção de valor superior ao limite estabelecido no § 5º deste artigo perderá todas as garantias que lhe são conferidas por esta lei. (**Nova Redação** – *Lei nº 10.953, de 27 de setembro de 2004 – DOU de 28/09/2004*).

Art. 7º O art. 115 da Lei nº 8.213, de 24 de julho de 1991, passa a vigorar com as seguintes alterações:

"Art 115 ....

VI – pagamento de empréstimos, financiamentos e operações de arrendamento mercantil concedidos por instituições financeiras e sociedades de arrendamento mercantil, públicas e privadas, quando expressamente autorizado pelo beneficiário, até o limite de trinta por cento do valor do benefício.

§ 1º Na hipótese do inciso II, o desconto será feito em parcelas, conforme dispuser o regulamento, salvo má-fé.

§ 2º Na hipótese dos incisos II e VI, haverá prevalência do desconto do inciso II". (NR)

Art. 8º O Poder Executivo regulamentará o disposto nesta lei.

Art. 9º Esta lei entra em vigor na data de sua publicação.

Brasília, 17 de dezembro de 2003; 182º da Independência e 115º da República.

LUIZ INÁCIO LULA DA SILVA
Antonio Palocci Filho
Ricardo José Ribeiro Berzoini

(Este texto não substitui o publicado no DOU de 18/12/2003.)

Referências Bibliográficas

BOHLANDER, George W.; SNEL, Scott; SHERMAN, Arthur. *Administração de recursos humanos*. São Paulo: Pioneira Thomson Learning, 2003.

CHIAVENATO, Idalberto. *Remuneração, benefícios e relações de trabalho: como reter talentos na organização*. 6ª. ed. rev. e atual. Barueri, SP: Manole, 2009.

DAVIS, Frank Stephen. *Benefícios e serviços aos funcionários*. São Paulo: Editora STS, 2ª edição, 1999.

FERNANDES, Eda Conte. *Qualidade de vida no trabalho*. Salvador. BA: Casa da Qualidade, 1996.

LUZ, Ricardo Silveira. *Gestão de pessoas*. Rio de Janeiro: LTC, 2008.

MILKOVICH, George T.; BOUDREAU, John W. *Administração de recursos humanos*. São Paulo: Atlas, 2000.

(1) Guia das Melhores Empresas do Brasil para Você Trabalhar. Edição Especial 1998.

(2) Guia EXAME – As Melhores Empresas para Você Trabalhar – Edição Especial 1999.

(3) Guia EXAME – As 100 Melhores Empresas para Você Trabalhar – Edição Especial 2000.

(4) Guia EXAME – As 100 Melhores Empresas para Você Trabalhar – Edição Especial 2001.

(5) Guia EXAME – As 100 Melhores Empresas para Você Trabalhar – Edição Especial 2002.

(6) Guia EXAME Você S/A – As 150 Melhores Empresas para Você Trabalhar – Edição Especial 2006.

(7) Guia EXAME Você S/A – As Melhores Empresas para Você Trabalhar – Edição Especial 2007.

(8) Guia EXAME Você S/A – As Melhores Empresas para Você Trabalhar – Edição Especial 2008.

(9) Guia EXAME Você S/A – As Melhores Empresas para Você Trabalhar – Edição Especial 2009.

(13) Revista Melhor – Gestão de Pessoas – ano 16, nº 243, fevereiro de 2008.

(14) Revista Melhor – Gestão de Pessoas – ano 15, nº 262, setembro de 2009.

(15) Revista Melhor – Gestão de Pessoas – ano 16, nº 262, setembro de 2009 – Suplemento especial: Alimentação Corporativa.

(16) Revista Melhor – Gestão de Pessoas – ano 16, nº 264, novembro de 2009.

(17) Revista Melhor – Gestão de Pessoas – ano 16, nº 265, novembro de 2009.

(18) Revista Valor CARREIRA, outubro de 2003, ano 1, número 1.

(19) Revista Valor CARREIRA, dezembro de 2007, ano 5, número 5.

(20) Revista Você RH, março, abril e maio de 2009, edição 06.

(21) Revista Época nº 536, de 25 de agosto de 2008.

(22) Revista Época nº 588, de 24 de agosto de 2009.

(25) Revista Melhor – Gestão de Pessoas, ano 14, nº 230, janeiro de 2007.

(30) Revista Carta Capital Especial – As Empresas Mais Admiradas no Brasil – 2004.

(31) Revista Carta Capital Especial – As Empresas Mais Admiradas no Brasil – 2005.

(32) Balanço Social do BankBoston referente ao ano de 2000.

(33) Balanço Social da Companhia Vale do Rio Doce referente ao ano de 1999.

(34) Balanço Social do BankBoston referente ao ano de 2002.

(35) Balanço Social da Unimed Rio referente ao ano de 2004.

(36) Relatório de Sustentabilidade da Ampla referente ao ano de 2005.

(37) Balanço Social do Banco Itaú referente ao ano de 2001.

(38) Balanço Social do Bradesco referente ao ano de 2003.

(39) Balanço Social do Banco do Brasil referente ao ano de 1998.

(40) Balanço Social da Companhia Siderúrgica Nacional referente ao ano de 1998.

(41) Balanço Social da Petrobras referente ao ano de 2000.

(42) VOCÊRH edição 09, dezembro/09, janeiro e fevereiro de 2010.

Sobre o Autor

É Coordenador e Professor do Curso Superior de Tecnologia em Gestão de Recursos Humanos da Universidade Estácio de Sá. Paralelamente, atua como consultor de empresas.

É mestre em Sistemas de Gestão. É pós-graduado, em nível de especialização, em Administração de Recursos Humanos, com aperfeiçoamento nesta especialidade na State University of New York. É formado em Direito e em Pedagogia. Participou de curso de aperfeiçoamento em Excelência de Gestão, na Univesità di Padova, na Itália.

É autor de cinco livros: *Clima Organizacional* (Qualitymark Editora); *Desenvolvimento de Chefia* (LTr); *Programas de Estágio e de Trainee – Como Montar e Implantar* (LTr); *Gestão do Clima Organizacional* (Qualitymark Editora); *Gestão de Pessoas* (LTC). É coautor do livro *Pedagogia Institucional: Fatores Humanos nas Organizações* (Zit).

Iniciou sua carreira profissional trabalhando na área industrial de grandes empresas têxteis e de vestuário, como Du Loren, Cia. Hering e Malhas Malwee. Nessa atividade, exerceu os cargos de gerente de produção e de controle de qualidade.

Posteriormente, acumulou uma experiência de vinte e três anos de trabalho como executivo na área de recursos humanos, atuando como Diretor de Recursos Humanos do Ponto Frio e Gerente de Recursos Humanos da Sul Fabril, Company, Vulcan Material Plástico e Intermed Farmacêutica.

Como consultor, prestou serviços para Petrobras; Danone Alimentos; Jornal O Estado (SC); Confecções Chester; Supercor (RJ/SP); Classe Jeans; Laboratório Virbac do Brasil (SP); Fábrica de Rendas e Bordados Höepcke (SC); Confecções Ryggi; Eletrobolt; Guarda Municipal do Rio de Janeiro; Bioderm; Fetranspor – Federação das Empresas de Transporte do Estado do Rio de Janeiro; SEST/SENAT; Hospital & Clínica São Gonçalo; Faculdades Integradas Hélio Alonso; Empresa Brasileira de Correios e Telégrafos e Furnas.

Ministrou vários cursos sobre Gestão de Clima Organizacional e Programas de Estágio e de *Trainee*, em várias cidades brasileiras.

Editou no começo dos anos 80 o Balanço Social, tendo sido um dos pioneiros no Brasil nessa iniciativa.

Participou da Coordenação de Programas de Qualidade Total em três empresas e do Comitê de Qualidade de uma empresa certificada pela ISO 9002.

Possui artigos e entrevistas publicados nos jornais: O Globo, Jornal do Brasil, Jornal Hoje Em Dia (BH), O Estado de São Paulo, Gazeta Mercantil, Jornal do Commercio; e nas seguintes Revistas: Treinamento & Desenvolvimento, Tendências do Trabalho, RH em Síntese, Parceria em Qualidade, Administração de Negócios, Cetiqt Ensino & Tecnologia, Noticiee. Participou como entrevistado do programa Humanidades da Rádio Livre AM, do programa Café Corporativo da Rádio Bandeirantes AM, do Jornal da Rádio CBN, do programa Espaço Mulher da TV Boas Novas e do programa Cara e Coroa da TV Brasil.

Sugestão de Leitura

GESTÃO EMPRESARIAL EM ORGANIZAÇÕES APRENDIZES

Esta obra traz uma experiência acumulada de mais de 15 anos, a partir da qual, são apresentados os novos paradigmas à Sociedade do Conhecimento e sobre como as empresas reagem a estas mudanças e aos respectivos desafios que precisam enfrentar.

O livro possui questões estratégicas a serem respondidas nos processos de mudança, assim como estudo de caso que exemplifica e torna a leitura fácil e agradável, a partir de correlações com o dia a dia de empresários e gestores de empresas.

O objetivo deste livro é despertar nos leitores a importância de serem construídas Empresas Orientadas ao Aprendizado e ao Conhecimento, de modo que elas possam estar em permanente processo de aprendizagem, quebrando a cada momento suas próprias regras, a partir de uma permanente redescoberta de si mesmas.

Autor:
Martius V. Rodriguez y Rodriguez
ISBN: 978-85-7303-665-7
Nº de páginas: 344

Outros Títulos Sugeridos

Gestão do Conhecimento: Um Guia Prático Rumo à Empresa Inteligente.

A obra apresenta os aspectos mais importantes da gestão do conhecimento (GC) nas empresas e oferece uma metodologia prática de implementação da GC tanto nas pequenas e médias empresas como nas grandes.

As rápidas mudanças nos mercados e a alta velocidade de inovação provocam queda de preços, ciclos de vida do produto mais curtos, individualização das necessidades do cliente e nascimento de novos campos de negócio. Todas essas características exigem maior eficiência e eficácia das empresas. Para isso devem ser mobilizados todos os recursos de conhecimento na empresa.

Autor: Klaus North

Formato: 16x23cm

N° de páginas: 312

Outros Títulos Sugeridos

Gestão de Estabilidade

A Arte de Manter, Motivar e Criar Desafios para os Colaboradores

Escrito em uma linguagem simples e humana, o livro é pioneiro por apresentar alguns paradigmas originais de motivação e um novo modelo de hierarquia das necessidades/metas de um indivíduo, que, ao contrário dos modelos tradicionais, reflete o ambiente empresarial de hoje e suas condições de operação. A obra aborda diversos campos de estudo, como gestão empresarial, gerenciamento humano, psicologia comportamental, desenvolvimento pessoal e gestão da qualidade.

A obra aborda diversos campos de estudo, voltados para a Retenção de Talentos, como gestão empresarial e gerenciamento humano.

Autor: Subhash Puri

Nº de páginas: 256

Outros Títulos Sugeridos

Gestão do Clima Organizacional
Autor: Ricardo Luz

Neste momento de acirrada competição, muitas empresas atravessam processos de fusão, privatização e terceirização, além da drástica redução de seu quadro de pessoal. Diante desse cenário, o que se pode esperar do estado de ânimo das pessoas que trabalham nessas organizações? Insegurança, desconfiança, perda de lealdade, apreensão e insatisfação, são as respostas mais prováveis.

No livro *Gestão do Clima Organizacional*, Ricardo Luz aborda o tema de forma prática e aponta os passos que as empresas devem seguir para identificar os problemas que afetam as relações de trabalho e prejudicam a produtividade e motivação dos funcionários. Fruto da rica experiência do autor como executivo em grandes corporações, a obra fornece informações relevantes sobre o clima organizacional. Desde como identificá-lo à concepção, aplicação e compilação de dados para diversos tipos de pesquisa, ele realça a importância dessa ferramenta gerencial poderosa, capaz de mensurar os impactos da cultura e das políticas de RH dentro da corporação.

Desse modo, *Gestão do Clima Organizacional* é um livro que ajudará profissionais do meio empresarial e acadêmico, que visam aperfeiçoar as relações de trabalho, a entender e controlar os variados estímulos aos quais estão submetidos os membros de uma organização, seja ela de médio, grande ou pequeno porte.

Dados Técnicos:

Número de Páginas: 160

Formato: 16 X 23 cm

Outros Títulos Sugeridos

Gestão por Competências

AUTORA: Maria Odete Rabaglio

FORMATO: 16 X 23 cm

PÁGINAS: 136

O mercado hoje reconhece a importância de fazer Gestão de Desenvolvimento de Pessoas e isso não pode ser realizado de acordo com a intuição ou inspiração de cada gestor. É preciso que todos dominem as técnicas e ferramentas para que as culturas organizacionais sejam niveladas.

A Gestão de Pessoas começa pela contratação do profissional com o perfil ideal para suas atribuições. De posse de princípio é que a experiente psicóloga Maria Odete Rabaglio apresenta a 2ª edição revista e ampliada do livro *Gestão por Competências: Ferramentas para Atração e Captação de Talentos Humanos*. De forma clara, ela traça um roteiro simples e objetivo sobre os conceitos e as ferramentas para se obter com rapidez os resultados desejados.

Por isso obra aprofunda uma série de ferramentas de Seleção por Competências. Entre elas se destaca um dicionário de competências, alguns modelos de formulários para descrição de cargos e processos seletivos, o passo a passo para mapear funções e técnicas para mensuração da entrevista comportamental, entre outras. O objetivo é permitir que gestores e profissionais de Recursos Humanos encontrem as melhores práticas e as adaptem aos seus universos organizacionais para gerir e desenvolver pessoas com excelência.

Gestão por Competências: Ferramentas para Atração e Captação de Talentos Humanos é uma obra que amplia os limites da gestão de RH e, certamente, não pode deixar de fazer parte da bibliografia do profissional da área.

QUALITYMARK EDITORA

Entre em sintonia com o mundo

QUALITYPHONE:
0800-0263311
Ligação gratuita

Qualitymark Editora
Rua Teixeira Júnior, 441 - São Cristóvão
20921-405 - Rio de Janeiro - RJ
Tel.: (21) 3295-9800
Fax: (21) 3295-9824
www.qualitymark.com.br
E-mail: quality@qualitymark.com.br

Dados Técnicos:

• Formato:	16×23cm
• Mancha:	12×19cm
• Fontes Títulos:	Trebuchet MS
• Fontes:	ITC Officina Serif Book BT
• Corpo:	11
• Entrelinha:	13,2
• Total de Páginas:	296
• 1ª Edição:	Maio de 2011